U0917070

簡牘學與出土文獻研究

第四輯

劉釗 李守奎 主編

洪帥 執行主編

西北師範大學文學院簡牘研究中心 主辦

商務印書館
创于1897 The Commercial Press

圖書在版編目（CIP）數據

簡牘學與出土文獻研究．第 4 輯 / 劉釗，李守奎主編；洪帥執行主編．—北京：商務印書館，2024．（2025.4 重印）
ISBN 978-7-100-24816-7

Ⅰ．K877.5-53；K877.04-53
中國國家版本館CIP數據核字第2024JF1332號

簡牘學與出土文獻研究（第四辑）
劉釗　李守奎　主编
洪帥　執行主編
西北師範大學文學院簡牘研究中心　主辦

商　務　印　書　館　出　版
（北京王府井大街 36 號　郵政編碼 100710）
商　務　印　書　館　發　行
北京捷迅佳彩印刷有限公司印刷
ISBN 978－7－100－24816－7

2024 年 6 月第 1 版　　開本 787 × 1092　1/16
2025 年 4 月北京第 2 次印刷　　印張 13
定价：88.00 元

顧問與編委會

目　録

《北京大學藏秦簡牘（壹）》注釋商兑

劉　釗　劉建民

提　要：北京大學藏秦簡牘《從政之經》的“同能而異”，是“才能同中有異”的意思，“須身遂過”是指“不作爲（或行動遲緩），任憑錯誤發生（或使錯誤養成）”。《教女》中“疾績從事，不論晦明”的“績”，指的是織績之事，而“不論晦明”則與《漢書·食貨志》的“相從夜績”類似。《泰原有死者》中提到的“死人衣”，可能是死者家人爲其準備的“裝老衣服”，而非親朋好友助葬饋贈的衣物“襚（税）”。

關鍵詞：從政之經　教女　泰原有死者　祠祝之道

一

《從政之經》簡五貳—八貳説：

安樂必戒，毋行可悔。君子不病也，以其病也。同能而異，毋窮窮，毋岑岑，毋衰衰。

簡文“同能而異”是“才能同中有異”的意思，《晏子春秋·内篇問上第三》：“景公問晏子曰：‘古之莅國治民者，其任人何如？’晏子對曰：‘地不同生，而任之以一種，責其俱生不可得；人不同能，而任之以一事，不可責徧成。’”[1]簡文“同能而異”的“同能”，就是《晏子春秋·内篇問上第三》“人不同能”的“同能”。

二

《從政之經》簡一九叁、二〇叁説：

須身遂過，决獄不正。

整理者注釋謂：“‘須’，睡簡注釋‘疑讀爲懦’，懦，即懦弱。‘須身’，是講自身懦弱。‘旞’，睡簡作‘邃’（四一叁），即“旞”字，可讀爲‘遂’。《吕氏

〔1〕 張純一：《晏子春秋校注》，中華書局，2014年，第173、174頁。

春秋・審應覽》：‘公子食我之辯，適足以飾非遂過。’高誘注：‘飾好其非，遂成其過。’”〔1〕按“須”讀“懦”不妥。“須”本爲“等待”義，引申爲“遲緩”。《荀子・禮論》：“故天子七月，諸侯五月，大夫三月，皆使其須足以容事，事足以容成，成足以容文，文足以容備，曲容備物之謂道矣。”〔2〕王念孫《讀書雜志・荀子補遺》引之曰：“須者，遲也。《論語》樊須，字遲。謂遲其期，使足以容事也。”〔3〕所以“須身”就是“遲身”，指行動遲緩。“遂過”的“遂”，《吕氏春秋・審應覽》高誘注訓爲“遂成”是正確的。“遂過”就是“成過”，即眼見着錯誤發生、任憑錯誤造成。典籍還有“遂非”“遂禍”“遂非文過”的説法，可資比較。用通俗的話説，“須身遂過”就是“不作爲（或行動遲緩），任憑錯誤發生（或使錯誤養成）”的意思。

三

《教女》簡四八説：

> 姻（燕）冤（婉）從事，唯審與良，西東畓（謡）若，色不敢昌（猖）。疾績從事，不論晦明。……朮從臣妾，若□笑殃。

整理者訓“績”爲“繼”“積”，似不好。“績”就是“紡績”“織績”“緝績”“紝績”之“績”，指織績之事。古代女子最重要的工作就是“織績”，即《漢書・地理志》所謂“男子耕農，種禾稻紵麻，女子桑蠶織績”。〔4〕所謂“不論晦明”，即《漢書・食貨志》“冬，民既入，婦人同巷，相從夜績，女工一月得四十五日”中所言的“夜績”。〔5〕

“朮從”兩字整理者謂：“‘朮’在此似可讀爲‘怵’，‘從’讀爲‘縱’。怵，即怵惕。”〔6〕按此説非是。“朮”應讀爲“遂”，“朮從”就是“遂從”。“遂”，順也，所以“遂從”就是“順從”。當然“從”讀爲“縱”亦通，但是典籍多見“遂從”不見“遂縱”。“朮從臣妾”就是“順從臣妾”，“朮從臣妾，若□笑殃”，大概是“如果過於順從臣妾的意願，就會迎來被耻笑的禍殃”的意思。

---

〔1〕北京大學出土文獻與古代文明研究所：《北京大學藏秦簡牘》，上海古籍出版社，2023年，第46頁注［二］。

〔2〕［清］王先謙：《荀子集解》，中華書局，1988年，第375頁。

〔3〕［清］王念孫撰，徐煒君等點校：《讀書雜志》，上海古籍出版社，2014年，第1950頁。

〔4〕［漢］班固撰，［唐］顔師古注：《漢書》，中華書局，1962年，第1670頁。

〔5〕同上書，第1121頁。

〔6〕北京大學出土文獻與古代文明研究所：《北京大學藏秦簡牘》，第64頁注［十三］。

四

《教女》簡五六、五七説：

良子有曰：女子獨居，淫與猒（厭）巫。曰：我有巫事。……居處不愛禾年，豨豬盜之，有猒（厭）烏鼠。

整理者解釋“淫與厭巫”謂：“‘淫與’，《漢書·揚雄傳上》‘淫淫與與’，顏師古注：‘淫淫與與，往來貌。’《文選》揚雄《羽獵賦》‘淫淫與與’，李善注：‘淫淫、與與，皆行貌也。’‘猒’，讀作“厭”。《國語·周語下》‘克厭帝心’，韋昭注：‘厭，合也。’與‘闔’通。‘厭巫’，或指通厭事之巫。”[1]按整理者訓釋“淫與”兩字非是，這是在語法和分詞上産生了誤解。“淫”乃“過度”之意，“與”即“親近”“交往”之意。“厭”即“壓”，指用咒語或巫術鎮壓他人或邪惡事物，即“巫祝之術”，也即“巫蠱術”。“淫與厭巫”是説獨居的女子過度親近“巫祝之術”。

五

《教女》簡六十説：

益粺（埤）爲仁，彼池更澮（濊）。

“益粺（埤）爲仁”的“仁”疑用爲“信”。秦文字中的“仁”字有些需讀爲“信”。[2]“益埤爲仁（信）”講的是增加客人對“不善女子”的信任。“彼”整理者或讀爲“陂”是正確的，“陂池更澮”的“澮”整理者讀爲“濊”似不妥。“陂池更澮”中的“陂”“池”“澮”都應是名詞，而“濊”没有名詞用法。“陂池”指“池沼”“池塘”，而“澮”指田間的水溝，“陂池”顯然大於“澮”。因此所謂“陂池更澮”就是“陂池變爲田間水溝”的意思，這是用來形容“不善女子”的做法事與願違，弄巧成拙的一種比喻。

---

〔1〕北京大學出土文獻與古代文明研究所：《北京大學藏秦簡牘》，第67頁注［二］。

〔2〕相關論證見李家浩：《從戰國“忠信”印談古文字中的異讀現象》，《北京大學學報（哲學社會科學版）》，1987年第2期，第9—19頁；劉釗：《從秦“交仁”等印談秦文字以“仁”爲“信”的用字習慣》，復旦大學出土文獻與古文字研究中心：《出土文獻與古文字研究（第八輯）》，上海古籍出版社，2019年，第230—247頁。

六

《泰原有死者》行一至行五說：

> 言曰：死人之所惡，解予死人衣。必令産見之，弗産見，鬼輒奪而入之少內。死人所貴黄圈。黄圈以當金，黍粟以當錢，白菅以當繇。女子死三歲而復嫁，後有死者，勿并其冢。祭死人之冢，勿哭。須其已食乃哭之，不須其已食而哭之，鬼輒奪而入之廚。

“解予死人衣”，整理者說：“‘解’，是解開，‘予死人衣’是親朋好友助葬饋贈的衣物，古人叫‘襚’或‘祱’。《說文・衣部》：‘襚，衣死人也。’又曰：‘贈終者衣被曰祱。’研究《說文》的學者多認爲‘祱’是‘襚’的別體。”[1]按將“予死人衣”的“衣”解釋成“襚（祱）”甚可疑。按《儀禮》的解釋，“襚”一般是指停柩前弔喪者爲死者穿衣或停柩後將送死者之衣置於柩東，送“襚”者一般都是指家人之外的人。鬼怕無衣裸露，歷代志怪小說中常有鬼托夢求衣的描寫。但既然必須生前就見到此衣，那這個“衣”就更大可能是死者家人爲其準備的“裝老衣服”。因爲人尚未死，外人就送衣服不合情理，也不符合“襚”的慣例。如果將“予死人衣”理解成“襚”，還存在一個疑問，即鬼爲何偏偏怕被脱掉外人送的衣服？如果是自己或家人爲其準備的衣服就不怕被脱掉嗎？所以所謂“解予死人衣”的“死人衣”，更大可能就是家人爲其準備的“裝老衣服”。“予死人衣”解釋成“給死人穿的衣服”就好，不必解釋成“襚”。

“鬼輒奪而入之少内”的“少内”，整理者認爲就是見於秦漢時期的“府藏之官”“少内”，“鬼輒奪而入之廚”之“廚”整理者認爲是“地下的廚官”。按此兩說都可疑。鬼奪走“死人衣”爲何要送給官府的“少内”呢？難道這個鬼很具公心？我們認爲“少内”即“小内”，即“小的内室”，而内室一般就是指卧室。秦漢時期“少”“小”相通之證甚多，不煩多舉。如睡虎地秦簡《日書甲種・行》：“少（小）顧是謂少（小）楮（佇），吝。”[2]一句中就有兩個“少”用爲“小”的例子。睡虎地秦簡《日書甲種・相宅》說：“取婦爲小内。内居西南，婦不媚於君。内居西北，毋（無）子。内居東北，吉。内居正東，吉。内居南，不畜。當祠室、依道

---

〔1〕 北京大學出土文獻與古代文明研究所：《北京大學藏秦簡牘》，第 109 頁注［六］。

〔2〕 陳偉：《秦簡牘合集・釋文注釋修訂本》，武漢大學出版社，2016 年，第 385 頁。

爲小内，不宜子。"[1]文中兩處提到"小内"。既然"小内"是"小的卧室"，卧室用於起居，則鬼奪走死人衣，放進卧室是很合適的。這正如下文説"須其已食乃哭之，不須其已食而哭之，鬼輒奪而入之廚。"意爲用祭品祭死人墳墓，不能先哭，要等到死人來享用祭品後才能哭。如果未等到死人享用完祭品就開始哭，鬼就會把祭品奪走放進廚房。把衣服放到卧室和把祭品放到廚房是相對的描寫，非常合乎事理。如果將"少内"解釋成官府的機構"少内"，把"廚"解釋成"地下的廚官"，一個是陽間實有的機構，一個是陰間虚擬的職官，既互相抵牾，又不合情理，實在是不太合適。

七

《祠祝之道》説：

罣（皋）！□[2]……周王有女，名爲□，□死不姑（辜），而危（化）爲嬰女。嬰女多食勉績。

按整理者讀"危"爲"化"恐非是，[3]"危"應讀爲"僞"。《莊子·漁父》："苦心勞形，以危其真。"陸德明《釋文》："危，或作'僞'。"[4]"僞"即僞裝、假冒的意思，《左傳·文公十三年》："乃使魏壽餘僞以魏叛者，以誘士會。"[5]這個意思的"僞"又寫作"詭"，《文子·上義》："士爲僞辯，久稽而不决，無益於治。""僞"或作"詭"。[6]《新唐書·魏徵傳》："隋亂，詭爲道士。"[7]簡文是説周王之女死於無辜，（死後之鬼）僞裝成女嬰。女嬰要多吃，努力紡績。"嬰女多食勉績"或指蠶食桑績繭之事。

---

〔1〕陳偉：《秦簡牘合集·釋文注釋修訂本》，第410頁。

〔2〕已有學者認爲是"罣"下應是"敢告"二字。這是非常合理的意見，其中"敢"字可據殘筆確認。見簡帛網論壇：《〈北京大學藏秦簡牘〉初讀》，第19樓"落葉掃秋風"意見，2023年8月30日，http://www.bsm.org.cn/forum/forum.php?mod=viewthread&tid=12826&extra=&page=2。

〔3〕北京大學出土文獻與古代文明研究所：《北京大學藏秦簡牘》，第303頁注［六］。

〔4〕劉文典：《莊子補正》，中華書局，2015年，第830—831頁。

〔5〕［清］劉文琪：《春秋左氏傳舊注疏證》，科學出版社，1959年，第555頁。

〔6〕李定生：《文子校釋》，上海古籍出版社，2004年，第445頁。

〔7〕［宋］歐陽修等：《新唐書》，中華書局，1975年，第3867頁。

Discussion on the Annotations to the Qin Bamboo Slips (Part 1)
Collected by Peking University

Liu zhao　Liu jianmin

Abstract: The "*Tong Neng Er Yi* (同能而異)" in the Qin bamboo slips "*Cong Zheng Zhi Jing* (《從政之經》)" collected by Peking University means "there are differences in the same ability", and "*Xu Shen Sui Guo* (須身遂過)" refers to "not taking action (or acting slowly), allowing mistakes to occur". The "*Ji* (績)" refers to the matter of textile, while "*Bu Lun Hui Ming* (不論晦明)" is similar to the "*Xiang Cong Ye Ji* (相從夜績)" in "*Shi Huo Zhi* (食貨志)" in *the Book of Han*. The "*Si Ren Yi* (死人衣)" mentioned in the Qin bamboo slips may be the shroud prepared by the deceased's family, rather than the clothes "*Sui* (檖)" gifted by relatives and friends.

Keywords: *Cong Zheng Zhi Jing* (從政之經)　*Jiao Nv* (教女)　*Tai Yuan You Si Zhe* (泰原有死者)　*Ci Zhu Zhi Dao* (祠祝之道)

（劉釗　復旦大學；劉建民　南通大學）

西漢簡帛"男子洎""徐操""蜀不我直""不青他措"解證

楊　琳

提　要：本文對西漢簡帛中的"男子洎""徐操""蜀不我直""不青他措"四個詞語做了新的解讀，認爲"洎"應改釋爲"涫"，指精液；"操"非交合義，而是撫摸；"直"本字爲"戹"；"不青他措"意爲没有采取正確措施。

關鍵詞：男子洎　徐操　蜀不我直　不青他措

男子洎

馬王堆帛書《五十二病方·諸傷第十方》："令傷毋般（瘢）……以男子洎傅之，皆不般。"裘錫圭主編《長沙馬王堆漢墓簡帛集成》注："原注：洎，本義爲肉汁。男子洎，與後三一八行的男子惡，俱指人精。……趙有臣（1985）：'洎'字當指鼻液而言。《馬王堆帛書六十四卦釋文》中，對《周易·萃卦·上六》'齎資涕洟'，帛書本'涕洟'作'涕洎'，是'洎'即'洟'字。裘錫圭（1987）：'洎'的本義爲鼻涕……所以'男子洎'大概是男子的鼻涕而不是精液。"[1]

用人精消除瘢痕的方法歷代醫書都有記載。北宋唐慎微《重修政和證類本草》卷十五《人部》引晋葛洪《肘後方》："瘢痕，以人精和鷹屎日日傅上，痕自落。"又："人精和鷹屎亦滅瘢〔新補，見陶隱居〕。"陶隱居即梁代陶弘景，號華陽隱居。唐孫思邈《備急千金要方》卷二十一《七竅病方·面藥第九·治滅瘢痕方》："以人精和鷹屎白傅之，日二，白蜜亦得，無問新舊，必除。"唐蘇敬等《新修本草》卷十五（日本鈔本）："又人精和鷹屎，亦滅瘢。"明李時珍《本草綱目》卷四《百病主治藥下·面》："人精，和鷹屎塗面，去黑子及瘢。"又卷四《百病主治藥下·面·瘢痕》："鷹屎白，滅痕，和人精摩。"用鼻涕消除瘢痕的方法典籍中未見記載。所以將

---

〔1〕裘錫圭主編：《長沙馬王堆漢墓簡帛集成》第5册，中華書局，2014年，第218頁。

《五十二病方》中的“男子洎”理解爲男子的鼻涕缺乏醫學方面的依據，但將“洎”理解爲精液又缺乏語言文字學方面的依據，進退失據，陷入兩難境地。目前這兩種觀點學界各有支持者，難分伯仲。我們認爲“洎”有精液義可以找到語言文字學方面的證據。

《五十二病方》“男子洎”之洎原文作⿰氵自，該字應釋爲⿰氵旨。陳劍指出：“舊所謂‘洎的本義爲鼻涕’云云實不可信。……馬王堆帛書《周易》60行上與今本《萃》卦上六爻辭‘洟’對應之字⿰氵自，舊被誤釋作‘洎’，研究者遂以爲‘洎’有‘涕’義云云。按劉洪濤先生已經指出〔1〕，此字實應改釋作‘⿰氵旨’，與今本‘洟’字音近相通，或系‘洟’改换聲旁的異體。”“至於用爲‘男子精液’義之‘洎’字……其義來源不明，到底是‘自’聲還是源於‘臮’者，尚不清楚。”〔2〕語言中男陰義可引申爲精液義。《本草綱目》卷五十二《人部·人之一》：“謂精爲峻者，精非血不化也。”峻即朘的異體，本義指男陰，精液自男陰出，故引申指精液，“精非血不化”爲臆説。明徐充《暖姝由筆》卷二引佚名《風月須知》：“⿸尸彖，陰户也。⿸尸孚，淫液也。”⿸尸孚當與精液義之“韶”同源。許寶華、宮田一郎：“韶，精液。閩語。廣東潮州、汕頭。翁輝東《潮汕方言·釋身》：‘俗呼精液爲韶。’”“佋，精液。閩語。福建廈門、永春。”〔3〕“韶”爲“屌”（鳥）之音轉，精液義是由男陰義引申來的。〔4〕浙江金華話中“⿸尸人”（精液）讀zao231〔5〕，該詞源自“韶”之音轉。男陰古來稱爲⿸尸旨。章太炎《新方言·釋形體》：“《説文》：‘⿸尸旨，尻也。’詰利切。今人移以言陰器。天津謂之⿸尸旨，其餘多云⿸尸旨把，把者言有柄可持也，若云尾把矣。⿸尸旨讀平聲如稽。《儒行》注：‘稽，猶合也。’聲義通矣。”稽的本義是“留止”，似難引申出合義，此義當是來自⿸尸旨的交合義，由此可知⿸尸旨之男陰義由來久遠。⿸尸旨從旨聲，旨、⿸尸旨同音。上博簡《緇衣》簡17：“古（故）言則慮丌所冬（終），行則旨丌所蔽，則民慎於言而謹於行。”傳本《禮記·緇衣》作“行必稽其所敝”。因此，“⿰氵旨”源自“⿸尸旨”，亦即“⿰氵旨”是爲“⿸尸旨”的精液義而造的字。

《集韻·霽韻》：“⿰氵詣，燒松枝取汁曰⿰氵詣。”音研計切。指松樹上流出的汁液。蘇

---

〔1〕劉洪濤：《出土文獻所見的聯綿詞“豈弟”》，《出土文獻》2020年第3期。

〔2〕陳劍：《戰國竹書字義零札兩則》，《出土文獻與古文字研究》第10輯，上海古籍出版社，2022年，第106—108頁。

〔3〕許寶華、宮田一郎主編：《漢語方言大詞典》，中華書局，1999年，第6896、2758頁。

〔4〕詳見楊琳：《漢語俗語詞詞源研究》，商務印書館，2020年，第173—192頁；《楚簡〈老子〉男陰之“鳥”考釋》，《中國文字研究》第22輯，上海書店出版社，2015年。

〔5〕許寶華、宮田一郎主編：《漢語方言大詞典》，第2975頁。

軾《夜燒松明火》:“珠煤綴屋角，香湽流銅槃。”作者自注:“湽，松瀝也，出《本草注》。”其他樹上的汁液也叫湽。《備急千金要方》卷十七《七竅病方·口病第三》:“治燕吻瘡方：白楊枯枝鐵上燒取湽，及熱傅之。”湽的樹木汁液義當爲洎的精液義的引申，二者形似。

由此可見，説洎有精液義不爲無據，這樣《五十二病方》“男子洎”的説法就跟歷代醫書的記載一致了，鼻涕除瘢説自當放棄。

徐操

馬王堆帛書《合陰陽》:“四曰下汐股濕，徐操。”帛書整理者對“操”字未做解釋。學者們大都認爲“操”指行房。陈永正主編《中國方術大辭典》:“徐操，輕緩地交合。”[1]宋書功主編《房事養生與性病診治》:“徐操：猶言徐徐操動。此指性交動作。”[2]馬繼興《中國出土古醫書考釋與研究》:“《玉房秘訣》作：‘五曰，尻傳液，徐徐刺之。’操字義爲從事。”[3]

關於“操”的行房義的來源，李榮解釋説：

原來以爲操字去聲作爲行房的忌諱字見於《金瓶梅詞話》八二回“操亂了烏雲𩮀髻兒歪”，也是後起的。想不到這用法早已見於一九七三年底長沙馬王堆三號漢墓出土的竹簡醫書。《馬王堆漢墓帛書［肆］》(一九八五年出版)云：

《合陰陽》圖版 101 竹簡 107—8，釋文 155 :“四曰下汐股濕，徐操。”汐假借爲液。

《天下至道談》圖版 114 竹簡 54，釋文 166 :“下夕股濕，徐操。”夕借假爲液。

有人説這裏的操作“撫摸”講，那作“行房”講就是引申的用法了。[4]

這種解讀是有問題的。《合陰陽》“徐操”的上下文是:“戲道：一曰氣上面埶(熱)，徐呴；二曰乳堅鼻汗，徐抱；三曰舌溥(薄)而滑，徐屯；四曰下汐股濕，徐操；五曰嗌乾咽唾，徐撼(撼)；此胃(謂)五欲之徵。徵備乃上，上揕而勿內，以致其氣。”“徵備乃上”以下才開始正式行房，此前都是“戲道”，“徐操”之操不

〔1〕 陈永正主編:《中國方術大辭典》，中山大學出版社，1991 年，第 566 頁。

〔2〕 宋書功主編:《房事養生與性病診治》，中國藏學出版社，1995 年，第 66 頁。

〔3〕 馬繼興:《中國出土古醫書考釋與研究》，上海科學技術出版社，2015 年，第 687 頁。

〔4〕 李榮:《方言存稿》，商務印書館，2012 年，第 172 頁。

可能是行房義。上文云："交筋者，玄門中交脈也，爲得操揗之，使膿（體）皆樂養（癢）。"操、摻古多混同。清桂馥《説文解字義證》"懆"下云："漢人文多以喿字作參。《墨子》：'一人奉水將灌之，一人摻火將益之。'操字作摻。'静夜聞鼓聲而譟。'譟字作謲。《大戴禮》：'摻泥而就家人。'《晏子春秋》：'擁劄摻筆。'操字作摻。"《集韻·覃韻》："摻，摻搓，捫也。"捫有撫摸義。《説文》："揗，摩也。""操揗"同義連文。所以"徐操"是輕柔撫摸的意思，流行的觀點認爲指交合是錯誤的。

雖説馬王堆帛書中的"操"不是行房義，但"操"的行房義由來已久則是没有問題的。《漢語大字典》："操，cào，同'肏'。"没有書證。《漢語大詞典》："操，詈詞。"舉現代文獻用例。"操"也寫作"肏"，但兩大辭書在"肏"字頭下都没有行房的義項。其實，操（肏）的行房義至少在明代文獻中就有用例。《金瓶梅詞話》第三十五回："爛了屁股門上（子），人不知道，只説是肏的。"第八十二回："入門來將奴摟抱在懷，奴把錦被兒伸開。俏冤家頑的十分恠。嗏！將奴脚兒抬，脚兒抬，操亂了烏雲鬏髻兒歪。"後一例中的"操"有些人認爲是"揉"之形誤。張鴻魁："操，當作'揉'，形近訛。"[1]此曲源自明郭勳《雍熙樂府》卷二十《河西六娘子·約會》："入門來將奴摟抱在懷，就把錦被鋪開。俏冤家頑的十分怪。嗏！將奴脚兒抬，將奴脚兒抬，揉亂烏雲鬏髻歪，揉亂烏雲鬏髻歪。"張鴻魁當是因此而釋操爲揉之形誤。《詞話》引用前人詩文往往根據自己的需要加以修改，很少一字不改地照抄，如果修改的文字能講通，一般應按作者的修改來理解，不能一律牽就於源出詩文。李榮認爲《詞話》的"操"是行房義，其説可從。第三十五回的"肏"是行房義確切無疑，"肏""操"同詞，表明《詞話》中使用"操"這個詞，文意上理解爲行房也很順暢。行房義的操源自男陰義之"鳥"，操是"鳥"之音轉[2]，與撫摸義及從事義之操無關。

蜀不我直

《北京大學藏西漢竹書（肆）》（上海古籍出版社 2015）俗賦《妄稽》："妄稽念周春虞士之居也，不能寧息。尚（上）堂扶服（匍匐），卑（貼近）耳户樞，以聽其能（態），而不敢大息。周春虞士，方樂窮極。妄稽大越（噦），嘰嘰哭極，怒

〔1〕 張鴻魁：《金瓶梅字典》，警官教育出版社，1999 年，第 494 頁。

〔2〕 詳見楊琳：《漢語俗語詞詞源研究》，第 173—192 頁。

頸觸牖:‘女(汝)夫蜀(獨)不我直!’周春虞士,潚(寂)蓼(寥)皆嘿。”[1]這是描述妻子妄稽偷聽丈夫周春與其妾虞士的床戲的行徑。“女(汝)夫蜀(獨)不我直”一般理解爲你就單單不認爲我正直。妄稽是個心狠手辣的妒婦,實在談不到正直,尤其在聽床戲而暴怒的情况下,説得如此輕描淡寫,文意很不和諧。竊謂此“直”當爲“辵”的音借。章太炎《新方言·釋言第二》:“《説文》:‘辵,屆辵也。’‘屆,從後相臿也。’屆音楚洽切,辵音直立切。今浙江謂交會爲辵。”《説文》:“墨,下入也。”段玉裁注:“《吴都賦》曰:‘埴墨鱗接。’李注曰:‘埴墨,枝柯相重疊皃也。’按,太沖之埴墨,即許書之屆辵。楚立、除立二切。”從後相臿、下入及枝柯相疊詞義相通。《説文》“從後相臿”之臿段玉裁改爲躡,注云:“躡各本作臿,今依《玉篇》訂。以後次前積疊之謂之屆辵。”段校恐誤。“屆辵”同義連文,“從後相臿”與墨訓“下入”詞義相通。《説文》“尻屍(臀)眉尼屆辵”等字排列一起,這些字都跟性器及其動作有關,作躡則非其類。

後世文獻中交合義的“直”(值)多見。《水滸傳》第四回:“魯智深在外面大叫道:‘直娘的秃驢們,不放洒家入寺時,山門外討把火來,燒了這個鳥寺。’”又第十七回:“這直娘賊恨殺洒家,吩咐寺裏長老不許俺挂搭。”明徐復祚《一文錢》第二齣:“這直娘的!一文錢,又是拾的,到問我要幾百擔,且哄他一哄。”《金瓶梅詞話》第五回:“鄆哥道:‘便罵你這馬伯六,做牽頭的老狗肉,直我髩髭。’”第九十一回:“我醜,你當初瞎了眼?誰交你要我來?仮(犯)的值我的那大精毬?”

“直我髩髭”之直前人有兩種解釋。

A. 不值得。王利器:“直我髩髭,直即值。‘直我’用反意爲‘不值我’的意思。”[2]李申:“直,後來寫作‘值’,意爲值得,算得上。‘值我雞巴’,爲反語,意即‘不值我的雞巴’,是對人極端蔑視的説法。”[3]

B. 通入(合)。胡竹安:“直娘,穢辭。直,同‘入’。指性行爲。”[4]下舉《詞話》此例。李榮:“《金瓶梅詞話》專用的‘入’字常見,多數寫作‘上入下日’的合體‘合’字……專用的‘入’字寫成‘直’字或‘值’字,大概是方音‘直、值’讀如‘日’。”[5]張惠英:“‘值、直’音同‘合’,這是一個方言現象。北方話,包括

---

〔1〕簡序調整參看張傳官:《北大漢簡〈妄稽〉校讀與復原札記》,《出土文獻》第11輯,中西書局,2017年。

〔2〕王利器主編:《金瓶梅詞典》,吉林文史出版社,1988年,第200頁。

〔3〕李申:《金瓶梅方言俗語匯釋》,北京師範學院出版社,1992年,第353頁。

〔4〕胡竹安:《水滸詞典》,漢語大詞典出版社,1989年,第545頁。

〔5〕李榮:《論“入”字的音》,《方言》1982年第4期。

北京話、山東話，‘值、直’和‘入、合、日’絶不同音。……而吴語，如蘇州、上海地區，‘值、直、賊、十、入、日’這幾個古澄母、古從母、古禪母、古日母字，全同音，都讀同‘入’[zəʔ 陽入]。《金瓶梅》書中把‘值、直’通作‘合’，正是這種方音現象的反映。”〔1〕

A 解牽强，B 解也未得其實。直并非合的音借，而是尾的音借。元明時期的北方話中尾、直同音，尾字罕用，人們不知，故借用直（值）字表示。“直我毴毴”應理解爲“叫我毴毴直你”。

因此，“蜀不我直”應理解爲偏偏不玩我，如此文意和諧。

《漢語大字典》尾音 zhé，塌音 zhí，所據均爲直立切。今知直爲尾之音借，故尾的今讀應取 zhí 音。

不青他措

尹灣漢簡《神烏傅》：“賊曹捕取，繫之于柱。幸得免去，至其故處。絶繫有餘，紈樹欋棟。自解不能，卒上傅之。不青他措，縛之愈固。”其中的“不青他措”句，連雲港市博物館等編《尹灣漢墓簡牘》録作“不□他拱（？）”。〔2〕裘錫圭解釋説：“‘不’下一字，曾被疑爲‘肯’字或‘予’字。因與原形不甚相合，最後决定缺而不釋。‘他’下一字曾釋作‘措’，最後改釋爲‘拱’。但‘拱’與下句的‘固’不押韻，恐怕仍有問題。此字究竟應如何釋，尚待研究。”〔3〕張顯成、周群麗《尹灣漢墓簡牘校理》：“此句語意不明，蓋指雌烏身上剩下的縛繩不能解開。”〔4〕踪凡指出：“‘拱’字裘先生初釋爲‘措’，後又改釋爲‘拱’，其實該字右下方三點正是‘日’字的簡寫，理應釋爲‘措’。此句可暫定爲‘不肯（？）他措’，很可能即是當時的方言，意思是没有其他的施救辦法。”〔5〕其字爲“措”應該可以確定。從押韻的角度來看，“措”是鐸部字，下句“固”字是魚部，魚鐸陰入相配，押韻没有問題。再從文意來看。“不”下一字原件作 A 形，下文“云云青繩”（營營青蠅）的“青”作 B 形，兩字近似，後世的草書青字也與此一脉相承，所以我們認爲 A 形可能是“青”

〔1〕 張惠英：《金瓶梅俚俗難詞解》，社會科學文獻出版社，1992 年，第 315 頁。

〔2〕 連雲港市博物館等編：《尹灣漢墓簡牘》，中華書局，1997 年，第 130 頁。

〔3〕 裘錫圭：《中國出土古文獻十講》，復旦大學出版社，2004 年，第 415 頁。

〔4〕 張顯成、周群麗：《尹灣漢墓簡牘校理》，天津古籍出版社，2011 年，第 157 頁。

〔5〕 踪凡：《〈神烏賦〉語詞考釋的總結與思考》，陳洪、張洪明主編：《文學和語言的界面研究》，南開大學出版社，2008 年，第 262 頁。

字。"青"這裏是"倩"的借字。《韓非子·外儲説右上》:"問其所知閭長者楊倩。"《藝文類聚》卷七十三引倩作青,可爲參證。倩有使用義。《漢語大字典》:"倩,請;使。"明梅膺祚《字彙·人部》:"倩,七正切,清去聲。假借使人。"西漢王褒《僮約》:"蜀郡王子淵以事到煎上寡婦楊惠舍,有一奴名便了,倩行酤酒。"西漢劉向《古列女傳》卷三《仁智傳·魯漆室女》:"鄰人女奔隨人亡,其家倩吾兄行追之。""自解不能,卒上傳之。不倩他措,縛之愈固。"這是説因雌鳥自己無法解開束縛,雄鳥急忙前去幫助。但雄鳥没有使用其他正確的措施,所以束縛得更加牢固了。文意似很通順。

Interpretation of the Words and Expressions in Bamboo and Silk Documents

Yang Lin

Abstract: This paper makes a new interpretation of the four Expressions "*Nanziji* (男子洎)" , "*Xucao* (徐操)" and "*Dubuwozhi* (蜀不我直)" "*Buqingtacuo* (不青他措)" in the bamboo slips and silk of the Western Han dynasty. The article suggests that "*ji* (洎)" should be interpreted as 湝, means semen; "*cao* (操)" means stroke; the original character of "*zhi* (直)" is 尼, qing (青) means to use.

Keywords: "*Nanziji* (男子洎)" "*Xucao* (徐操)" "*Dubuwozhi* (蜀不我直)" "*Buqingtacuo* (不青他措)"

(楊琳 南開大學文學院)

清華簡《參不韋》字詞釋讀三則*

張新俊

提　要：清華簡《參不韋》第12—15號簡“尚音古筆”，或讀作“上音古律”，今改讀作“常音故律”。“故”“常”意思相近，文獻中或作“故常”“常故”。第36—38號簡“向有利宜”，今改釋作“各有利宜”。“向”是“各”的誤字。第9—11簡、13—14簡、95—98簡中有從“辶”從“卜”的“辻”字，或讀作“赴”，此字很可能是戰國文字中“役”字的異體。

關鍵詞：《參不韋》　常音故律　各有利宜　役

一、常音故律

清華簡《參不韋》第12—15簡有如下一段文字（釋文盡可能采用寬式。下同）：

> 啓，乃以立祝、史、師。祝乃修宗廟彝器，典祭祀犧牲，及百執事之敬。史乃定歲之春秋冬夏，發晦朔，秉法則儀禮，典卜筮以行歲事與邦赴。師表則，定后之德，典尚音古筆（律）毋淫，以與祝、史比均。

從簡文中“祝乃修宗廟彝器”、“史乃定歲之春秋冬夏”的文例來看，“師表則”在抄寫過程中脱一“乃”字，應作“師乃表則”。“典尚音古律毋淫”，整理者注釋説：

> 尚音古筆，即“上音古律”，遠古遺留下來的音律。經，讀爲“淫”，邪亂。《吕氏春秋·古樂》：“樂所由來者尚也，必不可廢。有節有侈，有正有淫矣。”高誘注：“淫，亂也”。[1]

整理者謂“尚音古筆”即“上音古律”，有一定的道理。比如從文字通假而言，“尚”通作“上”的例子可謂不勝枚舉[2]。《吕氏春秋·古樂》篇舉出的古樂有葛天氏

---

* 本文爲国家社科重大招標項目“出土文獻與上古文學關係研究”（20&ZD264）階段性成果之一。

〔1〕 清華大學出土文獻研究與保護中心編，黄德寬主編：《清華大學藏戰國竹書（拾貳）》，中西書局，2022年，第116頁。

〔2〕 高亨纂著、董治安整理：《古字通假會典》，齊魯書社，1989年，第297頁。白於藍編著：《簡帛古書通假字大系》，福建人民出版社，2014年，第1071—1073頁。

之樂，有黄帝令伶倫作律、顓頊令飛龍作樂、黄帝命咸黑作聲、堯命質爲樂、皋陶作夏籥九成，湯命伊尹作爲大護、歌晨露，武王命周公作爲大武等，堯舜時期還有大章、九招、六列、六英等樂曲。古樂可以通過師官代有傳承，師官也可以創造出新聲。《史記・樂書》有一段子夏回答魏文侯的文字説：

（1）今夫**古樂**，進旅而退旅，和正以廣，弦匏笙簧會守拊鼓，始奏以文，止亂以武，治亂以相，訊疾以雅。君子於是語，於是道古，修身及家，平均天下。此**古樂之發**也。今夫**新樂**，進俯退俯，奸聲以濫，溺而不止，及優侏儒，獶雜子女，不知父子。樂終不可以語，不可以道古。此**新樂之發**也。[1]

這裹的"古樂"相當於簡文的"尚音"。所以説整理者的説法有一定的道理。不過整理者的這個觀點仍有可商之處。比如從出土文獻中"尚""上"二字的通假關係來看，"尚"通作"上"都是秦漢時期的文獻，楚簡中罕見有此用法。就《参不韋》篇來説，該篇中"上"字凡14見，"尚"字7見，除了整理者指出的這處文字之外，皆不存在通假關係。可見，"尚音古筆"能否讀作"上音古律"是十分可疑的。

我們認爲"尚"可讀作"常"，"古"當讀作"故"。白於藍先生《簡帛古書通假字大系》列舉有很多例子，可以參看。[2]《参不韋》第38號簡"天亡尚刑"，第114號簡"物各有尚"，"尚"皆讀作"常"，是其例。"尚音古筆"即"常音故律"。"常音"與"故律"對文。"故"與"常"義近，"音"與"律"義近。文獻中有"故常"一詞。如：

（2）古（**故**）**常**不利（賴），邦失幹常。小邦則殘，大邦過傷。變常易禮，土地乃圻，民乃夭死。[3]《三德》簡5

（3）王乃大徇命于邦，時徇是命，及羣禁御，及凡庶姓、凡民司事。爵位之次尻、服飾、羣物品采之愆于**故常**，及風音誦詩歌謡之非越常聿（律），夷訏蠻吴，乃趣戮。[4]《越公其事》簡54—56

（4）其聲能短能長，能柔能剛，變化齊一，不主**故常**[5]。《莊子・天運》

（5）昔汝南陳公初拜，不依**故常**，讓上卿于李元禮。[6]《三國志・蜀書

［1］［漢］司馬遷《史記》，中華書局，1959年，第1222頁。

［2］白於藍編著：《簡帛古書通假字大系》，第1070頁，第333—339頁。

［3］馬承源主編：《上海博物館藏戰國楚竹書（伍）》，上海古籍出版社，2005年，第291—292頁。

［4］清華大學出土文獻研究與保護中心編，李學勤主編：《清華大學藏戰國竹書（柒）》，中西書局，2022年，第141頁。

［5］［清］王先謙：《莊子集解》，中華書局，2012年，第153頁。

［6］［晋］陳壽撰，［南朝宋］裴松之注：《三國志》，中華書局，1959年，第968頁。

八・王朗與文休書》

"故常"或者寫作"常故"。如：

（6）䰜尹答曰："楚邦有常古（故），安敢殺祭？以君王之身殺祭未嘗有。"……太宰言："君王元君，不以其身變䰜尹之常古（故），䰜尹爲楚邦之鬼神主，不敢以君王之身變亂鬼神之常古（故）。……"[1]上博簡《柬大王泊旱》簡 5+7+19+20+21

（7）此皆天所生，漢元以來，世世用事，國典常故，何可廢邪？[2]司馬彪《續漢書》卷一

（8）是以選舉取常故，案吏取無害。[3]《論衡・程材篇》

（9）常故不可循，器械不可因也，則先王之法度有移易者矣。[4]《淮南子・氾論訓》

上博簡《三德》中的"古常"，學者讀爲"故常"，[5]可信。"故"與"常"是并列關係，與簡文"幹常"類似，應該是指國家的憲法一類典章制度。清華簡的整理者把（3）中的"故常"解釋成"舊規常例"。[6]"故常""常故"在文獻中或單稱"故"或"常"。如上博簡《鮑叔牙與隰朋之諫》第 3 簡説"犧牲、圭璧必全如耇，加之以敬"，"耇"字的釋讀，學者們先後提出"耆""苦""酤""胡""嘏""故"等釋讀意見。其中季旭昇先生讀作"故"，解釋爲"依照舊有的傳統禮製"最爲可信。後來侯乃峰先生又從《禮記・月令》中找到"度有長短，衣服有量，必循其故"一段與簡文文義接近的文字，坐實了讀作"故"的觀點。[7]清華簡《子産》第 13—14 號簡説："有以答天，能通於神，有以徠民，有以得賢，有以禦害傷，先聖君所以達成邦國也。此謂因前遂故。"[8]"因前遂故"，可與上博簡《鮑叔牙與隰朋之諫》中的"犧牲、圭璧必全如故"相參看。《禮記・月令》："乃命司服具飭衣裳，文繡

〔1〕馬承源主編：《上海博物館藏戰國楚竹書（肆）》，上海古籍出版社，2004 年，第 199—200 頁、第 212—214 頁。

〔2〕周天游輯注：《八家後漢書輯注》，上海古籍出版社，1986 年，第 323 頁。

〔3〕黄暉：《論衡校釋》，中華書局，1990 年，第 536 頁。

〔4〕何寧：《淮南子集釋》，中華書局，1998 年，第 916 頁。

〔5〕俞紹宏、張青松編著：《上海博物館藏戰國楚簡集釋》第五册，社會科學文獻出版社，2019 年，第 280—281 頁。

〔6〕清華大學出土文獻研究與保護中心編，李學勤主編：《清華大學藏戰國竹書（柒）》，第 142 頁。

〔7〕俞紹宏、張青松編著：《上海博物館藏戰國楚簡集釋》第五册，第 71—74 頁。

〔8〕清華大學出土文獻研究與保護中心編，李學勤主編：《清華大學藏戰國竹簡（陸）》，中西書局，2016 年，第 138 頁。

有恆，制有小大，度有長短，衣服有量，必循其故，冠帶有常。”[1]例（6）中的“常故”，學者們一般都理解爲偏正詞組，解釋爲“常法”“舊法”“舊典”“常規”等，[2]現在看來不完全正確。“古（故）”與“常”應該是并列關係。“故”在楚簡中寫作“古”，除了上例（6）外，傳世文獻也多見，如《商君書·更法》：“是以聖人苟可以彊國，不法其古；苟可以利民，不循其禮。”“臣聞法古無過，循禮無邪。”[3]《史記·趙世家》：“法古無過，循禮無邪。”“治世不一道，便國不法古。故湯武不循古而王，夏殷不易禮而亡。反古者不可非，而循禮者不足多。”[4]“循古”“法故”“反古”，其義一也。“故”也有“法”“法式”的意思。如《吕氏春秋·知度》：“爲中大夫，如此其易邪？非晋國之故。”高誘注：“故，法。”[5]《墨子·經上》：“巧傳則求其故。”孫詒讓《墨子閒詁》：“故，謂舊所傳法式。”[6]“故”在典籍中也指“舊典”。如《左傳·定公十年》：“齊、魯之故，吾子何不聞焉？”杜預注：“故，舊典。”[7]《大戴禮記·朝事》：“凡此五者，治其事故。”王聘珍《大戴禮記解詁》：“若遇此五事，則據舊典而行之。”[8]上引《禮記·月令》“衣服有量，必循其故，冠帶有常”，《正義》謂：“衣服小大長短及制度采色，皆有度量，必因循故法也。”[9]是其證。（2）中“變常易禮，土地乃坼，民乃夭死”，“常”與“禮”對文。

又清華簡《越公其事》簡26—27説：

（10）吴人既襲越邦，越王句踐將惎復吴。既建宗廟，修社稷，乃大薦攻，以祈民之寧。王作安邦，乃因司襲尚（常）。

《越公其事》簡的整理者認爲：

因司襲常，因襲常規。這段話包括民與官師之申訴與進諫。大意是過去的政令不像現在這樣，當今政令苛重，完成不了，這樣的政令不可施行，要想安民就得因襲常故。[10]

整理者對簡文中的“司”字没有做出解釋。學者們先後提出了

---

〔1〕［清］朱彬撰，沈文倬、水渭松校點：《禮記訓纂》，浙江大學出版社，2010年，第255頁。
〔2〕俞紹宏、張青松編著：《上海博物館藏戰國楚簡集釋》第四册，第124—125頁。
〔3〕蔣禮鴻：《商君書錐指》，中華書局，1986年，第3—4頁。
〔4〕［漢］司馬遷：《史記》，第2229頁。
〔5〕許維遹撰，梁運華整理：《吕氏春秋集釋》，中華書局，2009年，第458頁。
〔6〕孫詒讓：《墨子閒詁》，中華書局，2001年，第317頁。
〔7〕楊伯峻編著：《春秋左傳注》，中華書局，1990年，第1578頁。
〔8〕［清］王聘珍：《大戴禮記解詁》，中華書局，1983年，第238頁。
〔9〕［清］朱彬撰，沈文倬、水渭松校點：《禮記訓纂》，第255頁。
〔10〕清華大學出土文獻研究與保護中心編，李學勤主編：《清華大學藏戰國竹書（柒）》，第128頁。

“事”“治”“嗣”“始”“祠”等十多種不同的釋讀意見，迄今未有定論。江秋珍女士有詳盡的收集，可以參看。[1]賈誼《新書》：“緣法循理謂之軌，反軌爲易；襲常緣道謂之道，反道爲辟。”[2]我們認爲“因司襲常”的結構與“緣法循理”“襲常緣道”是一致的。“襲常”與“因司”對文，這裏的“司”字比較奇怪，從《越公其事》簡有“故常”一詞來看，我們懷疑它很有可能是“古（故）”的誤字。

“律”與“音”義近，“常音”“故律”對文則異，散文則通。亦即《越公其事》第56號簡所説的“常律”。“音律”是師之所司，典籍記載很多。《周禮·春官·大師》説：

（11）大師掌六律六同，以合陰陽之聲。……大師，執同律以聽軍聲，而詔吉凶。

鄭玄注：“兵書曰：‘王若者行師出軍之日，授將弓矢，士卒振旅，將張弓大呼，大師吹律合音。商則戰勝，軍士强；角則軍擾多變，失士心；宫則軍和，士卒同心；徵則將急數怒，軍士勞；羽則兵弱，少威明’。”[3]

《左傳·襄公十八年》説：

（12）晋人聞有楚師，師曠曰：“不害。吾驟歌北風，又歌南風，南風不競，多死聲。楚必無功。”[4]

劉釗先生在《卜辭“師惟律用”新解》一文有詳論，可以參看。[5]“典常音故律”，應該是説師掌管法定的音律。

總之，把《參不韋》簡中的“尚音古筆”讀作“常音故律”，比讀作“古音上律”相對來説要合理一些。

二、各有利宜

《參不韋》第36—38號簡有如下一段文字：

參不韋曰：啓，象天則以作刑，以辟妖祥兇災。啓，高下西東南北險易，向有利宜，物有其則，天無常刑，刑或剛或柔，或輕或重，或緩或急。

---

〔1〕江秋珍：《〈清華大學藏戰國竹書（柒）·越公其事〉考釋》，花木蘭文化事業有限公司，2022年，第247—253頁。

〔2〕方向東：《新書譯注》，中華書局，2012年，第253頁。

〔3〕［清］孫詒讓撰，王文錦、陳玉霞點校：《周禮正義》，中華書局，1987年，第1832、1852頁。

〔4〕楊伯峻編著：《春秋左傳注》，第1043頁。

〔5〕劉釗：《卜辭“師惟律用”新解》，《古文字考釋叢稿》，嶽麓書社，2004年，第79—86頁。

整理者認爲“此句謂高下西東南北險易不同，各有其宜，不能膠柱鼓瑟，拘泥固化”。[1]這個解釋無疑是正確的。但“向有利宜”的説法則頗爲怪異。如果説“西東南北”與方向有關的話，“高下險易”顯然不屬於“向”的範疇。所謂的“向”字，原篆如下：

《字形表》第171頁

此形與楚文字中常見的“向”形體有别。清華簡中的“向”字，寫作如下之形：

説命上1　封許2　良臣5

比較一下不難看出，《參不韋》中所謂的“向”字，與清華簡中的“向”形體有别，因此不應該釋作“向”。我們認爲它應該是“各”字的誤書。簡文讀作“各有利宜”文從字順。如：

（13）四時不同氣，氣各有所宜，宜之所在，其物代美。視代美而代養之，同時美者雜食之，是皆其所宜也。[2]《春秋繁露·天地之行》

北京大學藏秦簡《算書甲種·魯問久次數於陳起》第22正—23正説：

（14）和攻度事，視土剛柔，黑白黄赤，蓁厲津洳，立石之地，各有所宜，非數無以知之[3]。

“各有所宜”與簡文中的“各有利宜”大致相當。另外，在《參不韋》第114號簡有一段與第36—38號簡類似的文字：

啓，天則，物各有常，各有利。剛柔反易，緩急異章，作柔而利諸剛，作剛而利諸柔。啓，唯天之宜乃不權。

此處的“物各有常，各有利”即上文中的“各有利宜，物有其則”。“利”“宜”二詞多并舉，關係密切。如：

（15）是故天時有生也，地理有宜也，人官有能也，物曲有利也。故天不生，地不養，君子不以爲禮，鬼神弗饗也。[4]《禮記·禮器》

〔1〕清華大學出土文獻研究與保護中心編，黄德寬主編：《清華大學藏戰國竹書（拾貳）》，第121頁。

〔2〕鍾肇鵬主編：《春秋繁露校釋》（校補本），河北人民出版社，2005年，第1059頁。

〔3〕北京大學出土文獻與古代文明研究所編：《北京大學藏秦簡牘》，上海古籍出版社，2023年，第751頁。

〔4〕［清］朱彬撰，沈文倬、水渭松校點：《禮記訓纂》，第353頁。

（16）先王疆理天下，物土之宜，而布其利。故《詩》曰：“我疆我理，南東其畝。”今吾子疆理諸侯，而曰‘盡東其畝而已’，唯吾子戎車是利，無顧土宜，其無乃非先王之命也乎？[1]《左傳・成公二年》

傳世文獻中或曰“各有宜”。如：

（17）子贛見師乙而問焉，曰：“賜聞聲歌各有宜也，如賜者宜何歌也”？[2]《禮記・樂記》

（18）（騶衍）稱引天地剖判以來五德轉移，治各有宜，而符應若茲。[3]《史記・孟子荀卿列傳》

（19）夫大行不小謹，盛德不辭讓，鄉曲各有宜而百官不同功。[4]《史記・李斯列傳》

簡文説高下西東南北險易，各有各的便宜之處。可見，我們把《參不韋》中所謂的“向有利宜”改釋作“各有利宜”，於簡文是很通順的。

三、四郊之役　邦之役　所可役

《參不韋》簡中有三處整理者隸定作“辻”讀作“赴”的字，分別見於以下簡文：

啓，乃以立司工、司馬、徵徒。司工正萬民，乃修邦内之經緯城郭，濬汚行水，及四郊之赴、稼穡。簡 9—11

史乃定歲之春秋冬夏，發晦朔，秉法則儀禮，典卜筮以行歲事與邦赴。簡 13—14

某有某□，句（苟）乃與某，自【今以往】，來日之後，某所敢不黽勉措乃心腹及乃四體，勿蓋勿匿，以共修某邦之社稷，及上下、外內、大小。乃某邦之建后、大放、七承、百有司、萬民，稱某之所可赴。簡 95—98

所謂的“辻”字，原篆如下：

 簡 11　 簡 14　 簡 98

〔1〕 楊伯峻編著：《春秋左傳注》，第 797—798 頁。

〔2〕［清］朱彬撰，沈文倬、水渭松校點：《禮記訓纂》，第 590 頁。

〔3〕［漢］司馬遷：《史記》，第 2344 頁。

〔4〕 同上書，第 2549 頁。

此形與楚文字中常見的“⿺辶卜”形體接近。[1]但是，讀作“赴”則不能很好地解釋簡文文義。我們認爲此形當釋作是“役”字。

楚文字中常見的“役”字，一般寫作如下之形：

五行 45　　畜門 16 　　子産 14

關於“役”字的構形，趙平安先生曾認爲是從又持㫃之形，㫃是旌旗，有指揮、役使的功能，很可能是役的初文。[2]徐在國先生從之。[3]劉釗先生由戰國簡帛中的“役”字追溯到其在甲骨文中的來源，認爲“役”字的構形演變在形體的過渡上仍存在缺環。[4]馮時先生則把甲骨文中劉釗先生釋作“役”的字與“脈”聯繫起來，認爲甲骨文字形體現的是一種古老的診脈方法，是古相脈之本字。[5]從秦漢文字中“脈”字的形體來看，馮説似乎有一定的道理。[6]

整理者隸定作“⿺辶卜”形的字，與楚文字中的“役”不完全相同。從形體來看，《參不韋》簡有齊魯系文字的特點。我們推測，“⿺辶卜”形很有可能是齊魯文字中“役”的省形。如果此説能够成立，可以討論以上三處簡文中“役”字的用法。

第 9—11 簡説司工的職責是“修邦内之經緯城郭，濬污行水，及四郊之役稼穡”。“司工”即“司空”。《禮記・王制》：“司空執度度地，居民山川沮澤，時四時。量地遠近，興事任力。”[7]《大戴禮記・千乘》：“司空司冬，以制度制地事。準揆山林，規表衍沃，畜水行衰灌浸，以節四時之事。治地遠近，以任民力，以節民食。太古食壯之食，攻老之事。”[8]《禮記・月令》天子命司空曰：“時雨將降，下水上騰，循行國邑，周視原野，修利堤防，道達溝瀆，開通道路，毋有障塞。”[9]《韓

〔1〕 李守奎編著：《楚文字編》，華東師範大學出版社，2004 年，第 107—108 頁。

〔2〕 趙平安：《釋“役”字》，原載《語言研究》2011 年第 3 期，後收入《金文釋讀與文明探索》，上海古籍出版社，2011 年，第 78—83 頁。

〔3〕 徐在國：《上博簡文字聲系》，安徽大學出版社，2013 年，第 1863 頁。

〔4〕 劉釗：《釋甲骨文中的“役”字》，復旦大學出土文獻與古文字研究中心編：《出土文獻與古文字研究》第六輯，復旦大學出版社，2015年，第 33—68 頁，收入作者《書馨集續編：出土文獻與古文字論集》，中西書局，2018 年，第 4—50 頁。

〔5〕 馮時：《釋“𠂢、永”——中國古文對脉的認識》，《古文字研究》第三十一輯，中華書局，2016年，第 518—522 頁。

〔6〕 張新俊：《秦漢文字中的“脈”字》，待刊。

〔7〕［清］朱彬撰，沈文倬、水渭松校點：《禮記訓纂》，第 187 頁。

〔8〕［清］王聘珍：《大戴禮記解詁》，第 160—161 頁。

〔9〕［清］朱彬撰，沈文倬、水渭松校點：《禮記訓纂》，第 229 頁。

詩外傳》卷八：“山陵崩竭，川谷不流，五穀不植，草木不茂，則責之司空。”〔1〕文獻中的“居民山川沮澤”“準揆山林，規表衍沃，畜水行衰濯浸”“循行國邑，周視原野，修利堤防，道達溝瀆，開通道路，毋有障塞”諸語與簡文中的“邦内之經緯城郭，濬污行水”相當。“植五穀、茂草木”自然相當於與“稼穡”一詞。“四郊之役”則與“量地远近，兴事任力”、“治地遠近，以任民力，以节民食”比對。簡文中的“四郊”自然是國都之四郊，與文獻中的六鄉六遂大致相當。

簡 13—14 説史的職責是“定歲之春秋冬夏，發晦朔，秉法則儀禮，典卜筮以行歲事與邦役”。“發晦朔”，當爲頒布、發布晦朔的日期。《史記・五帝本紀》：“（舜）遂見東方君長，合時月正日。”張守節《正義》：“《周禮》‘太史掌正歲年以序事，頒正朔於邦國’。則節氣晦朔皆天子頒之。猶恐諸侯國異，或不齊同，因巡狩合正之。”〔2〕

“典卜筮以行歲事與邦役”，“歲事”与“邦役”并舉，“役”的意思與“事”接近。《左傳・成公二年》：“五伯之霸也，勤而撫之，以役王命。”杜預注：“役，事也。”孔穎達疏：“五伯之霸諸侯也，唯勤勞其功而撫順之，以奉事王命而已，不改王之制度也。”〔3〕《孟子・萬章下》：“庶人，召之役，則往役。”趙岐注：“庶人召使給役事，則往供役事。”〔4〕

“歲事”在漢代文獻中多指國家爲每年的農業豐收而祈禱祭祀之事。《漢書・武帝紀》：“河海潤千里，其令祠官修山川之祠，爲歲事，曲加禮。”孟康曰：“爲農祈也。於此造之，歲以爲常，故曰爲歲事也。”顔師古曰：“歲以爲常是也。總致敬耳，非止祈農。”〔5〕

邦役則多遇到國家大喪，百姓需要擔負起服役的義務。《周禮・地官・大司徒》：“大喪，帥六鄉之衆庶，屬其六引，而治其政令。大軍旅，大田役，以旗致萬民，而治其徒庶之政令。若國有大故，則致萬民於王門，令無節者不行於天下。”〔6〕《周禮・地官・小司徒》“以起軍旅，以作田役。……凡起徒役，毋過家一人，以其餘爲羨，唯田與追胥，竭作。……大喪，帥邦役。”〔7〕《周禮・地官・小司徒》：“凡征役之

---

〔1〕［漢］韓嬰撰，許維遹校釋：《韓詩外傳校釋》，中華書局，1980 年，第 291 頁。
〔2〕［漢］司馬遷：《史記》，第 26 頁。
〔3〕十三經注疏整理委員會整理：《春秋左傳正義》，北京大學出版社，2000 年，第 803—804 頁。
〔4〕［清］焦循撰，沈文倬點校：《孟子正義》，中華書局，2015 年，第 774 頁。
〔5〕［漢］班固：《漢書》，中華書局，1960 年，第 157 頁。
〔6〕［清］孫詒讓撰，王文錦、陳玉霞點校：《周禮正義》，第 767—769 頁。
〔7〕同上書，第 776、781、813 頁。

施捨，與其祭祀飲食喪紀之禁令。乃頒比灋于六鄉之大夫……。”賈公彦疏：“役謂繇役。”〔1〕簡文中的“邦役”，可能不限於國家大喪期間的服役，應該是泛指各種徭役。

第95—98簡中有幾處文字需要加以説明。“句（苟）乃與某”，整理者讀作“后”，不確。我們認爲當讀作“苟”。“苟”是國君向神靈許願之辭。類似禱告文書，在戰國秦漢簡帛中多見，以清華簡《禱告》爲例〔2〕：

（20）句（苟）使四方之羣明歸曾孫某之邑者，其來緹緹，其來徇徇，見某乃喜，驅驅、憧憧、與與、豫豫。簡2—3/簡7—8

（21）句（苟）使四方之羣明遷諸於邑之於處，余敢獻喦與龜。其禮藏於封東以西，深及腋。簡5—6

（22）句（苟）使四方之羣明歸曾孫某之邑者，如雲之入，如星之西行，如河伯之富，如北海之昌，使曾孫某之邑人以邑之爲尚。簡9—10

（23）句（苟）使左右之邑虛，使曾孫某之邑速盈，余而貢布三、芻靈。君詣廟邀余，余負而進之。簡11

（24）句（苟）使四方之民人遷諸於邑之於處，余使君喦食，且獻龜於君之側。簡23

整理者把“自□□往來日之後”作一句讀。我們認爲所缺文字可以補作“自今以往，來日之後”。“自今以往”一類的説法，不管是出土文獻還是傳世典籍都很常見。如：

（25）□自今以往，敢不剖□其中心以事其主□韓□及其嗇夫左右……〔3〕温縣盟書T4K5—13

（26）□自今以往，敢不剖敷其中心以事而主韓取及其嗇夫左右……〔4〕温縣盟書T4K5—12

（27）自今以往，知忠以事君者，與詹同。〔5〕《國語·晋語四》

（28）自今以往者，公孫氏必不血食矣。〔6〕《戰國策·宋衛·衛嗣君病》

---

〔1〕［清］孫詒讓撰，王文錦、陳玉霞點校：《周禮正義》，第773頁。

〔2〕清華大學出土文獻研究與保護中心編，黄德寬主編：《清華大學藏戰國竹簡（玖）》，中西書局，2019年，第182—183頁。

〔3〕魏克斌：《温縣盟書T4K5、T4K6、T4K11盟辭釋讀》，復旦大學出土文獻與古文字研究中心編：《出土文獻與古文字研究》第五輯，上海古籍出版社，2013年，第283頁。

〔4〕同上。

〔5〕上海師範大學古籍整理組校點：《國語》，上海古籍出版社，1978年，第380頁。

〔6〕［漢］劉向集録：《戰國策》，上海古籍出版社，1998年，第1165頁。

（29）自今以往，内政無出，外政無入。吾固誡子。[1]《吴越春秋·勾踐伐吴外傳第十》

（30）自今以往，魯人不贖人矣。取其金則無損於行，不取其金則不復贖人矣。[2]《吕氏春秋·察微》

“乃某邦之建后、大放、七承、百有司、萬民，稱某之所可役。”“稱”可訓爲“適宜”“相當”。《國語·晋語六》：“稱晋之德，諸侯皆叛，國可以少安。”韋昭注：“稱，副也，副晋之德而爲之宜。”[3]《晋語八》：“夫爵以建事，禄以食爵，德以賦之，功庸以稱之，若之何以富賦禄也！”韋昭注：“稱，副也。”[4]《荀子·禮論》：“貴賤有等，長幼有差，貧富輕重皆有稱者也。”楊倞注：“稱謂各當其宜。”[5]《戰國策·齊策六》：“寡人憂民之饑也，單收而食之；寡人憂民之寒也，單解裘而衣之；寡人憂勞百姓，而單亦憂之，稱寡人之意。”鮑彪注：“猶副。”[6]《漢書·刑法志》：“凡爵列官職，賞慶刑罰，皆以類相從者也，一物失稱，亂之端也。”顔師古注：“稱，宜也。”[7]“役”，訓爲“役使”“驅使”。《廣雅·釋詁一下》：“役，使也。”《大戴禮記·曾子天圓》：“兹四者，所以役於聖人也。”王聘珍《大戴禮記解詁》：“役，謂役使。”[8]《周禮·秋官·蠻隸》：“掌役校人養馬。”賈公彦疏：“爲校人所役使以養馬。”[9]簡文是説國中建后、大放、七承、百有司、萬民，都適合爲國君所役使。

Three Interpretations of the Words in Tsinghua Jian “*San Bu Wei*（參不韋）”

Zhang XinJun

Abstract: Tsinghua Jian “*San Bu Wei*（參不韋）” No.12-15 Jian “*Shangyin Gubi*（尚音古筆）”, Some scholars may pronounce it as “*Shangyin Gulv*（上 音 古 律）”, it should be pronounced as “*Changyin Gulv*（常音故律）”。Simplification No. 36-38 states that “*Xiangyouliyi*（向有利宜）”

〔1〕崔冶譯注：《吴越春秋》，中華書局，2019年，第262—263頁。

〔2〕許維遹撰，梁運華整理：《吕氏春秋集釋》，第419頁。

〔3〕上海師範大學古籍整理組校點：《國語》，第419頁。

〔4〕同上書，第477頁。

〔5〕［清］王先謙撰，沈嘯寰、王星賢點校：《荀子集解》，中華書局，2013年，第410頁。

〔6〕［漢］劉向集録：《戰國策》，第461頁。

〔7〕［漢］班固：《漢書》，第1111頁。

〔8〕［清］王聘珍：《大戴禮記解詁》，第100頁。

〔9〕［清］孫詒讓撰，王文錦、陳玉霞點校：《周禮正義》，第2885頁。

and is now interpreted as "*Geyouliyi* (各有利宜)" 。There are words pronounced as "*Fu* (赴)" in the 9th to 11th, 13th to 14th, and No. 95-98 slips，this character is likely a variant of the character "*yi* (役)" in the Warring States script.

Keywords: "*San Bu Wei* (參不韋)" "*Changyin Gulv* (常音故律)" "*Geyouliyi* (各有利宜)" "*yi* (役)"

（張新俊 中國海洋大學）

居延新簡釋文校讀札記*

張俊民

提　要：因時間的演變，“居延新簡”儼然成爲1974年甲渠候官與第四隧出土簡牘的專指，圖版的改良使得一些字的再審釋成爲可能，辭例的增多也爲釋讀提供了有利的旁證。參據《居延新簡集釋》圖版，試從簡牘綴合、容易混淆的人名、書信的常用語以及西北漢簡比較獨特的辭例對現有居延新簡釋文的幾個字進行補訂。

藉助簡牘的綴合（EPT43:215+216、EPT59:818+828、EPF22:507+545、EPS4T1:9+13AB），可以審視已有釋讀的“首”“載”與“事”字；容易混淆的人名選擇“齊”與“齋”、“良”與“長”進行舉證；簡牘的習慣用語比較多，如“萬年”“賤子”“刑德”“父老”“盈”等字，對已有的釋文進行修正。

關鍵詞：居延新簡　釋讀　簡牘學　西北漢簡　西北史地

居延新簡因爲肩水金關漢簡的獨立成名，而最終被固定在甲渠候官、第四隧及其它遺址采集簡。從1990年簡裝的“文物本”，[1]到1994年精裝“中華本”，[2]內容稍有出入，總體是一致的。爲保持其傳承性，“居延新簡”雖與早年的內涵有一定差異，基本上可以固定下來而没有必要再以類似“破城子”“甲渠候官”漢簡的模式出現。2013年的《居延新簡釋校》，[3]因爲缺少類似2016年《居延新簡集釋》的圖版可以參考而顯得不如後者。[4]《集釋》之後，從書信、字編、綴合與釋文校訂角度進行補充的學者有多位，[5]

---

* 國家社科基金重大項目：中韓日出土簡牘公文書資料分類整理與研究（20&ZD217）階段性成果。

〔1〕 甘肅省文物考古研究所、甘肅省博物館、文化部古文獻研究室、中國社會科學院歷史研究所：《居延新簡》，文物出版社，1990年。行文簡稱“文物本”。

〔2〕 甘肅省文物考古研究所、甘肅省博物館、文化部古文獻研究室、中國社會科學院歷史研究所：《居延新簡》，中華書局，1994年。行文簡稱“中華本”。

〔3〕 馬怡、張永强：《居延新簡釋校》，天津古籍出版社，2013年。行文簡稱“釋校”。

〔4〕 張德芳：《居延新簡集釋》，甘肅文化出版社，2016年。行文簡稱“集釋”。

〔5〕 白海燕：《居延新簡文字編》，2014年吉林大學博士學位論文；鄔文玲：《居延新簡釋文補遺》，《湖南大學學報（社會科學版）》2018年第3期；秦鳳鶴：《〈居延新簡集釋（肆）（伍）（陸）〉校讀》，《敦煌研究》2019年第4期；姚磊：《〈居延新簡〉綴合綜論》，《簡帛研究2020（春夏卷）》，廣西師範大學出版社，2020年。

至2019年《居延新簡校釋》,[1]又對居延新簡的釋文進行了全面蒐集、梳理與補充,爲居延新簡的進一步整理奠定了基礎。

藉"中韓日出土簡牘公文書資料分類整理與研究"課題之際,有感於其中的字詞釋讀與《集釋》的七卷本數量之多,有必要出一個類似早年"文物本"的釋文本,方便使用。爲此而進行的釋文整理,又發現一些漫漶的圖版存在再修訂的必要。分類别之,擇其要與大家分享,期待批評指正。

一、簡牘的綴合

簡牘的綴合,雖從簡牘整理之始就存在,但集中而大規模的進行應屬林宏明與姚磊,尤其是後者的《肩水金關漢簡綴合》,雖僅僅是肩水金關漢簡,但其對居延新簡、懸泉置漢簡亦用力尤佳,大伙有目共睹[2]。西北漢簡的綴合,除了類似册書復原提到的幾點要素外[3],對木質紋理、字體尤其是筆畫、裂痕的判斷更爲重要。由於簡牘文書出土的比較集中,同一册書的字體與木質紋理都有可能非常接近,在遥綴時應該尤其值得注意。與本文所言居延新簡的綴合,在此次整理過程中,筆者共發現四例。其中一簡屬於詔書殘文,一簡是私人書信,一簡是削衣,另一簡是官文書。依照簡牘編號分述於下(圖版後附)。

簡 1. 當死臣弘免冠徒踐頓 ☐　　　　EPT43:215+216[4]

本簡由二簡上、下綴合而成。上半段"集釋"較早年釋讀所補較多,可從。釋文作:

當死臣弘☐　　　　EPT43:215

下半段釋文"集釋"補"首"字,釋文作:

☐免冠徒踐首☐　　　　EPT43:216

---

〔1〕羌荻:《居延新簡校釋》,2019年復旦大學碩士學位論文。

〔2〕林宏明:《漢簡試綴第85則》,簡帛網2017年8月19日;見林宏明《漢簡試綴第20—79則組别號碼表》,先秦史研究室網2017年8月21日;林宏明:《漢簡試綴第80—83則》,先秦史研究網2017年8月29日附評論;林宏明:《〈居延新簡集釋(壹)〉新綴十二組》,第二十九屆中國文字學國際學術研討會論文集。林宏明:《破城子探方52出土簡牘綴合七則》,2018年10月長春古文字學會四十年年會論文;姚磊:《〈居延新簡〉綴合(二十八)》,簡帛網2019年4月1日;姚磊:《肩水金關漢簡綴合》,天津古籍出版社,2020年;姚磊:《〈懸泉漢簡(壹)〉綴合(十九)》,簡帛網2022年4月11日。

〔3〕大庭脩著、徐世虹譯:《漢簡研究》,廣西師範大學出版社,2001年,第10—11頁。

〔4〕此類簡號釋文以"集釋"爲主,間校以引者補釋。因爲由簡號可以直接檢索到圖版與頁碼,頁碼不贅。下同。

我们將二簡綴合的主要依據并不是木質，而是字體與木簡形狀。首先二簡的木質是居延漢簡最常見的胡楊，胡楊缺少一般木材的纖維，殘斷處的斷茬比較整齊，很難拼接起來；其次二簡位置接近，字體、文義比較近似，似乎可以綴合。還有二簡的文字使用者身份比較特殊，表現在“臣弘”與“免冠徒踐”。“集釋”釋文所補“首”字，與字形不符，若參考《續漢書》辭例釋作“頓”字比較合理〔1〕。

西北漢簡中能够稱“臣”，無疑是對皇帝而言，即言的對象是皇帝，一般人没有資格使用。“免冠徒踐”也是少見的一種詞語，“徒踐”多用作“徒跣”，顏師古稱“徒踐，謂徒跣也。”〔2〕檢索《漢書》“免冠徒跣”有三例，“徒踐”只有一例。

“臣弘”對應的是《漢書》有傳的公孫弘，以策對詔爲博士、待詔司馬門，歷任御史大夫與丞相。其活動時間主要在漢武帝時，如何又出現在居延新簡中呢？從字體的規整與文字的疏密，本簡的文字不是普通的文字，應是詔書文字。作爲詔書文字，以公孫弘之賢德被後人徵引，可能是其出現在居延新簡中的主要原因。

簡 2. 六月穀出入簿　　（削衣）　　EPT59:818+828

本簡由二削衣左、右綴合而成，其中左半簡EPT59:818“集釋”作“六月載□”〔3〕。右半邊簡 EPT59:828“集釋”作“月穀出入簿”。

二簡的綴合，可以从“月穀出入”四字的筆畫走勢得到印證，當然又可以證明簡 EPT59:818 早年釋讀的“載”字是“穀”字的誤釋。

簡 3. ☑至壬子餔時到官留遲積五日又事當白記到各推辟　　EPF22:507+545

本簡由上、下二簡綴合而成，文書性質自名“記”，因某事延遲而進行原因追查“推辟”。上半段簡 EPF22:507 作：

☑至壬子餔時到官留遲積五日又□☑

下半段簡 EPF22:545 作：

☑□當白記到各推辟

二簡的綴合并不是它們的寬度都是 1.2 厘米，而關鍵的是它們之間殘存的筆畫，可以合成一個“事”字。前簡殘存“ ”，下簡殘存“ ”，綴合後“ ”形就是中間微殘的“事”字。

〔1〕以“免冠徒”三字檢索《漢書》《後漢書》，有四例，其中《後漢書》某等“免冠徒跣頓首，乞自致洛陽詔獄”一句，文義與本簡所言吻合。由之可旁證“集釋”所改“首”字應釋作“頓”字。而圖版中這個字的殘筆，尤其是它的左上殘筆，與“頓”字亦合。

〔2〕班固：《漢書》，中華書局，1962 年，第 1477 頁。

〔3〕“釋校”在“載”後是兩個未釋字。

簡 4. ☑滿伏地問　　　　　　　　　　　　　　王子□言

☑子佚子高子巨君□ 賤子伏地　不多言陳辭□　　□□半

☑□□□身自□□　　　　　　身病不□□　　　□□□不予

（“賤子伏地”習字書）　A

☑子高君等今滿病大欲得奈何毋周前言急者來

☑幸表之滿重敢子高丁子良王君□□貰□□　B　EPS4T1:9+13AB

首先引起注意的是二簡都有一個“子高”作爲人名。而 EPS4T1 出土簡牘的數量并不多，“子高”一詞很容易使人聯想。上半段原來的釋文作：

☑子佚子高子巨君□□☑

☑□□□身自□□☑　A

☑子高君等今滿☑

☑幸舍之滿重敢☑　B　　　　　　EPS4T1:9AB

下半段作：

王子孫言

☑賤子伏地　　不多言陳辭□　□□半

身病不□□　□□□不予☑　　A

☑病大欲得奈何毋周前言急者來☑

☑子高丁子良王君□□貰□□☑　B　　　　EPS4T1:13AB

圖版外觀看起來很相像，但是“釋校”的簡牘尺寸不盡相同。簡 EPS4T1:9 本身就有兩個不一樣的尺寸，一個是 7.8*2.2 厘米，一個是 7.6*2.1 厘米。EPS4T1:13 的尺寸又是 16.2*2.3 厘米。對於一般綴合的簡而言，長度是可以不考慮的（當然如果綴合後超出常見的漢代一尺，還是有必要考慮的）。簡 EPS4T1:9 之所以出現兩個數字，排除誤記的因素外，極有可能就是丈量尺寸的位置不是一個。EPS4T1:9 的尺寸應該是一個才對，EPS4T1:13 的也是一個。奇怪的還有簡的寬度是三個數字，分别是 2.1、2.2、2.3 厘米。如果單從寬度而言，二簡的綴合是不能成立的。

但是將二簡綴合之後，在 A 面的“賤”字有一筆，是分别出現在上、下半簡上的；且原有釋文的“君□□賤”，實際上是“君□賤”，其右側的裂隙從“君”字右側一直貫穿到“賤”字下“子”字右側。B 面綴合後，上下半段的裂隙也是吻合的。即綴合後上下半段的簡寬度存在明顯差異，但仍然是可以綴合的。寬度不一的原因，是 A 面上半段左側有明顯殘損，“身自”等字左側是不完整的。遺憾的是本簡雖可以綴合，很多字仍無法釋讀。“孫”字“集釋”從“文物本”，與圖版不合，今存疑。而“表”字“文物本”未釋，“集釋”作“舍”字，今改釋。

二、容易混淆的幾個人名

人名、地名與官名是解讀簡牘學的主要鑰匙。漢簡中的人名，大家熟悉的是“延年”“益壽”“萬年”“去病”之類的二字名，兩個字容易辨識，單名一個字難度相對而言就高。早年曾有“充”與“克”、“宏”與“客”之類的争議，後來又有“賔”與“實”、“寶”與“賽”的分歧。前兩年重讀居延新簡，筆者也曾發現有“何齊”誤作“何齋”的情況[1]。“齋”“齊”易淆的現象，在今天類似西北漢簡研究中的“候”與“侯”、“己”與“巳”。且在此次讀簡過程中，也發現了“齋”“齊”混淆的現象。如：

簡 5. 第廿二隧官丁奴王齊　今等審　☒　　　EPF22:646[2]

本簡的“齊”字，已有釋讀多作“齋”，包括“文物本”“中華本”“釋校”與“集釋”均作“齋”字。作“齋”不是没有道理的，其字形“”有點類似“齋”字。當然更類似“齋”字的是 EPS4T2:153“”，此字下部中間明顯是“示”部，之所以一直釋作“齊”字是因爲其前面還有一個“何”字，“何齊”是人名。而與上述“齋”字比較接近的簡 EPF22:694“”與 EPW:126“”，則因爲是姓氏，一直釋作“齊”字。

根據本簡的“齊”混爲“齋”，還有以前檢討的“何齊”誤作“何齋”例，作爲人名漢簡中的“齋”字應該都是“齊”字之誤。以之檢驗居延舊簡的最新釋讀仍存在作“齋”字者。如：

（1）☒□曰居延有關塞奈何得出牛子曰欲渡天田以杖畫之疑齋√牛子√赦共　112.10A[3]

（2）☒丞齋下承書從事下☒
　　　　/ 掾□□☒　　132.38

（3）恐久與齋併幽于牢陛臣誼頓首頓首唯　　157.26

（4）☒候長候史齋　　347.9[4]

---

〔1〕張俊民：《居延新簡所見吏員補遺》，《簡牘學研究》第八輯，甘肅人民出版社，2019 年。

〔2〕釋文中“丁”字，疑爲“大”字之訛。圖版無誤，即“官丁奴”似爲“官大奴”。

〔3〕此類簡號見簡牘整理小組編《居延漢簡（壹—肆）》，“中研院”歷史語言研究所，2014—2017 年。其中的“有”“奈”二字未釋讀，引者補。

〔4〕此字的争議比較大，中國社會科學院考古研究所編，中華書局，1980 年版《居延漢簡甲乙編》正作“齊”字；謝桂華、李均明、朱國炤編，文物出版社，1987 年版《居延漢簡釋文合校》更爲“齋”字。

（5）☐公乘張齋自☐ 455.4

以上五簡都是以“齋”字在居延漢簡中檢索到的，字形基本上都是“齋”形，而與居延新簡 EPW:126“齋”字形同，按照字形釋讀都没有問題，但是如果按照“齋”“齊”字形混淆的話，作爲人名都應釋作“齊”字。類似的釋讀方法，有意者也可以逐一檢索肩水金關漢簡，其中也有好幾個吏名是“齋”的情況。懸泉置漢簡是不是也是這種情況，估計難以避免。在此毋贅！

簡 6. ☐守塞尉良趣☐ EPW:51

本簡上、下殘，斷茬整齊，木質胡楊。已有釋讀多將“良”字作“長”字。“長”與“良”均可以單字作人名。此字作“良”形，應釋作“良”字。類似“良”的字形或作“良”，而“長”字也有作“長”形者[1]。二字的區别主要是“長”字中間的一横與右上的短横，較之三字，本簡的更接近“良”字。

字形之外，在居延新簡中可以通過詞例來旁證。首先“守塞尉”之“長”與“良”均不存在，而“守塞尉”亦可稱“守尉”，我們可用“守尉良”作檢索主詞，在居延新簡的釋文中進行檢索，結果得到二簡，分别是：

（6）☐戊午吞遠候長章敢言之謹與守尉良隧長有雜☐ EPT48:26

（7）☐甲溝守尉良受城倉佐陽 EPT59:565

所得二簡均殘斷，缺少明確的紀年時間，唯“甲溝”可作爲時間的大致參照年代。因爲“甲溝”在居延漢簡中是一個比較獨特的用詞。

三、書信用語“萬年”“賤子”

“萬年”作爲私人書信的用語，給人印象特别深的是馬圈灣漢簡的一條簡，由於是草書體，早年釋讀作“前年”，即“前年平安”[2]，而實際上應釋作“萬年平安”，意即萬壽無疆、四季平安，是一種良好的期許與美好的願望。居延新簡中有二簡涉及類似的“萬年”用詞，在已有釋讀中并没有體現出來。具體簡文是：

簡 7. 長仲萬年執事起居毋它善善前者三月十日得書一封書上曰十月廿八日具書 EPT65:31

本簡“執事起居毋它”，給人一種私人書信的風格。或作“起居毋它恙”，類

〔1〕 陳建貢、徐敏：《簡牘帛書字典》，上海書畫出版社，1991 年，第 690 與 865 頁。簡稱“字書”。

〔2〕 馬圈灣漢簡馬・233B 記“將軍前年平安！尋叩頭”，參見張俊民《敦煌馬圈灣漢簡釋文辭例補釋》，2019 年 10 月敦煌“第二届絲綢之路與敦煌歷史文化學術研討會”論文集。

似的書信可以參見楊芬的《出土秦漢書信匯校集注》〔1〕。只是“年”字已有釋讀多作“幸”字，“萬幸”是一種比較僥倖的用詞，用在書信首起的位置欠妥。“長仲”是人名，某人給長仲的信首起稱“萬幸”？懷疑釋文有問題。

此字作“ ”形，其上面是一横筆或一撇，没有明顯的交叉，而“幸”字上部多有交叉，如“ ”“ ”“ ”等〔2〕。與“幸”字的形狀差異比較明顯，釋作“幸”字是不妥的。此字有我們早年釋讀“萬年平安”，還有字書衆多的“年”字字形如“ ”“ ”等〔3〕，應釋作“年”字。

簡 8. ☒丈人萬年年平恩□　EPT65:88

本簡釋文“文物本”作“☒丈人奉幸平旦”，“集釋”釋文作“☒丈人前奉幸平旦□”。前二者釋文存在差異，在二者的基礎上我們又將釋文進行了如上修訂。改釋的依據主要是據圖版提供的字形。誠如前簡我們將“前”字釋作“萬”字，我們也將本簡的“前”字釋作“萬”字。因爲二字易淆，而其字形是“ ”形，與馬圈灣漢簡的“ ”下部非常接近。馬圈灣漢簡此字右殘，其右下的彎曲筆殘損不全。二字的差異在前者没有“萬”字的“艹”部僅存“禺”，後者則是完整的“萬”字。考慮到草書與所在位置，將本簡的“前”字釋作“萬”字應該是可以成立的。

其下的“奉”字作“ ”形，上部没有明顯交叉，考慮到前簡的“年”字，此字也應該是“年”字。二字合起來就是如前簡的“萬年”。

“年”字之下是字體長長的一個字，已有釋讀多作“幸”字。此字作“ ”形，最上面仍是一筆，與 EPT65:31 的“ ”字形近。也應該釋作“年”字，而不是“幸”字。

相對於前一個“年”字，“平”字短小，很容易作“乎”字。字形作“ ”狀，與緊接其上的“年”字不成比例。兩個字出現這麽樣的寫法，只能是書手隨心所欲的表現，因爲整簡下面還有很多空間，此字没有必要這麽擁擠。但是書手却又真真切切地寫了這麽一個字。因爲字形最下是直筆還是有彎鉤不太明晰，暫從“平”字。

“平”下一字已有釋讀均作“旦”字，與字形“ ”不符。此字的上部不是“日”形，而是草書“因”字字形，下面的一筆不是一横，而是“心”部的草書體。即此字應釋作“恩”字。

〔1〕 楊芬：《出土秦漢書信匯校集注》，武漢大學博士學位論文，2010 年。

〔2〕 陳建貢、徐敏：《簡牘帛書字典》，第 283 頁。

〔3〕 同上書，第 279—282 頁。

如果能將本簡排除習書而作爲私人書信，那麽“丈人萬年年平”，就是祈願長者年年平安，是一美好的祝願。“恩”字則下讀。至於“集釋”尾端的未釋字“□”是不是重文號，可以忽略不論。

“賤子”是漢代的一種謙稱，是寫信人對尊者的自謙。王子今有專文，在此從略[1]。居延新簡有被忽視的釋讀，對於簡文釋讀是一錯誤，而對這一詞的理解是一損失。具體簡文如：

簡 9. 賤子壽宗叩頭再拜問　　EPT53:110

本簡的“賤”字，已有釋讀多作“賭”字。查“賭”字音晴，《玉篇》作“賜也”。與本簡文義不合。簡牘上此字作“賤”形，單從字形釋作“賭”，可唯文義是“賤”字。辭例較多，毋贅舉。疑“賤”與“倩”通，抑或是“賤”字訛體。

簡 10. ☑地再拜
君足下
通伏地再　　A
賤子通伏地再拜伏地再拜□
君足伏地再拜拜足
勞賜　　B　（習字）　　EPT57:45AB

從本簡字迹的殘損狀況來看，其先是作爲習字使用的，後來被削殘。所書文字重複，也就是簡牘學一般說的“習字簡”。早年釋讀僅得 A 面文字，“集釋”藉助紅外圖版補 B 面文字。而 B 面的文字釋文作：

□子□伏地再拜□□□□□
君足伏地再拜拜足
勞賜

我們之所以將 B 面右行首字釋作“賤”字，主要是依據此字左下的兩點殘筆，與前言所謂“賤”字吻合；再依據其所在位置，大膽將此字釋作“賤”字。“賤”字的釋讀無疑是受私人書信中“賤子”的稱謂及位置的影響。“通”字是受了 A 面“通”字啓發而成，本身此字左側類似“是”部，右側不明。既爲習字，揣測 A、B 兩面的文字比較接近，繼而將此字隸作“通”字。再後的“伏地再拜”四字之中“地”與“拜”二字較爲清晰一點，作爲習字内容參照其它文字字形，將四字釋作“伏地再拜”并不爲過。

---

〔1〕 王子今：《説漢代“賤子”自稱》，《簡帛》第 4 輯，上海古籍出版社，2009 年。

四、刑德殘簡

西北漢簡中的“刑德”篇文字，多爲散簡，一般歸爲數術類文獻。比較完整的簡文是肩水金關漢簡的73EJT23:879，釋文作“刑德堂庭門巷術野術巷門庭堂内”。居延新簡有“刑術巷門庭堂内中堂庭門巷術野”（EPT43:185）[1]，“德堂庭門巷術野術巷門庭堂内中”（EPT65:48）。有關此類文書的研究，可參見劉樂賢《簡帛數術文獻探討》[2]。本文所要檢討的這一殘簡，已有的釋讀多未得縞至，而將簡文釋作：

簡 11′. □傖　夜☑　　EPT9:15

筆者首先發現第一個未釋字右側是“刂”部，第二個字“傖”，或作“偷”形。這是什麽字呢？首起一字右部是“刂”部，上部又是比較完整的簡，是“刑”什麽？原來是“刑德”。刑德解决後，其下的“夜”字圖版并不清晰，好在已有的簡文中出現過“刑德”的文字，按圖索驥，這個字無疑是“堂”字。即釋文應改作：

簡 11. 刑德　堂☑　　EPT9:15

本簡的釋讀，給我們一種啓示，也是簡牘釋讀的一種常見思維方式。首先要看簡牘文書的性質，不同的文書格式是有一定變化的，個别不清楚的字也許可以藉助上下文及文書性質得到補充；針對本簡，首先的疑問是釋文不好理解，文書的性質是什麽？當可以確定“刑”與“刑德”之後，“堂”字就可以藉助已有的文書釋讀得到確認。這就是爲什麽簡牘上的個别字看起來特别不清晰却能釋讀的原因。

五、東廳

本簡的釋文，與原來的案獄有關，涉及秦恭與“鼓”的事情。秦恭從第一隧長任吞遠隧長時，從俱起隧帶了一個鼓，一直挂在吞遠隧的某個地方，朝夕擊鼓以聞，前後二年時間。具體情况可參見《居延新簡〈女子齊通耐所責秦恭鼓事〉殘册復原與研究》一文[3]。關於“鼓”懸挂的位置，已有的釋讀多作“東壁”。具體簡文作：

---

〔1〕本簡的“内中”之“中”字，按照字形是“申”字，而據其它刑德文字應是“中”字。

〔2〕劉樂賢：《簡帛數術文獻探討》，中國人民大學出版社，2012年。

〔3〕趙寵亮：《居延新簡〈女子齊通耐所責秦恭鼓事〉殘册復原與研究》，《簡帛》第5輯，上海古籍出版社，2009年。

簡 12. 代成則。恭屬尉朱卿、候長王恭。即秦恭到隧視事，隧有鼓一，受助吏時尚。鼓常縣塢户内東廳，尉卿使諸吏旦夕擊鼓，積二歲。尉罷去，候長恭斥免，鼓在隧。恭以建武三年八月中 EPF22:331

簡文中出現的“東廳”字，就是原來釋讀的“東壁”。釋讀作“廳”而不是“壁”是根據現有圖版的字形而定的。此字作“[illegible]”形，筆迹殘泐，右下部不明。不過其左上的“广”形還是比較清楚的，緊靠“广”部内側是“耳”形，這明顯不是“壁”字的依據。不是“壁”是何字呢？參考鼓懸在“塢户内東”的一個地方，我們釋作“廳”字。

從字面而言這衹是一個字的釋讀，單從鼓懸的位置又是一個制度問題。旦夕所擊的鼓是懸在壁上，還是懸在廳内，位置的不同體現了塢户的布局。也與吞遠隧的建築方式有一定關聯。

吞遠是一個比較獨特的地方，從其在漢塞的位置而言與甲渠候官第四隧接近，它既是隧的所在，又是“部”的所在。與第四隧不同的是居延漢簡中還有吞遠置與吞遠倉，這是吞遠與第四隧不同的地方。這種差異可能也就是吞遠隧附近有塢與塢户内東廳的原因。

塢是城的一種稱謂，比障城大而矮的一種建築。吞遠隧有塢？可能與其附近有所謂的“置”“倉”有關。“置”簡單地説就是類似懸泉置的驛站，倉就是存儲糧食的倉庫。由吞遠隧、吞遠置、吞遠倉可以想見此處有塢也就合理了。

塢户内東廳顯然也要比東壁表現的建築形體更大一些。塢户内東側有廳，西側是不是也有對稱的西廳呢？鼓懸於東壁與東廳，不單單是地點不同，還與鼓的使用、懸挂制度有關。擊鼓時，鼓四周懸空才能使其聲音更響亮，而挂於壁顯然不如廳更合理。

縱觀漢代邊塞的管理體制，能“旦夕擊鼓”的地方并不多，至少擊鼓的文書是非常少見的。而比較明顯的是懸泉置迎接吏員到來時的“鼓令册”。[1]懸泉置按照官員的秩級等差敲擊不同數量的鼓，表示官員的秩别方便接待人員準備物資等。吞遠“塢户内東廳”的鼓是不是也是類似懸泉置使用的呢？爲什麽又是“尉卿使諸吏”擊鼓呢？

吞遠隧附近有吞遠置、吞遠倉，其中還有“尉卿使諸吏旦夕擊鼓”，顯然不是普通的部或隧所能具備的規制。這是本簡或本册書所能反映的又一個有意思的片段。

〔1〕 牛路軍、張俊民:《懸泉漢簡所見鼓與鼓令》,《敦煌研究》2009 年第 2 期。

六、父老

“父老”一詞，在秦簡已有出現，漢簡中也有出現，如居延舊簡 45.1 簡的“東利里父老夏聖”，還有著名的“漢侍廷里父老僤買田約束石券”，因此之故，有關“父老”一詞的檢討者比較多[1]。“父老”既是里中影響力最大的自然人，也是官方任命的吏員之一。居延舊簡除簡 45.1 的父老之外，還有一條缺少具體里名的父老（簡 526.1）。如果用“父老”一詞在居延新簡中檢索還没有這個詞。是真没有嗎？不是，有一簡只是舊有釋讀没有釋讀出來而已。具體簡文爲：

簡 13′. 當隧□□□三泉里孫勳　十月丙子夕入　　　　　　　　ESC:87

本簡左上、左下殘，殘存的右半字釋讀不便，也許是早年的圖版不太清晰。根據現有圖版我們將本簡的釋文改作：

簡 13. 當遂辟父老三泉里孫勳　十月丙子夕入　　　　　　　　ESC:87

居延漢簡記居延縣有“當遂里”，“當”下一字據圖版可釋作“遂”字，此字没有問題。“辟”字左殘僅存右側的“[illegible]”形，類“辛”部，考慮到居延漢簡中“辟”字，此字應釋作“辟”字。

在居延漢簡中以“辟”名出現者有“宜農辟”“第五辟”，本簡的“當遂辟”則是一個新的名稱[2]。“辟”後第二字作“[illegible]”，殘存右半字，與之近似的字如“[illegible]”“[illegible]”[3]，應釋作“老”字，其上的殘筆形狀無疑就是“父”字。“父老”一詞的出現，對居延新簡而言無疑是重要補充。

七、科別

“科別”是一種比較獨特的文書體例，完整的稱“·捕斬匈奴虜反羌購償科別”[4]，還有幾條具體的科別條文。給人印象特別深刻的是“科”字“斗”部仍使用普通

〔1〕根據最新簡牘資料的研究，參見［日］水間大輔《秦漢時期里之編制與里正、里典、父老——以嶽麓書院藏秦簡〈秦律令〉爲綫索》，《法律史譯評》第 7 卷，中西書局，2019 年。李力《“漢侍廷里父老僤買田約束石券”及其文本之再研究（上）》一文，對相關的研究進行了系統梳理，文載《法律史譯評》第 8 卷，中西書局，2020 年。

〔2〕王海：《河西漢簡所見“辟”及相關問題》，《簡帛研究（2008）》，廣西師範大學出版社，2010 年。

〔3〕陳建貢、徐敏：《簡牘帛書字典》，第 659 頁。

〔4〕居延新簡 EPF22:222。

字形的“斗”，“科”字作“[illegible]”形。此字若放在别處，恐難一下子就認出來。而“科别”之“别”作“[illegible]”形，“刂”凸顯“力”部不明。居延新簡中有一條殘簡，已有釋讀均不准。具體簡文是：

簡 14′. ☑□秵列　　ESC:89

本簡上、下殘，所剩的三個字都在簡牘的上半段，字迹殘泐。“集釋”釋文的“秵列”是什麽意思呢？“秵”字很不常見？圖版此字作“[illegible]”形，是不是前面所言的“[illegible]”呢？“斗”字不規範，是可以成立的。進而又懷疑釋作“列”字的“[illegible]”也就是“别”的不規則書寫，也就有了新的釋讀方式。即

簡 14. ☑□科别　　ESC:89

八、非“盈”之字

“盈”字在漢簡中算是一個有意思的用字，原因是漢惠帝名“盈”，一些原本是“盈”的字因爲避諱改作“滿”。西漢時避諱尚疏，在西北漢簡中“盈”字也是出現的。明確因避諱改爲“滿”的字是數術家“建除”之“建、除、盈、平、定”更爲“建、除、滿、平、定”[1]。在居延新簡的釋文中也有兩個“盈”字，是不是“盈”字呢？首先注意的是簡：

簡 15′. ☑盈積善當賣之謁不言　　EPT40:56

因爲存在“盈”“滿”二字的關係，在居延新簡中又很少能見到“盈”字，就相對留意這個“盈”字。查圖版此字右上部殘損，字作“[illegible]”形，左側的一竪作何講呢？更加懷疑“盈”字的釋讀。

字書“盈”字作：居延漢簡“[illegible]”、銀雀山“[illegible]”、帛書“[illegible]”、江陵鳳凰山“[illegible]”[2]。帛書與鳳凰山相對而言比較早，與西北漢簡的字形還是有區别的。

四個“盈”字字形與本簡殘存的字差異較爲明顯，本簡一竪筆右上的部分筆畫都不類似。與本簡字形比較接近的還有“盧”字，是不是“盧”字呢？

字書的“盧”作：土垠“[illegible]”、居延簡“[illegible]”（字書第 577 頁）。

居延新簡 EPF22:285“[illegible]”、EPF22:655“[illegible]”、ESC:132“[illegible]”。

---

〔1〕居延新簡 EPT65:425。又西漢初年的《二年律令》律令文中的“滿”字，在秦律中都是“盈”字。考慮到漢惠帝在位時間與《二年律令》的關係，西漢更“盈”爲“滿”是存在的。大部分屬於西漢中後期的西北漢簡中是不存在“盈”字的。

〔2〕陳建貢、徐敏：《簡牘帛書字典》，第 573 頁。

將本簡的“[illegible]”與土垠的“[illegible]”，尤其是居延新簡 EPF22:285“[illegible]”字比較，二字都是右上殘，字形更爲接近。所以本簡的釋文應作：

簡 15. ☑盧積善當賣之謁不言　　　　　　　　　　EPT40:56

居延新簡還有一個“盈”字，用作人名的姓氏。這個字出現在一條簡的上半部分，類似簿計文書。具體簡文作：

簡 16′. □得粟桼斗☑

鄭秋粟三斗☑

盈林粟二斗☑

趙示武粟一斗☑　　　（人名釋讀可疑）　　　　EPT59:527

本簡下殘，文字分四行，其中以“粟”字爲界，從現有文字判斷，其上都是人名，其下是粟的數量文字。以“桼”字可以判斷屬於新莽簡，也有可能晚至東漢初。“人名釋讀可疑”是此次釋讀時對本簡的重點標注。之所以這樣標注，是因爲字迹漫漶。如果對照“文物本”釋文，“粟”以上的字除“得”字外，都是“集釋”的補釋。從“集釋”的圖版來看，補釋“得”之外的三個人名姓氏均值得懷疑。“鄭”字與字形不符，這個字如果存在“阝”部則爲“陳”字，也許是“康”字，“鄭”字之“奠”部看不到；“趙”字感覺字形衹有“走”部，并没有“肖”部，與“趙”字不符。“武”“秋”“林”與“示”字，均可存疑。而“盈”字，因爲有上述“盧”字的檢討，其字形又作“[illegible]”形，也可以釋作“盧”字。即釋作：

簡 16. □得粟桼斗☑

陳□粟三斗☑

盧□粟二斗☑

□□□粟一斗☑　　　（人名釋讀可疑）　　　　EPT59:527

以上所得八例，是此次再度整理居延新簡釋文所得的主要數例，其中綴合是比較費時的一件事。多角度的觀察、長時間的審視才能完成看似不太重要的二簡綴合，簡牘的遥綴考慮到一些成册的散簡比較多，對於殘斷嚴重的簡文綴合應慎重。“齋”“齊”之辨，有點類似西北漢簡的“賓”“賨”之辨，作爲人名“齊”類似“賓”更爲合理。這一點可以運用到其它西北漢簡乃至金石、碑刻的整理中。至於其他字的釋讀，除了個别重要的字詞之外，很多都是些不太重要的字，如 EPF22:883“麥”更爲“責”、補出 EPS4T2:158“校兵物”、還有 EPS4C:59“寺”作“封”等等。對其所作的修訂與補充，只是我們認識簡牘的一個步驟而已。鑒於簡牘的保存狀況與現有的圖像獲取技術，部分簡牘的釋讀仍存疑惑與待解之字，簡牘的再釋讀仍存很大空間。

附綴合圖版

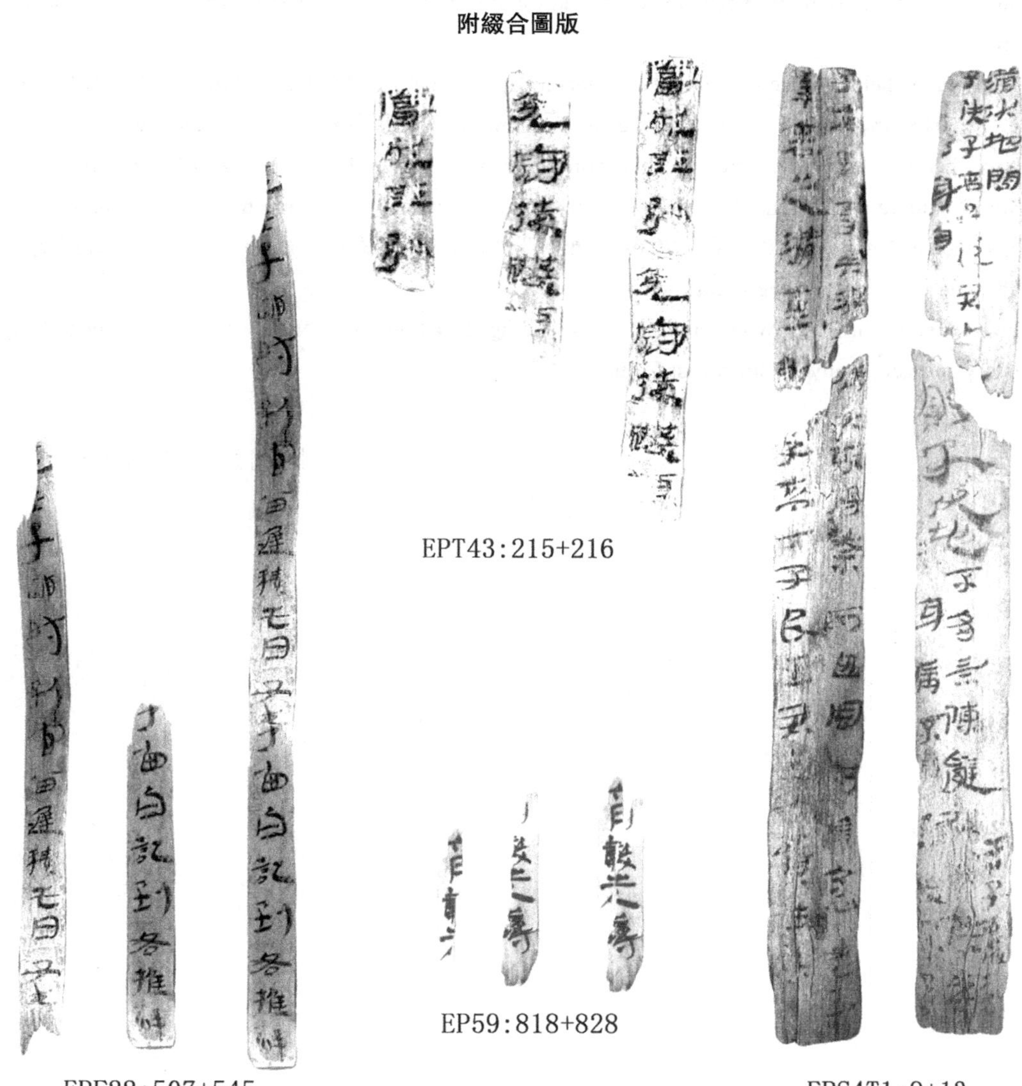

EPT43:215+216

EP59:818+828

EPF22:507+545

EPS4T1:9+13

Reading notes of Juyan's new wooden slips

Zhang Junmin

Abstract: Due to the evolution of time, "Juyan's new wooden slips" have become the special reference for the wooden slips unearthed at "*jiaquhouguan* (甲渠候官)" and "*disisui* (第四隧)" in 1974. The improvement of the plate makes it possible to reinterpret some words, and the increase of dictions also provides favorable circumstantial evidence for interpretation. According to the edition of "*Juyan's new wooden slips*", this paper tries to supplement and revise several words of the existing "Juyan's new wooden slips" from the combination of wooden slips and slips, easily confused names, common words in letters, and more unique words in the northwest Han wooden slips.

With the help of the combination of wooden slips and slips (EPT43:215+216、EPT59:818+828、EPF22:507+545、EPS4T1:9+13AB), we can examine the words "*shou*（首）", "*zai*（載）" and "*shi*（事）" that have been interpreted; For the names that are easily confused, choose "*qi*（齊）" and "*zhai*（齋）", "*liang*（良）" and "*zhang*（長）" to provide evidence; There are many idioms in wooden slips, such as "*wannian*（萬年）", "*jianzi*（賤子）", "*xingde*（刑德）", "*fulao*（父老）", "*ying*（盈）" and so on. The existing interpretation is revised.

Keywords: Juyan's new wooden slips; proofreading; Bamboo slips; Northwest Han wooden slips; history and geography of Northwest China

（張俊民　甘肅省文物考古研究所）

斯坦因二探所獲漢文簡牘的數量

魏德勝

提　要：由於多年來未公布全部資料，斯坦因二探所獲漢文簡牘、帛書、紙文書的數量一直不明了。根據《敦煌漢簡》《未刊》《未刊補》以及國際敦煌項目網站，目前可以獲得絶大部分材料，其中漢晉簡帛約有3275件，唐代及以後的簡紙約350件。網站可以提供《敦煌漢簡》《未刊》《未刊補》未收録的簡帛有500件以上。而且網站的部分圖版比過去清晰，可以改進部分釋文。

關鍵詞：斯坦因　第二次中亞探險　敦煌漢簡　漢晉簡帛

1906年到1908年，英國人斯坦因第二次中亞探險，在中國新疆、甘肅的尼雅、樓蘭、和田，以及敦煌附近的長城沿綫等地盜掘文物，采獲大量漢文簡牘、帛書、紙文書。這些發掘品成就了法國漢學家沙畹的現代中國簡牘學的第一部專書，也成就了中國人的第一部簡牘學專書《流沙墜簡》[1]。所以斯坦因二探所獲簡牘對於中國現代簡牘學有特殊意義。但沙畹并没有公布全部的簡牘資料。2007年出版的《英國國家圖書館藏斯坦因所獲未刊漢文簡牘》（簡稱《未刊》）[2]仍然没有能公布完整資料，2016年又發表了《〈英國國家圖書館藏斯坦因所獲未刊漢文簡牘〉補遺釋文》（簡稱《未刊補》）[3]，還是有部分簡號情况不明。因此目前各種著作對於斯坦因二探所獲的漢文簡牘的情况有多種説法，所標明的數量也不一致。

英國國家圖書館、中國國家圖書館等單位參與的"國際敦煌項目"，在網絡上發布了大部分斯坦因所獲文物的圖片以及當年拍攝的發掘地照片，爲我們探討斯坦因所獲漢文簡牘的情况提供了大量原始資料。我們參考了"國際敦煌項目"中文網站 idp.nlc.cn，其中斯坦因二探所獲漢文簡牘主要收録在編號爲 Or8211/ 的部分。下

〔1〕羅振玉、王國維：《流沙墜簡》，中華書局，1993年據1934年本影印。

〔2〕汪濤、胡平生、吴芳思：《英國國家圖書館藏斯坦因所獲未刊漢文簡牘》，上海辭書出版社，2007年。

〔3〕汪濤、胡平生、吴芳思：《〈英國國家圖書館藏斯坦因所獲未刊漢文簡牘〉補遺釋文》，《出土文獻研究》（第十五輯），中西書局，2016年。

面我們就以英國國家圖書館的編號爲綫索，梳理一下這批簡牘的數量。

1—992 號，沙畹已公布的部分。

其中，1—708 號爲敦煌塞上長城烽燧（T）出土的漢代簡牘帛書，即一般所謂的敦煌漢簡的一部分。4 號簡，《敦煌漢簡》是 1816、1817 兩個編號，1817 没有圖版；斯坦因的出土地編號是一個：T.VI.c.I.3，沙畹的釋文編號分別爲 4、265；《流沙墜簡》"小學類" 收録了沙畹的 4 號簡，内容是《急就篇》；看 "國際敦煌項目" 的圖版，兩簡形狀和色澤近似，讓人懷疑是一簡的兩面，但細節似有差異，存疑。

351 號，"國際敦煌項目" 有 A、B、C、D、E、F 共 6 個分號，但都無圖版。《流沙墜簡》分列 "器物 38" "雜事 24"，於 "雜事 24" 編號下云："乃簿書類第四十六簡簡背。" 此是誤記。《敦煌漢簡》列爲 1916（一）（二）兩條。觀《流沙墜簡》圖版，形狀類似，似有細微差異，也很難確定是否一簡之兩面。"國際敦煌項目" 列了 6 個分號，也讓人不解。

335 號、412 號，人面像；270 號，無字簡；《敦煌漢簡》都未收録。

388 號，"國際敦煌項目" 的圖版是 10 枚碎片，與《敦煌漢簡》1885 簡釋文不合，《敦煌漢簡》也無圖版，疑 "國際敦煌項目" 圖版誤植。

591 號，《敦煌漢簡》《敦煌漢簡釋文》《敦煌漢簡校釋》都注對應的釋文編號是 1822、1825 兩簡，"國際敦煌項目" 的圖版對應的是 1825 號簡，而 1822、1825 簡《敦煌漢簡》都没有圖版。1822 簡對應的沙畹編號可能不是 591 號。目前還没有看到 1822 簡的圖版。

238、239 號，《敦煌漢簡校釋》："C238 與 C239 同文，《疏勒》認爲是一簡，誤。"[1]《敦煌漢簡》也沿其誤，只有 1738 一個簡號。

397 號，"國際敦煌項目" 的圖版顯示一個號下實有兩簡，其一是《流沙墜簡》"小學" 類《蒼頡篇》殘簡，即《敦煌漢簡》2098 簡。而另一簡似未見著録，其背面寫的編號，原 396 或 398 號被劃掉：，换成了 "397a"。試擬釋文："鴑鵥錢五事禽虜候長勝之。" 圖版附後。

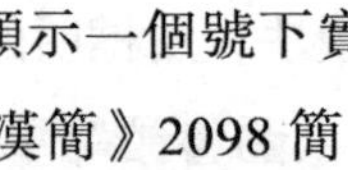

398 號，兩件帛書，對應的是《流沙墜簡・簡牘遺文》36、37，《敦煌漢簡》1871、1872 兩個號。"國際敦煌項目" 的圖版 398 號下有 3 片帛書，其中兩片可以綴合。

由以上幾個號的情況可見，沙畹發布的斯坦因 "二探" 所獲敦煌漢簡 708 個號，

〔1〕白軍鵬：《敦煌漢簡校釋》，上海古籍出版社，2018 年，第 374 頁。

并非 708 件簡帛，由於“國際敦煌項目”没有公布全部圖版，我們現在還不能確認這部分有多少件簡帛。從目前掌握的情況看，存在一號多簡的情况，也就是説，簡數超過 708 件，至少有 712 件。

709—719 號，從斯坦因標注的出土地看也是出土於敦煌烽燧，709 是一枚古錢幣的殘片，710—719，是紙文書，從字體看，時代較晚，唐代前後。720，是十幾片出土於 MT.V.(C). 即和田地區的麻扎托格拉克的紙文書殘片，其時代斯坦因認爲是唐朝統治塔里木盆地時期的末期。721 開始，是出土於樓蘭（LA）的木簡，直到 893 號，大部分是一簡一號；也有例外，813 號，是 6 枚木簡殘片；885 號，是 3 枚木簡殘片；另 889 號是一枚印章，及印有這枚印章的封泥。894 號開始，是出土於樓蘭的紙文書，直到 939 號，其中也有一號多件的情况，如 930 號有 4 件紙文書；938 號下有 5 件紙文書。940 號開始，是出土於尼雅的木簡和紙文書，到 950 號止。從 951 始，是出土於麻扎托格拉克（MT）的紙文書和木簡，時代也在唐代前後，到 983 號止；其中 959 號與 960 號，圖版是一樣的，正面是與佛教相關的漢文紙文本，另面寫有外族文字，正面的左下角標注了“959”，或是“國際敦煌項目”誤植 960 號圖版。984 號開始，是出土於吐魯番地區小阿薩遺址（HB）的紙文書，時代也在唐代前後，直到 992 號。

這部分簡牘、帛書、紙文書，也是《流沙墜簡》考釋的主體部分。

993 號以後的部分，是《未刊》及《未刊補》刊布的主要内容。《未刊・凡例》：“簡牘號碼是英圖拍照時新編定的，自 OR8211/993 起至 OR8211/3835 止，共計二千八百四十二個號。其中 3230 號至 3242 號共計十三個號，館方已在此前用於爲館藏其他殘簡編號，故本書空缺此十三個號。”[1] 993 號至 3835 號，實有 2843 個號（《凡例》少統計 1 個號），減去空缺的 13 個號，爲 2830 號。這部分混雜有非漢文簡牘，計 1352 號—1682 號，共 331 個號；加上 1696 號、1709 號、1732 號，1763 號—1784 號，共 356 個號不是漢文。那麽，漢文簡牘的編號有 2474 個。這部分簡因爲是新編的號，所以簡背只有出土編號，没有館藏編號，而 1—992 號簡背不僅有斯坦因的出土編號，還有紅色的館藏編號，與沙畹的釋文編號基本一致。

993—1351 號，359 個號，參考《未刊》及國際敦煌項目的圖版，有 1 號多簡的：1168 號包含 2 簡；1181 號有 2 簡；1196 號有 2 簡；1255 號有 2 簡；1258 號包含 10 枚殘簡碎片；1259 號有 2 簡；1265 號有 3 簡；1271 號有 2 簡；1274 號有 3 簡；

〔1〕 汪濤、胡平生、吴芳思：《英國國家圖書館藏斯坦因所獲未刊漢文簡牘》，第 2 頁。

1277號有2簡（國際敦煌項目無圖版）；1283號包含2簡（國際敦煌項目無圖版，《未刊》有圖版和釋文）；1286號包含13簡；1290號有9個分號，從國際敦煌項目的圖版看，多是由多枚碎片拼接的；1291號有3簡；1300號由14片大小不一的簡片組成；1303號有2簡；1305號有4簡；1個號有多枚碎片的，因難以確定是否可以綴合，所以還是按1枚簡計算。共增43枚簡，實有402枚簡。《未刊》實收106枚簡，缺296枚簡。《未刊》没有收録的多是字迹模糊不可釋的，以及無字的簡。我們這裏對簡牘數量的推測是根據《未刊》已收録簡的最大號以及國際敦煌項目圖版，有的圖版是一枚簡的各面，還是不同的簡，一時不易區分，所以我們的統計與實際情況可能有出入，只能是大概的估算。

1352—1682號，郭鋒謂是出土於尼雅的佉盧文簡[1]。國際敦煌項目網站公布的情況，1352號—1453號，標注的是“犍陀羅語，龜兹文”，出土於尼雅。1454號—1479號，標注的是“于闐文”“藏文”“未識文字”等，出土於Har。1480號—1682號，標注的是“犍陀羅語，龜兹文”，出土於尼雅。其中也存在一號多簡的情況，如1602號就有6個分號。

1683—1731號，共49個號，主要是一探所獲尼雅漢文簡。其中，1696、1709兩個號是外族文字，國際敦煌項目標注“犍陀羅語，龜兹文”。1716號，無字簡。1699號，不可釋。餘下45個號，4枚簡有綴合，即1690+1701、1726+1694、1706+1710、1698+1683，綴合後有簡41枚。《流沙墜簡・補遺》收録有44枚簡，其中26、27號可以綴合，綴合後爲43簡。其中有4枚簡不見於“國際敦煌項目”1683—1731號中，而1687、1700號，《流沙墜簡》未收。《樓蘭尼雅出土文書》[2]、《中國簡牘集成》[3]都收録46枚簡（綴合後），其中有5枚簡不見於“國際敦煌項目”1683—1731號中。即《樓蘭尼雅出土文書》的684、703、709、713、714號。

1732號，郭鋒謂爲佉盧文簡。國際敦煌項目標注“犍陀羅語，龜兹文”。出土於尼雅。

1733號，箭桿，《未刊》已收録。

〔1〕郭鋒：《斯坦因第三次中亞探險所獲甘肅新疆出土漢文文書——未經馬斯伯樂刊布的部分》，甘肅人民出版社，1993年，第124頁。

〔2〕林梅村：《樓蘭尼雅出土文書》，文物出版社，1985年，第86—88頁。

〔3〕中國簡牘集成編輯委員會：《中國簡牘集成》（第二十册），敦煌文藝出版社，2005年，第2345—2356頁。

1734—1749號，《未刊》注：出土於麻札塔格、白拉滑史德，唐代税賦簡。16個號，缺12個號，實收4枚簡，即1734（無釋文）、1738、1746、1749。國際敦煌項目網站顯示，1735號有2簡，皆無墨迹，無字簡。1736號，有6條綫形細小刻槽，無字。1737號，有墨迹，不可釋。1739號有2簡，第一簡兩面有墨迹，待釋；另一簡無字迹。1740號、1741號，有墨迹，不可釋。1742號有3簡，有墨迹，不可釋。1743號有3簡，無墨迹。1744、1745號，有墨迹，不可釋。1747、1748號，無墨迹。《未刊》所缺的12個號，實有18簡。

1750—1759號，10個號，《未刊》缺。國際敦煌項目網站的圖版顯示，出土地也是麻札塔格，與1734—1749號簡同類。1750號有3簡，1753號有3簡，1754號有3簡，1755號有2簡，1757號有2簡。10個號，共有18簡。簡上多有墨迹，待釋。

1760—1762號，3個號，4枚簡，1761號有2簡，《未刊》只收録了1簡1761.1，另簡1761.2簡兩面有字，A面試釋爲“大十税小三石藏一”，下部還有外族文字；B面字迹模糊，待釋。“大十”即唐代大曆十年，唐代賦税簡[1]，圖版附後。其他三簡出自黑城子，明代簡。《未刊》附有邢義田先生對所收三簡的研究文章。

1763—1767號，共5個號，1765號有2簡，共6簡。《未刊》皆未收。國際敦煌項目網站的圖版顯示有的有墨迹，但無法辨認。依稀可見是外族文字，其中1765.2簡，除了簡下部的外族文字外，上部有漢字，待釋。

1768—1784號，共17個號，張德芳指出是佉盧文簡[2]。國際敦煌項目標注是“未識文字”“藏文”“龜兹文”等。1768號，有A、B兩個分號。1774號，無字簡。1783號有1、2兩個分號。實有19枚木簡。

1785號，1個號下有8枚簡，《未刊》皆缺。國際敦煌項目圖版顯示，這8枚簡出土於長城烽燧，都没有字，其中有6枚簡都是約四分之三的部分削成圓柱狀，1785.1A圖版附後。在韓國、日本出土的簡牘中有一種下部削成圓柱狀，稱爲“題籤軸”，用來卷紙文書，與這種簡類似。韓國咸安城山山城出土的題籤軸是6世紀中葉新羅時期的，日本正倉院出土的更是晚至七世紀末[3]。1785號下的8枚簡雖然斯坦因標注出土於敦煌烽燧，但不排除這種簡是魏晋以後簡紙并用時代用來卷紙文書用的。韓國與日本的題籤軸應是源於中國。

---

〔1〕 榮新江：《和田出土唐代于闐漢語文書》，中華書局，2022年，第9頁。

〔2〕 張德芳、郝樹聲：《斯坦因第二次中亞探險所獲敦煌漢簡未刊部分及其相關問題》，《英國國家圖書館藏斯坦因所獲未刊漢文簡牘》，第77頁。

〔3〕 賈麗英、尹在碩主編：《韓國的古代木簡Ⅰ》，中國社會科學出版社，2023年，第16頁。

1786 號，據張德芳，這 1 個號下有 160 枚簡，其中 64、65 兩分號所含 97 枚簡編在 3733 號之後，即 3734—3830 號。那麽，160 枚減去 97 枚，還有 63 枚，即 1786 號下應有 1—63 共 63 個分號。《未刊》1786 號下，實收 8 枚簡，應該還缺 55 個號。《未刊》在 1786.15 號下注："英國編號 1786 下有數十個小號，從斯坦因編號看，這些簡出自羅布泊西岸樓蘭古城遺址。從簡文書體看，其時代前後相隔甚遠，并非同時之物。"[1] 國際敦煌項目 1786 號下有 65 個分號，64、65 分號下缺圖版，疑應删去這兩個分號。55 分號下有 3 簡。則 1786 號現在實有 65 枚簡。

1787—1797 號，11 個號，《未刊》實收 8 個號，8 枚簡。缺 3 個號：1787、1790、1795 號，國際敦煌項目圖版顯示，這 3 枚簡字迹模糊，不可釋。

1798—1925 號，128 個號，《未刊》收 8 個號，8 枚簡。《未刊補》補充 121 枚，其中 1808 號《未刊》已有，重出。另 1811 補了 C、D 兩面，原有一面。所以實際新增 120 枚。二者合計 128 枚，與簡號相應，不缺號。

1926—3835 號，1910 個號，其中 3230—3242，共 13 個號，英圖用於其他木簡。1 個號下有 2 枚簡的有：2111 號、2236 號、2454 號、2455 號、2485 號。實收 1902 枚簡。

合計以上各項，《未刊》實收簡 2040 枚，《未刊補》補充 120 枚，二者相加爲 2160 枚。其中 1734—1749 號中的 4 枚簡，屬唐代。1760—1762 號中的 3 枚簡，出自黑城子，明代簡。1786 號下的 8 枚簡出自樓蘭，時代跨度大。去除這 15 枚簡，新增的敦煌漢簡爲 2145 枚。

《未刊・凡例》："其中 993 號至 1816 號原來没有拍攝照片，後來補拍時凡没有文字的殘簡皆略去没有拍照，因此，部分簡號没有圖版和釋文。"這些有號無簡的部分，大約有 350 枚。其中約 27 簡疑似爲唐代以後物，漢簡約 333 枚。缺號的部分集中在 993 號至 1797 號，1798 號以後的序號基本是連續而完整的。

根據國際敦煌項目網站的數據大致統計，OR8211 下收録的漢文簡牘、帛書、紙文書等，總數約在 3625 件，其中唐代及以後的簡紙大約有 350 件，魏晋及以前的簡帛約有 3275 件。其中《敦煌漢簡》《未刊》《未刊補》公布的簡帛約有 2750 件。因此斯坦因二探所獲漢晋簡帛中還有約 500 件需要通過國際敦煌項目網站獲得新的信息。隨着網站圖版等資料的不斷更新，過去所做的釋文也有改進的可能，已經有學者開始做這一工作。

---

〔1〕 汪濤、胡平生、吴芳思：《英國國家圖書館藏斯坦因所獲未刊漢文簡牘》，第 7 頁。

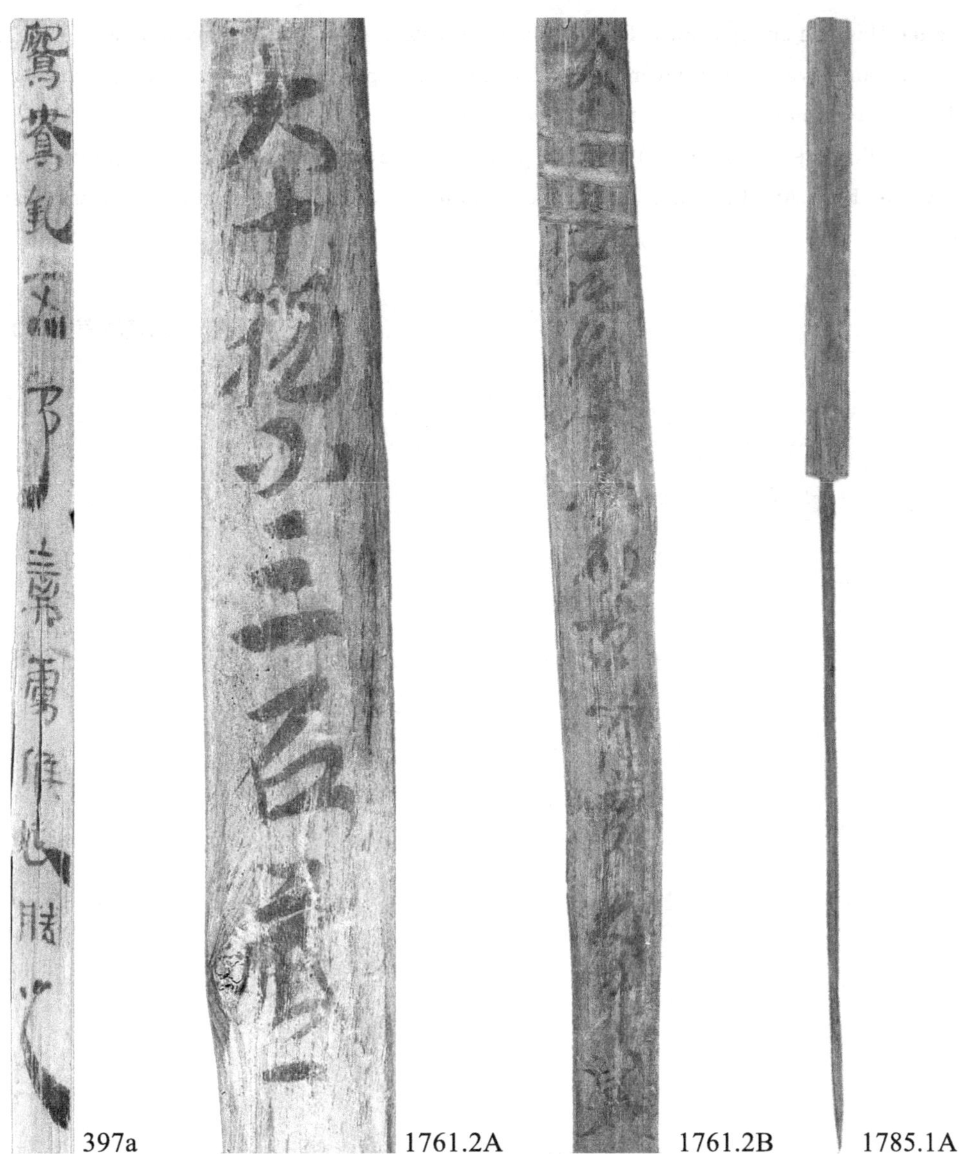

397a 1761.2A 1761.2B 1785.1A

The Number of Chinese Wooden Slips Obtained by Marc Aurel Stein during his Second Exploration

Wei Desheng

Abstract: The number of Chinese wooden slips, silk script and paper documents obtained by Marc Aurel Stein during his second exploration has been unknown, due to years of not releasing all data. Currently, the vast majority of materials can be obtained, according to the *Dunhuang Han Jian*, *Wei Kan*, *Wei Kan Bu*, and the IDP website. There are approximately 3275 wooden slips and silk script from the Han and Jin dynasties. There are approximately 350 wooden slips and paper documents from the Tang Dynasty and beyond. Over 500 wooden slips and silk slips can be provided by the website that are not included in the *Dunhuang Han Jian*, *Wei Kan*, and *Wei Kan Bu*. Part of the website's illustrations are clearer than in the past, and some interpretations can be improved.

Keywords: Marc Aurel Stein; The second exploration of central Asia; Chinese wooden slips; The number

（魏德勝　北京語言大學）

《懸泉漢簡（叁）》綴合簡牘彙編*

洪　帥

提　要:《懸泉漢簡（叁）》自2023年出版以來，專家們做了大量綴合，其中主要發表在網絡上，爲便於學者利用，省去翻檢之勞，現把綴合成果彙編在一起。本文包括兩部分，第一部分是《懸泉漢簡（叁）》綴合簡牘總匯，共匯集138次綴合，每條包括綴合簡牘的編號、綴合簡牘數量、綴合人、可復原字和備注等，前三項皆有，後兩項根據具體情況列出。第二部分是綴合簡牘釋文。有不同意見者則以脚注形式注明。

關鍵詞：懸泉漢簡（叁）　簡牘綴合　漢簡

《懸泉漢簡（叁）》由甘肅簡牘博物館、甘肅省文物考古研究所、西北師範大學簡牘研究院和清華大學出土文獻研究與保護中心編，2023年5月份在中西書局出版。2023年6月以來，學者們進行了綴合，綴合成果主要發表在武漢大學簡帛網中的“簡帛文庫”和“簡帛論壇”上，截止到2024年6月，共進行了138次綴合。[1]

爲便於學者利用，現把相關綴合成果做了整理匯總，且列出綴合後的復原字及截圖，備注中説明了跨區域、跨探方、跨層、跨卷綴合及遥綴、補綴的情況，用表格的形式呈現。其中跨區域綴合24次、跨探方綴合45次、跨層綴合27次、跨卷綴合22次、補綴11次、遥綴10次，當然這裏面有重疊，即有的綴合既是跨區域綴合，也是跨探方綴合，甚至還是跨卷綴合。從中可以看出《懸泉漢簡（叁）》綴合的多樣性，也可以看出懸泉漢簡斷簡的複雜性。後面應該還有一些可以綴合的，希望在此基礎上繼續懸泉漢簡的綴合及編聯，以增强簡牘的可讀性，有助於發掘懸泉漢簡的學術價值與應用價值。

---

* 基金項目：本文爲國家社科基金一般項目“新刊布敦煌漢簡詞匯研究與語料庫建設”（20BYY139）的階段性研究成果。

〔1〕 當然，其中也有個别綴合存在問題，如Ⅱ 90DXT0114④：148+Ⅱ 90DXT0114④：139的綴合就有問題，詳見洪帥:《懸泉漢簡》語言文字札記（二），武漢大學簡帛網，2023年11月13日，http://www.bsm.org.cn/?hanjian/9260.html。其中重複綴合1次（9與29），實爲137次。

一、《懸泉漢簡（叁）》綴合簡牘彙總

序號	簡牘編號	簡數	綴合人	可復原字	備注
1	Ⅱ 90DXT0113 ②：159+ Ⅱ 90DXT0114 ③：367	2	姚磊[1]	日 	跨區域綴合、跨層綴合、跨卷綴合（與《懸泉（貳）》綴合）
2	Ⅱ 90DXT0114 S：138+ Ⅱ 90DXT0114 S：146	2	姚磊	九	
3	Ⅱ 90DXT0114 S：154+ Ⅱ 90DXT0114 S：11	2	姚磊	治 	
4	Ⅱ 90DXT0114 ③：19+ Ⅱ 90DXT0114 ④：42	2	姚磊	年	跨層綴合
5	Ⅱ 90DXT0114 ③：189+ Ⅱ 90DXT0114 ③：268	2	姚磊		
6	Ⅱ 90DXT0114 ③：242+ Ⅱ 90DXT0114 ③：170	2	姚磊	佐	
7	Ⅱ 90DXT0114 ③：274+ Ⅱ 90DXT0114 ③：217	2	姚磊[2]	席 	改釋“廣”爲“席”
8	Ⅱ 90DXT0114 ③：277+ Ⅱ 90DXT0114 ③：343	2	姚磊	遮 	
9	Ⅱ 90DXT0114 ③：373+ Ⅱ 90DXT0114 ③：293	2	姚磊	里 	
10	Ⅱ 90DXT0114 ③：378+ Ⅱ 90DXT0114 ③：191	2	姚磊	以 	
11	Ⅱ 90DXT0114 ③：395+ Ⅱ 90DXT0114 ③：398	2	姚磊	五 	
12	Ⅱ 90DXT0114 ③：559+ Ⅱ 90DXT0114 ③：139	2	姚磊		
13	Ⅱ 90DXT0114 ③：586+ Ⅱ 90DXT0114 ③：604	2	姚磊	起  的筆劃	改釋“卿”爲“起” P472+P473
14	Ⅱ 90DXT0114 ④：148+ Ⅱ 90DXT0114 ④：139	2	姚磊	用  [3]	

〔1〕 綴合1—6，見姚磊：《〈懸泉漢簡（叁）〉綴合札記（一）》，武漢大學簡帛網，2023年6月28日，http://www.bsm.org.cn/?hanjian/9076.html。

〔2〕 綴合7—18，見姚磊：《〈懸泉漢簡（叁）〉綴合札記（二）》，武漢大學簡帛網，2023年6月28日，http://www.bsm.org.cn/?hanjian/9077.html。

〔3〕 帥按，該綴合存疑，作者雖言能復原“用”字，但實際上復合的并非“用”字，當屬誤綴。參洪帥：《懸泉漢簡》語言文字札記（二），武漢大學簡帛網，2023年11月13日，http://www.bsm.org.cn/?hanjian/9260.html。

續表 1

序號	簡牘編號	簡數	綴合人	可復原字	備注
15	Ⅱ 90DXT0114 ④：195+ Ⅱ 90DXT0114 ④：188	2	姚磊		碴口平直，合成完簡 13.4cm+9.9cm=23.3cm
16	Ⅱ 90DXT0114 ④：245+ Ⅱ 90DXT0114 ④：236	2	姚磊	十 	碴口平直
17	Ⅱ 90DXT0114 ④：256+ Ⅱ 90DXT0114 ④：318	2	姚磊		
18	Ⅱ 90DXT0114 ④：348+ Ⅱ 90DXT0114 ④：237	2	姚磊		
19	Ⅱ 90DXT0114 ④：349+ Ⅱ 90DXT0114 ③：177	2	姚磊[1]	書 	跨層綴合
20	I90DXT0110 ①：15+ Ⅱ 90DXT0114 ③：151	2	姚磊	年的竪筆	跨探方綴合、跨層綴合
21	I90DXT0112 ③：20+ Ⅱ 90DXT0114 ④：51	2	姚磊	送 	跨探方綴合、跨層綴合
22	I90DXT0116 S ：23+ Ⅱ 90DXT0114 ③：82	2	姚磊	過 	跨探方綴合
23	Ⅱ 90DXT0111 ①：138+ Ⅰ 90DXT0111S ：34 + Ⅱ 90DXT0113 ③：24	3	謝明宏[2]	泉 	跨區域綴合、跨層綴合
24	Ⅱ 90DXT0113 ④：8+ Ⅱ 90DXT0113 ④：9	2	謝明宏		
25	Ⅱ 90DXT0114 ②：97+ Ⅱ 90DXT0114 ②：76	2	謝明宏		
26	Ⅱ 90DXT0114 ②：49+ Ⅱ 90DXT0114 ②：125	2	謝明宏	辰 	
27	Ⅱ 90DXT0114 ②：249+ Ⅱ 90DXT0114 ②：47	2	謝明宏	卌 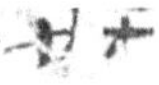	
28	Ⅱ 90DXT0114 ③：172+ Ⅱ 90DXT0114 ③：136	2	謝明宏		
29	Ⅱ 90DXT0114 ③：373+ Ⅱ 90DXT0114 ③：293	2	謝明宏[3]	里 	

〔1〕 綴合 19—22，見姚磊：《〈懸泉漢簡（叁）〉綴合札記（三）》，武漢大學簡帛網，2023 年 6 月 28 日，http://www.bsm.org.cn/?hanjian/9078.html。

〔2〕 綴合 23—29，見謝明宏《懸泉漢簡（叁）》綴合（一），武漢大學簡帛網，2023 年 6 月 29 日，http://www.bsm.org.cn/?hanjian/9079.html。

〔3〕 與第 9 條姚磊綴合重複。

續表 2

序號	簡牘編號	簡數	綴合人	可復原字	備注
30	Ⅱ 90DXT0113 ①：88+ Ⅱ 90DXT0114 ③：547	2	謝明宏[1]	戊	跨探方綴合、跨層綴合
31	Ⅱ 90DXT0114 ④：25+ Ⅱ 90DXT0114 ④：13	2	謝明宏	尉	
32	Ⅱ 90DXT0113 ④：38+ Ⅱ 90DXT0113 ②：96	2	謝明宏	年	跨層綴合
33	Ⅱ 90DXT0114 ④：181+ Ⅱ 90DXT0114 ④：240	2	謝明宏	吏	
34	Ⅱ 90DXT0114S：147+ Ⅱ 90DXT0113 ①： 56+58+62	2	謝明宏	蒲	跨探方綴合
35	Ⅱ 90DXT0112 ②：78+ Ⅱ 90DXT0114S：273	2	謝明宏	叩	跨探方綴合
36	Ⅰ 90DXT0109S：185+ Ⅱ 90DXT0114 ②：69	2	謝明宏	馬	
37	Ⅱ 90DXT0114 ③：113+ Ⅱ 90DXT0114S：152	2	謝明宏[2]	之	
38	Ⅰ 90DXT0109S：91+ Ⅱ 90DXT0114 ④：175	2	謝明宏	酒	跨區域綴合
39	Ⅱ 90DXT0111 ①：352+ Ⅱ 90DXT0113 ③：12	2	姚磊[3]	詣	跨探方綴合
40	Ⅱ 90DXT0113 ③：24+ Ⅱ 90DXT0112 ②：23	2	姚磊	尉	跨探方綴合
41	Ⅰ 90DXT0112 ①：99+ Ⅱ 90DXT0114S：261+ Ⅰ 90DXT0112 ①：71	3	姚磊[4]	夜	跨區域綴合，夾心餅乾型，遥綴補中間

〔1〕 綴合 30—36，見謝明宏：《懸泉漢簡（叁）》綴合（二），武漢大學簡帛網，2023 年 6 月 29 日，http://www.bsm.org.cn/?hanjian/9081.html。

〔2〕 綴合 37—38，見謝明宏：《懸泉漢簡（叁）》綴合（三），武漢大學簡帛網，2023 年 6 月 29 日，http://www.bsm.org.cn/?hanjian/9082.html。

〔3〕 綴合 39—40，見姚磊：《懸泉漢簡（叁）》綴合札記（四），武漢大學簡帛網，2023 年 6 月 29 日，http://www.bsm.org.cn/?hanjian/9083.html。

〔4〕 綴合 41—43，見姚磊：《懸泉漢簡（叁）》綴合札記（五），武漢大學簡帛網，2023 年 6 月 30 日，http://www.bsm.org.cn/?hanjian/9085.html。

續表 3

序號	簡牘編號	簡數	綴合人	可復原字	備注
42	Ⅰ 90DXT0114 ①：73+ Ⅱ 90DXT0114 ⑤：53	2	姚磊	案 	跨層綴合
43	Ⅰ 91DXT0403 ④ A：13+ Ⅱ 90DXT0114 ④：56	2	姚磊	穀 	跨區域綴合、跨探方綴合
44	I90DXT0110 ①：15+ Ⅱ 90DXT0114 ③：151+ Ⅱ 90DXT0111 ①：274	3	姚磊〔1〕	泉 	補綴，跨區域綴合、跨探方綴合
45	Ⅱ 90DXT0114 ⑥：8+ Ⅱ 90DXT0114 ⑥：48	2	姚磊		遥綴
46	Ⅱ 90DXT0114 ③：173+ Ⅱ 90DXT0114 ④：364+ Ⅱ 90DXT0114S：193	3	姚磊		遥綴
47	Ⅱ 90DXT0112 ③：90+ Ⅱ 90DXT0113 ③：50	2	姚磊〔2〕		跨探方綴合
48	Ⅰ 90DXT0208S：11+ Ⅱ 90DXT0114S：23	2	謝明宏〔3〕	四 	跨區域綴合、跨探方綴合
49	Ⅱ 90DXT0114 ②：109+ Ⅱ 90DXT0114S：167	2	謝明宏	馬 	
50	Ⅱ 90DXT0111 ①：138+ Ⅰ 90DXT0111S：34 + Ⅱ 90DXT0113 ③：24+ Ⅱ 90DXT0112 ②：23	4	謝明宏		謝明宏綴合和姚磊綴合的再次綴合
51	Ⅱ 90DXT0114 ③：292+ Ⅱ 90DXT0114 ④：209	2	謝明宏〔4〕		跨層綴合
52	Ⅱ 90DXT0112 ②：9A+ Ⅱ 90DXT0113 ④：43	2	謝明宏	三，付 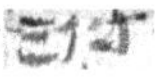	跨探方綴合、跨層綴合

〔1〕 綴合 44—46，見姚磊：《懸泉漢簡（叁）》綴合札記（六），武漢大學簡帛網，2023 年 6 月 30 日，http://www.bsm.org.cn/?hanjian/9086.html。

〔2〕 綴合 47，見姚磊：《懸泉漢簡（叁）》綴合札記（七），武漢大學簡帛網，2023 年 6 月 30 日，http://www.bsm.org.cn/?hanjian/9087.html。

〔3〕 綴合 48—50，見謝明宏：《懸泉漢簡（叁）》綴合（四），武漢大學簡帛網，2023 年 6 月 30 日，http://www.bsm.org.cn/?hanjian/9088.html。

〔4〕 綴合 51—52，見謝明宏：《懸泉漢簡（叁）》綴合（五），武漢大學簡帛網，2023 年 6 月 30 日，http://www.bsm.org.cn/?hanjian/9089.html。

續表 4

序號	簡牘編號	簡數	綴合人	可復原字	備注
53	Ⅱ 90DXT0111 ①：82+ Ⅱ 90DXT0113 ④：26	2	姚磊[1]	近 	跨探方綴合
54	Ⅱ 90DXT0113 ④：29+ Ⅱ 90DXT0112 ①：27	2	姚磊	五	
55	Ⅱ 90DXT0114S：5+ Ⅱ 90DXT0113 ④：131	2	姚磊[2]	十 	跨探方綴合
56	Ⅱ 90DXT0113 ④：103+ Ⅱ 90DXT0113 ④：142	2	姚磊	夫 	
57	Ⅱ 90DXT0113 ④：111+ Ⅱ 90DXT0113 ④：179	2	姚磊[3]		
58	Ⅰ 90DXT0209S：119+ Ⅱ 90DXT0114 ②：100	2	謝明宏[4]	A 面 "檄"， 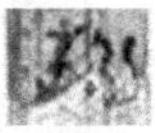 B 面 "官" 	跨探方綴合、跨卷綴合（與《懸泉（貳）》綴合）
59	Ⅱ 90DXT0114 ②：224+ Ⅱ 90DXT0114 ②：54	2	謝明宏	A 面 "粟"  B 面 "移" 	
60	Ⅱ 90DXT0114 ③：22+ Ⅱ 90DXT0114 ③：34	2	謝明宏[5]	事 	
61	Ⅱ 90DXT0114 ③：301+ Ⅱ 90DXT0114 ③：290	2	謝明宏	百七 	

〔1〕 綴合 53—54，見姚磊：《懸泉漢簡（叁）》綴合札記（八），武漢大學簡帛網，2023 年 7 月 2 日，http://www.bsm.org.cn/?hanjian/9090.html。

〔2〕 綴合 55—56，見姚磊：《懸泉漢簡（叁）》綴合札記（九），武漢大學簡帛網，2023 年 7 月 2 日，http://www.bsm.org.cn/?hanjian/9091.html。

〔3〕 綴合 57，見姚磊：《懸泉漢簡（叁）》綴合札記（十），武漢大學簡帛網，2023 年 7 月 2 日，http://www.bsm.org.cn/?hanjian/9092.html。

〔4〕 綴合 58—59，見謝明宏：《懸泉漢簡（叁）》綴合（六），武漢大學簡帛網，2023 年 7 月 2 日，http://www.bsm.org.cn/?hanjian/9093.html。

〔5〕 綴合 60—62，見謝明宏：《懸泉漢簡（叁）》綴合（七），武漢大學簡帛網，2023 年 7 月 2 日，http://www.bsm.org.cn/?hanjian/9094.html。

續表 5

序號	簡牘編號	簡數	綴合人	可復原字	備注
62	Ⅱ 90DXT0114③：533+ Ⅱ 90DXT0114②：107	2	謝明宏	始	跨層綴合
63	Ⅱ 90DXT0114②：71+ Ⅱ 90DXT0114②：282	2	謝明宏〔1〕		“平望”前兩字補釋作“晨時”
64	Ⅱ 90DXT0114③：22+ Ⅱ 90DXT0114③：34+ Ⅱ 90DXT0114③：30	3	謝明宏		遥綴
65	Ⅱ 90DXT0113②：74+ Ⅱ 90DXT0114②：244	2	謝明宏〔2〕	卌	跨探方綴合、跨卷綴合（與《懸泉（貳）》綴合）
66	Ⅱ 90DXT0114S：5+ Ⅱ 90DXT0113④：131	2	謝明宏	十	跨探方綴合
67	Ⅱ 90DXT0114S：184+ Ⅱ 90DXT0114S：213	2	謝明宏〔3〕	功	
68	Ⅱ 90DXT0114①：73+ Ⅱ 90DXT0114①：9	2	謝明宏	馬	
69	Ⅱ 90DXT0114②：247+ Ⅱ 90DXT0114②：43	2	謝明宏	懸泉	
70	Ⅱ 90DXT0114④：193+ Ⅱ 90DXT0114④：264	2	謝明宏		
71	Ⅱ 90DXT0114⑥：37+ Ⅱ 90DXT0114⑥：49	2	謝明宏	多	
72	Ⅱ 90DXT0114④：170+ Ⅱ 90DXT0114⑥：69	2	謝明宏		跨層綴合
73	Ⅰ 90DXT0109S：241+ Ⅱ 90DXT0114④：102	2	謝明宏〔4〕	□	跨探方綴合、跨層綴合、跨卷綴合（與《懸泉（壹）》綴合）

〔1〕綴合 63—64，見謝明宏：《懸泉漢簡（叁）》綴合（八），武漢大學簡帛網，2023 年 7 月 2 日，http://www.bsm.org.cn/?hanjian/9095.html。

〔2〕綴合 65—66，見謝明宏：《懸泉漢簡（叁）》綴合（九），武漢大學簡帛網，2023 年 7 月 2 日，http://www.bsm.org.cn/?hanjian/9096.html。

〔3〕綴合 67—72，見謝明宏：《懸泉漢簡（叁）》綴合（十），武漢大學簡帛網，2023 年 7 月 4 日，http://www.bsm.org.cn/?hanjian/9097.html。

〔4〕綴合 73—79，見謝明宏：《懸泉漢簡（叁）》綴合（十一），武漢大學簡帛網，2023 年 7 月 4 日，http://www.bsm.org.cn/?hanjian/9098.html。

續表 6

序號	簡牘編號	簡數	綴合人	可復原字	備注
74	Ⅰ 90DXT0114 ①：176+ Ⅰ 90DXT0116 S：23A+ Ⅱ 90DXT0114 ③：82	3	謝明宏	德	跨區域綴合、跨探方綴合、跨層綴合，補綴，在姚磊綴合的基礎上再綴合I90DXT0114 ①：176，有刮削綫貫通
75	Ⅱ 90DXT0111 ②：77+ Ⅱ 90DXT0114S：259	2	謝明宏		跨探方綴合
76	Ⅱ 90DXT0114 ③：579+ Ⅱ 90DXT0114 ③：583	2	謝明宏		
77	Ⅱ 90DXT0114 ③：247+ Ⅱ 90DXT0114 ③：294	2	謝明宏		
78	Ⅱ 90DXT0114 ③：221+ Ⅱ 90DXT0114 ③：354	2	謝明宏		
79	Ⅱ 90DXT0114 ②：152+ Ⅱ 90DXT0114 ②：266	2	謝明宏	嗇	
80	Ⅱ 90DXT0114 ①：51+ Ⅱ 90DXT0114S：251	2	姚磊〔1〕		
81	Ⅰ 90DXT0109S：92+ Ⅱ 90DXT0114 ③：295	2	謝明宏〔2〕	出	跨區域綴合、跨探方綴合、跨卷綴合（與《懸泉（壹）》綴合）
82	Ⅰ 90DXT0209S：37+ Ⅱ 90DXT0114 ③：329	2	謝明宏	高	跨區域綴合、跨探方綴合、跨卷綴合（與《懸泉（貳）》綴合）
83	Ⅱ 90DXT0114 ④：277+ Ⅱ 90DXT0114 ③：360	2	謝明宏	義	跨層綴合
84	Ⅰ 90DXT0109S：112A+ Ⅱ 90DXT0113 ④：145	2	謝明宏〔3〕		跨區域綴合、跨探方綴合、跨卷綴合（與《懸泉（壹）》綴合）

〔1〕 綴合 80，見姚磊：《〈懸泉漢簡（叁）〉綴合札記（十一）》，武漢大學簡帛網，2023 年 7 月 4 日，http://www.bsm.org.cn/?hanjian/9099.html。

〔2〕 綴合 81—83，見謝明宏：《〈懸泉漢簡（叁）〉綴合（十二）》，武漢大學簡帛網，2023 年 7 月 7 日，http://www.bsm.org.cn/?hanjian/9100.html。

〔3〕 綴合 84—86，見謝明宏：《〈懸泉漢簡（叁）〉綴合（十三）》，武漢大學簡帛網，2023 年 7 月 7 日，http://www.bsm.org.cn/?hanjian/9101.html。

續表 7

序號	簡牘編號	簡數	綴合人	可復原字	備注
85	Ⅰ 90DXT0109S：273+ Ⅱ 90DXT0113 ④：155	2	謝明宏		跨區域綴合、跨探方綴合、跨卷綴合（與《懸泉（壹）》綴合）
86	Ⅱ 90DXT0114 ③：263+ Ⅰ 90DXT0209S：126	2	謝明宏		跨區域綴合、跨探方綴合、跨卷綴合（與《懸泉（貳）》綴合）
87	Ⅱ 90DXT0114 ①：51+ Ⅱ 90DXT0114S：251+ Ⅰ 90DXT0109 S：52	3	姚磊〔1〕		遥綴，補綴，在姚磊綴合Ⅱ 90DXT0114 ①：51+Ⅱ 90DXT0114S：251 的基礎上
88	Ⅱ 90DXT0114 ②：159+ Ⅱ 90DXT0114 ②：73	2	姚磊〔2〕	大夫 	
89	Ⅰ 90DXT0114 ①：40+ Ⅱ 90DXT0114 ②：223	2	姚磊〔3〕		跨層綴合
90	Ⅱ 90DXT0114 ②：139+ Ⅱ 90DXT0114 ②：238	2	姚磊	君 	
91	Ⅱ 90DXT0114S：141+ Ⅱ 90DXT0114 ②：64	2	謝明宏〔4〕	夫 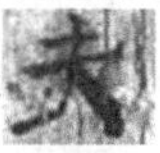	
92	Ⅱ 90DXT0114 ③：23+ Ⅱ 90DXT0114 ③：122	2	謝明宏	年 	
93	Ⅰ 90DXT0116 ②：92+ Ⅰ 90DXT0116 ②：123+ Ⅱ 90DXT0114 ⑤：33	3	謝明宏		補綴，遥綴，在姚磊綴合Ⅰ 90DXT0116 ②：92+123 的基礎上，跨區域綴合、跨探方綴合、跨卷綴合（與《懸泉（壹）》綴合）

〔1〕 綴合 87，見姚磊：《懸泉漢簡（叁）》綴合札記（十二），武漢大學簡帛網，2023 年 7 月 7 日，http://www.bsm.org.cn/?hanjian/9102.html。

〔2〕 綴合 88，見姚磊：《懸泉漢簡（叁）》綴合札記（十三），武漢大學簡帛網，2023 年 7 月 9 日，http://www.bsm.org.cn/?hanjian/9105.html。

〔3〕 綴合 89—90，見姚磊：《懸泉漢簡（叁）》綴合札記（十四），武漢大學簡帛網，2023 年 7 月 10 日，http://www.bsm.org.cn/?hanjian/9107.html。

〔4〕 綴合 91—93，見謝明宏：《懸泉漢簡（叁）》綴合（十四），武漢大學簡帛網，2023 年 7 月 13 日，http://www.bsm.org.cn/?hanjian/9111.html。

續表 8

序號	簡牘編號	簡數	綴合人	可復原字	備注
94	Ⅱ 90DXT0114 ②：24+ Ⅱ 90DXT0114 ②：202	2	謝明宏[1]	勾識符 “乙” 	
95	Ⅱ 90DXT0114 ②：56+ Ⅱ 90DXT0114 ④：94	2	謝明宏	直 	跨層綴合
96	Ⅱ 90DXT0114 ⑥：85+ Ⅱ 90DXT0114 ⑥：83	2	謝明宏[2]	上 	
97	Ⅱ 90DXT0114 ②：139+ Ⅱ 90DXT0114 ②：238+ Ⅱ 90DXT0114 ③：201	3	謝明宏	前 	補綴，跨探方綴合，在姚磊綴合Ⅱ 90DXT0114 ②：139+238 基礎上
98	Ⅱ 90DXT0114 ③：31+ Ⅱ 90DXT0114 ④：86	2	姚磊[3]		跨層綴合
99	Ⅱ 90DXT0114 ③：31+ Ⅱ 90DXT0114 ④：86+ Ⅱ 90DXT0114 ③：126	3	姚磊[4]	數桀 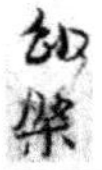	補綴，以姚磊綴合Ⅱ 90DXT0114 ③：31 與Ⅱ 90DXT0114 ④：86 爲基礎
100	Ⅰ 90DXT0209S：110+ Ⅱ 90DXT0114 ③：215	2	姚磊	□	跨區域綴合、跨探方綴合
101	Ⅱ 90DXT0114 ②：29+ Ⅰ 90DXT0209S：9	2	謝明宏[5]	色賊 	跨探方綴合、跨區域綴合、跨層綴合、跨卷綴合（與《懸泉（貳）》綴合）
102	Ⅱ 90DXT0114 ③：418+ Ⅰ 90DXT0109S：233	2	謝明宏	右六人 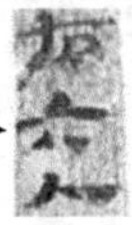	
103	Ⅱ 90DXT0114 ①：35+ Ⅰ 90DXT0205S：4	2	謝明宏[6]	車 	跨區域綴合、跨探方綴合、跨卷綴合（與《懸泉（壹）》綴合）

〔1〕 綴合 94—95，見謝明宏:《懸泉漢簡（叁）》綴合（十五），武漢大學簡帛網，2023 年 7 月 13 日，http://www.bsm.org.cn/?hanjian/9112.html。

〔2〕 綴合 96—97，見謝明宏:《懸泉漢簡（叁）》綴合（十六），武漢大學簡帛網，2023 年 7 月 13 日，http://www.bsm.org.cn/?hanjian/9113.html。

〔3〕 綴合 98，見姚磊:《懸泉漢簡（叁）》綴合札記（十五），武漢大學簡帛網，2023 年 7 月 13 日，http://www.bsm.org.cn/?hanjian/9114.html。

〔4〕 綴合 99—100，見姚磊:《懸泉漢簡（叁）》綴合札記（十六），武漢大學簡帛網，2023 年 7 月 14 日，http://www.bsm.org.cn/?hanjian/9115.html。

〔5〕 綴合 101—102，見謝明宏:《懸泉漢簡（叁）》綴合（十七），武漢大學簡帛網，2023 年 7 月 15 日，http://www.bsm.org.cn/?hanjian/9117.html。

〔6〕 綴合 103—104，見謝明宏:《懸泉漢簡（叁）》綴合（十八），武漢大學簡帛網，2023 年 7 月 17 日，http://www.bsm.org.cn/?hanjian/9119.html。

續表 9

序號	簡牘編號	簡數	綴合人	可復原字	備注
104	Ⅰ 90DXT0114 ②：31+ Ⅱ 90DXT0114 ④：249+ Ⅰ 90DXT0114 ②：32+ Ⅰ 90DXT0114 ②：33	4	謝明宏		補綴，以姚磊遥綴Ⅰ 90DXT0114 ②：31+32+33爲基礎，跨區域綴合、跨卷綴合（與《懸泉（壹）》綴合）
105	Ⅱ 90DXT0114 ④：253+ Ⅱ 90DXT0114 ④：259	2	謝明宏〔1〕		
106	Ⅰ 90DXT0114 ②：13+ Ⅱ 90DXT0113 ④：172	2	謝明宏		跨區域綴合、跨探方綴合、跨卷綴合（與《懸泉（壹）》綴合）
107	Ⅰ 90DXT0116 ②：64+ Ⅱ 90DXT0113 ②：159+ Ⅱ 90DXT0114 ③：367	3	謝明宏〔2〕		補綴，以姚磊綴合Ⅱ 90DXT0113 ②：159+Ⅱ 90DXT0114 ③：367爲基礎
108	Ⅱ 90DXT0111 ①：286+ Ⅱ 90DXT0111 ①：367	2	謝明宏	告	
109	Ⅱ 90DXT0114S：115+ Ⅰ 90DXT0116S：17+ Ⅰ 90DXT0112 ②：95	3	謝明宏〔3〕	長	補綴，以謝明宏綴合Ⅰ 90DXT0116S：17+Ⅰ 90DXT0112 ②：95爲基礎，跨區域綴合、跨探方綴合、跨卷綴合（與《懸泉（壹）》綴合）
110	Ⅱ 90DXT0114 ③：399+ Ⅱ 90DXT0114 ③：390	2	謝明宏〔4〕	稾	
111	Ⅱ 90DXT0114S：226+ Ⅱ 90DXT0114S：70	2	謝明宏	急	

〔1〕 綴合 105—106，見謝明宏:《懸泉漢簡（叁）》綴合（十九），武漢大學簡帛網，2023 年 7 月 18 日，http://www.bsm.org.cn/?hanjian/9120.html。

〔2〕 綴合 107—108，見謝明宏:《懸泉漢簡（叁）》綴合（二十），武漢大學簡帛網，2023 年 7 月 21 日，http://www.bsm.org.cn/?hanjian/9124.html。

〔3〕 綴合 109，見謝明宏:《懸泉漢簡（叁）》綴合（二十一），武漢大學簡帛網，2023 年 7 月 24 日，http://www.bsm.org.cn/?hanjian/9125.html。

〔4〕 綴合 110—112，見謝明宏:《懸泉漢簡（叁）》綴合（二十二），武漢大學簡帛網，2023 年 7 月 26 日，http://www.bsm.org.cn/?hanjian/9126.html。

續表 10

序號	簡牘編號	簡數	綴合人	可復原字	備注
112	Ⅱ 90DXT0111②：199+ Ⅱ 90DXT0113③：30	2	謝明宏	A 面 “到”， B 面 “助” 左側	補綴，在姚磊曾將Ⅱ 90DXT0112②：32遥綴於Ⅱ 90DXT0111②：199AB之前
113	Ⅱ 90DXT0114③：21+ Ⅰ 90DXT0114①：19	2	謝明宏[1]		跨區域綴合、跨探方綴合、跨卷綴合（與《懸泉（壹）》綴合）
114	Ⅰ 90DXT0114①：111A+ Ⅱ 90DXT0114④：50	2	謝明宏	人	跨區域綴合、跨探方綴合、跨層綴合、跨卷綴合（與《懸泉（壹）》綴合）
115	Ⅱ 90DXT0114②：55+ Ⅱ 90DXT0114②：248	2	謝明宏		遥綴
116	Ⅱ 90DXT0114③：556+ Ⅱ 90DXT0114③：180	2	姚磊[2]		
117	Ⅱ 90DXT0114④：229+ Ⅱ 90DXT0113④：196	2	姚磊		跨探方綴合
118	Ⅱ 90DXT0113⑥：6+ Ⅱ 90DXT0111③：3	2	謝明宏[3]		跨探方綴合、跨層綴合、跨卷綴合（與《懸泉（貳）》綴合）
119	Ⅱ 90DXT0111①：335+ Ⅱ 90DXT0111①：332	2	謝明宏	石	
120	Ⅱ 90DXT0114③：109+ Ⅱ 90DXT0114③：41	2	謝明宏	寅	
121	Ⅱ 90DXT0114⑥：9+ Ⅱ 90DXT0114⑥：61	2	謝明宏[4]	買	

〔1〕 綴合 113—115，見謝明宏：《〈懸泉漢簡（叁）〉綴合（二十三）》，武漢大學簡帛網，2023 年 7 月 26 日，http://www.bsm.org.cn/?hanjian/9127.html。

〔2〕 綴合 116—117，見姚磊：《〈懸泉漢簡（叁）〉綴合札記（十七）》，武漢大學簡帛網，2023 年 7 月 26 日，http://www.bsm.org.cn/?hanjian/9128.html。

〔3〕 綴合 118—120，見謝明宏：《〈懸泉漢簡（叁）〉綴合（二十四）》，武漢大學簡帛網，2023 年 7 月 31 日，http://www.bsm.org.cn/?hanjian/9136.html。

〔4〕 綴合 121，見謝明宏：《〈懸泉漢簡（叁）〉綴合（二十五）》，武漢大學簡帛網，2023 年 8 月 9 日，http://www.bsm.org.cn/?hanjian/9148.html。

續表 11

序號	簡牘編號	簡數	綴合人	可復原字	備注
122	Ⅱ 90DXT0114 ⑤：47+ Ⅱ 90DXT0114 ④：224	2	謝明宏〔1〕		跨層綴合
123	Ⅱ 90DXT0114 ④：63+ Ⅱ 90DXT0114 ④：68	2	謝明宏		
124	Ⅱ 90DXT0114 ③：582+ Ⅱ 90DXT0114 ③：601	2	謝明宏		
125	Ⅱ 90DXT0114 ②：96A+ Ⅱ 90DXT0114 ③：306	2	謝明宏		跨探方綴合
126	Ⅱ 90DXT0114 ②：239+ Ⅱ 90DXT0114 ③：318	2	謝明宏	淵	跨層綴合
127	Ⅱ 90DXT0114S：14+ Ⅰ 90DXT0114 ③：121	2	謝明宏		跨區域綴合、跨探方綴合、跨卷綴合（與《懸泉（壹）綴合》）
128	Ⅱ 90DXT0114 ②：3+ Ⅱ 90DXT0114 ④：263	2	謝明宏	者	跨層綴合
129	Ⅱ 90DXT0114 ③：500+ Ⅱ 90DXT0114 ③：539	2	謝明宏〔2〕	A 面“遣”，B 面“行”右半	
130	Ⅱ 90DXT0113 ③：17+ Ⅱ 90DXT0111 ①：330+ Ⅱ 90DXT0112 ②：46A+ Ⅱ 90DXT0111 ①：46	4	謝明宏		補綴，以謝明宏與姚磊共同綴合Ⅱ 90DXT0111 ①：330+Ⅱ 90DXT0112 ②：46A+Ⅱ 90DXT0111 ①：46 爲基礎，跨探方綴合、跨卷綴合（與《懸泉（貳）》綴合）
131	Ⅱ 90DXT0114S：1+ Ⅱ 90DXT0114 ⑥：5	2	謝明宏	月	
132	Ⅰ 91DXT0403 ④ A：25+ Ⅱ 90DXT0114 ③：18	2	謝明宏		跨探方綴合、跨區域綴合、跨層綴合、跨年綴合

〔1〕綴合 122—128，見謝明宏：《懸泉漢簡（叁）》綴合（二十六），武漢大學簡帛網，2023 年 8 月 11 日，http://www.bsm.org.cn/?hanjian/9149.html。

〔2〕綴合 129—132，見謝明宏：《懸泉漢簡（叁）》綴合（二十七），武漢大學簡帛網，2023 年 8 月 28 日，http://www.bsm.org.cn/?hanjian/9161.html。

續表 12

序號	簡牘編號	簡數	綴合人	可復原字	備注
133	Ⅱ 90DXT0112 ①：50+ Ⅱ 90DXT0113 ④：21	2	謝明宏[1]	復原"二千石冤懵怛於此深維思爲臧所"筆劃	縱向綴合、跨探方綴合、跨層綴合以此證明姚磊綴合Ⅱ 90DXT0112 ①：23+50 系誤綴
134	Ⅱ 90DXT011 ②：57+ Ⅰ 90DXT0111 ②：76+ Ⅱ 90DXT0114S：247	3	謝明宏		遥綴，跨區域綴合、跨探方綴合、跨卷綴合（與《懸泉（壹）綴合》）
135	Ⅰ 90DXT0109S：76+ Ⅱ 90DXT0114S：118	2	謝明宏	吴佐	跨區域綴合、跨探方綴合、跨卷綴合（與《懸泉（壹）》綴合）
136	Ⅱ 90DXT0114 ②：10+ Ⅱ 90DXT0114 ②：11	2	白羽城[2]	車	削衣綴合
137	Ⅱ 90DXT0114 ③：61+ Ⅱ 90DXT0114 ③：53	2	姚磊[3]		
138	Ⅱ 90DXT0113 ④：99+ Ⅱ 90DXT0114 ⑥：6	2	姚磊[4]		跨探方綴合、跨層綴合

二、《懸泉漢簡（叁）》綴合簡牘釋文

爲便於對《懸泉漢簡（叁）》的利用，現把已經綴合的簡牘釋文匯編如下。

序號	綴合後釋文
1	☑正月辛酉盡三月己丑八十九日積百七十八匹☑　Ⅱ 90DXT0113 ②：159+ Ⅱ 90DXT0114 ③：367
2	入錢七百九十五・出錢百☑　Ⅱ 90DXT0114 S：138+ Ⅱ 90DXT0114 S：146
3	☑所民當築治長丞告並令斂民錢筭五十　Ⅱ 90DXT0114 S：154+ Ⅱ 90DXT0114 S：11
4	元壽二年八月庚戌朔☑ A ☑護☑ B　Ⅱ 90DXT0114 ③：19+ Ⅱ 90DXT0114 ④：42

〔1〕 綴合 133，見謝明宏：《懸泉漢簡（叁）》綴合（二十八），武漢大學簡帛網，2023 年 8 月 30 日，http://www.bsm.org.cn/?hanjian/9164.html。

〔2〕 見簡帛網論壇"《懸泉漢簡（叁）》初讀"帖子 32 樓跟帖，2023 年 7 月 12 日，http://www.bsm.org.cn/forum/forum.php?mod=viewthread&tid=12819&extra=&page=4。

〔3〕 姚磊：讀《懸泉漢簡》札記（四十二），武漢大學簡帛網，2023 年 10 月 12 日，http://www.bsm.org.cn/?hanjian/9214.html。

〔4〕 姚磊：《懸泉漢簡（叁）》綴合札記（十八），武漢大學簡帛網，2024 年 1 月 23 日，http://www.bsm.org.cn/?hanjian/9340.html。

續表 1

序號	綴合後釋文
5	亭長誼敢言之謹與戍卒葉元∟傅釘∟胡象∟吴隨∟强倩∟褚友∟韓充Ⅱ 90DXT0114 ③：189+268
6	縣泉置佐張卿Ⅱ 90DXT0114 ③：242+170
7	三尺五寸結平弱上重坐席一緣以緑素新Ⅱ 90DXT0114 ③：274+217
8	東合檄一敦煌候印　詣冥安　三月辛亥日桑榆時受遮要御解嘉御□☒Ⅱ 90DXT0114 ③：277+343
9	☒里茭☒　Ⅱ 90DXT0114 ③：373+293
10	又與倌善常相與俱行黠助錢并捶之同曰可期以五月十日共捶倗Ⅱ 90DXT0114 ③：378+191
11	☒千二百五十☒　Ⅱ 90DXT0114 ③：395+398
12	☒□ A1 ☒□ A2 蜀　半升 B1 細辛二兩 B2 □□八 B3 □□□□ B4 □□□□ B5 □□二兩 C1 □□□□二兩不取 C2 □□二兩不取 C3 □□二□直八十丿 C4　Ⅱ 90DXT0114 ③：559+139
13	☒□者舍中起居得毋有☒　Ⅱ 90DXT0114 ③：586+604
14	☒長用 A1 ☒□石八用 A2[1] 　二斗亭☒ B1 　一斗明□☒　B2 Ⅱ 90DXT0114 ④：148A+139B ☒又四斗陽☒　Ⅱ 90DXT0114 ④：148B+139A
15	萬歲里張歸來　貸縻一石 負馬羈一直六十 Ⅱ 90DXT0114 ④：195+188
16	出茭百一十七石　以食官牛八十月丁丑盡乙巳廿九日☒Ⅱ 90DXT0114 ④：245+236
17	出米一斗二升 傳　正月辛亥盡壬子以食大原中都亭長從者一人凡二人＝再食＝三升西Ⅱ 90DXT0114 ④：256+318
18	出錢四百　神爵三年十一月丁酉朔癸丑縣泉廄佐廣德付☒ Ⅱ 90DXT0114 ④：348+237
19	伊循城都尉大倉上書一封　初元年四月壬午日食時受遮要御徐廣☒Ⅱ 90DXT0114 ④：349+ Ⅱ 90DXT0114 ③：177

〔1〕此係誤綴。參洪帥：《懸泉漢簡》語言文字札記（二），武漢大學簡帛網，2023 年 11 月 13 日，http://www.bsm.org.cn/?hanjian/9260.html。

續表 2

序號	綴合後釋文
20	鴻嘉四年四月辛未大守督郵史武移冥安☐ 少今調冥安魚離馬補皆上肥檄到遣厩佐送縣泉☐ I90DXT0110①：15+ Ⅱ 90DXT0114③：151
21	養一人主堇一人往來送客行書置御少力不足九月☐ I90DXT0112③：20+ Ⅱ 90DXT0114④：51
22	☐□陽關大尉儀行丞事守千人鳳謂過所遣卒史許況爲戍卒市藥酒 ☐律令　　　　　　　兼掾音屬彭……I90DXT0116 S：23A+ Ⅱ 90DXT0114③：82A ☐二人☐ I90DXT0116 S：23B+ Ⅱ 90DXT0114③：82B
23	西書六封楊檄一還記一　印詣廣至郎 二封詣府　　　　　　一封冥安□印詣敦煌 出 一封酒泉長史　　　　二封酒泉長史印一詣陽關都尉 一封廣至長印　　　　一封詣西域騎都尉莫府 Ⅱ 90DXT0111①：138+ Ⅰ 90DXT0111S：34 + Ⅱ 90DXT0113③：24
24	受己卯毋餘酒 庚辰　毋出入　Ⅱ 90DXT0113④：8+9
25	□□ □□□□過所　□□　□所　Ⅱ 90DXT0114②：97+76
26	犁金十六枚谷當甲子乙丑丙寅丁卯戊辰己巳庚午辛未　重四百卌二斤　成封 Ⅱ 90DXT0114②：49+125
27	■ 右大昆彌貴人卌一人＝再食　積八十二人　Ⅱ 90DXT0114②：249+47
28	• 置一月用穀度 …… Ⅱ 90DXT0114③：172A+136B □從 董□　□□ 凌山 青傷游□ □□付稟九月食麥三石三斗八升大Ⅱ 90DXT0114③：172B+136A
29	里茭　Ⅱ 90DXT0114③：373+293〔1〕
30	出錢百六十二臬 A1 出錢六百宿 A2 二月 戊辰丿 B1 庚申丿 己巳丿 B2 辛酉丿 庚 B3 壬戌丿 辛 B4 癸亥丿 B5 丁丑丿 C1 戊寅丿 C2 己卯 C3

〔1〕 與第 9 條重複。

續表 3

<table>
<tr><th>序號</th><th>綴合後釋文</th></tr>
<tr><td></td><td>丁亥丿 D1
戊子丿 D2
三月 D3
癸未 E1
庚寅 F1
辛卯 F2
壬辰 F3
癸巳 F4 Ⅱ 90DXT0113 ①：88A+ Ⅱ 90DXT0114 ③：547B
入錢二百八十肉 A1
錢九千 A2
出錢四百五十□ B1
出錢千趙少伯 B2
出錢六十若君 B3
出錢二百劉君長 C1
出錢六十五榆子章 C2
出錢五百米二石 C3
出錢……D1
出錢千□子 D2
出錢十七繩五十丈 D3
出錢千一十七償□君房 D4
出錢六百□諸君 E1
出錢百五十革十枚 E2
出錢九百一十五□ E3 Ⅱ 90DXT0113 ①：88B+ Ⅱ 90DXT0114 ③：547A</td></tr>
<tr><td>31</td><td>元壽二年六月盡九
☑毋傳食者案 Ⅱ 90DXT0114 ④：25A+13A
如律令掾掾
□騮掾殷掾 Ⅱ 90DXT0114 ④：25B+13B</td></tr>
<tr><td>32</td><td>☑安妻大女縪年□□丿 A1
☑安子女奉年十丿 A2
☑女服年八丿 A3
☑□□爲年十四丿 A4
安子女莫君年十　安子男□☑ B1
安子女何年九☑ B2
安子男并年五☑ B3
田卅四畝妻維占同里□☑ B4 Ⅱ 90DXT0113 ④：38+ Ⅱ 90DXT0113 ②：96</td></tr>
<tr><td>33</td><td>☑彖中部都吏吏譴使Ⅱ 90DXT0114 ④：181+240</td></tr>
</table>

續表 4

序號	綴合後釋文
34	入西書合檄三蒲封二 A1 合檄二玉門長印詣長史君門下一詣將軍門下☒ B1 一霍萌之印詣將軍門下 B2 Ⅱ 90DXT0114S：147+ Ⅱ 90DXT0113 ①：56+58+62
35	☒□□□願强飯 □憂死者□Ⅱ 90DXT0112 ②：78A+ Ⅱ 90DXT0114S：273B □不得左右叩＝頭＝又稚Ⅱ 90DXT0112 ②：78B+ Ⅱ 90DXT0114S：273A
36	馬四匹 爲☒ Ⅰ 90DXT0109S：185 和Ⅱ 90DXT0114 ②：69
37	河留敢言之如律令 Ⅱ 90DXT0114 ③：113+ Ⅱ 90DXT0114S：152
38	薄酒少＝□薄酒少＝宗謹伏地再拜請君足下 Ⅰ 90DXT0109S：91+ Ⅱ 90DXT0114 ④：175
39	入西板檄一淵泉守長印詣督郵張掾治所永始元年八月丙寅縣泉置嗇夫敞受……Ⅱ 90DXT0111 ①：352A+ Ⅱ 90DXT0113 ③：12A 八月□☒Ⅱ 90DXT0111 ①：352B+ Ⅱ 90DXT0113 ③：12B
40	☒印詣廣至邸 A1 ☒印詣敦煌 A2 ☒長史印一詣陽關都尉府 A3 ☒騎都尉莫府 A4 檄一冥安長印詣令史張猛在敦煌界中 B1 置記一詣府 B2 十月壬辰莫食世付樂望卒印 B3 Ⅱ 90DXT0113 ③：24+ Ⅱ 90DXT0112 ②：23
41	☒元始元年十月乙未夜半時縣泉佐☒ Ⅰ 90DXT0112 ①：99B+ Ⅱ 90DXT0114S：261A+ Ⅰ 90DXT0112 ①：71A 入西板檄一…… Ⅰ 90DXT0112 ①：99A+ Ⅱ 90DXT0114S：261B+ Ⅰ 90DXT0112 ①：71B
42	前報毋此人今案臧廷户籍褱出□☒ Ⅰ 90DXT0114 ①：73+ Ⅱ 90DXT0114 ⑤：53
43	☒□・元始□□效穀蒼敦煌長守府長史君Ⅰ 91DXT0403 ④ A：13A+ Ⅱ 90DXT0114 ④：56B ☒四月十三日效穀臨興里綦毋林卿取同縣里Ⅰ 91DXT0403 ④ A：13B+ Ⅰ 91DXT0403 ④ A：13A
44	鴻嘉四年四月辛未大守督郵史武移冥安告魚離縣泉置嗇☒ 少今調冥安魚離馬補皆上肥檄到遣厩佐送縣泉完全受督郵已自□☒ I90DXT0110 ①：15+ Ⅱ 90DXT0114 ③：151+ Ⅱ 90DXT0111 ①：274
45	受十一月餘鹽七十五石五……升Ⅱ 90DXT0114 ⑥：8+48
46	甘露二年十二月丙辰朔壬戌張掖大守饒長史遣丞勳……守屬張充國爲玉門塞 馬一匹當舍傳舍從者如律令……過西Ⅱ 90DXT0114 ③：173+ Ⅱ 90DXT0114 ④：364+ Ⅱ 90DXT0114S：193

續表 5

序號	綴合後釋文
47	書到者今□出此願急爲Ⅱ 90DXT0112 ③：90A+ Ⅱ 90DXT0113 ③：50A …… 左馮翊功曹……Ⅱ 90DXT0112 ③：90B+ Ⅱ 90DXT0113 ③：50B
48	□□□□□ 白素二匹＝七百直千四百 汗襦一直三百 裘☑ Ⅰ 90DXT0208S：11+ Ⅱ 90DXT0114S：23
49	• 懸泉置遣吏御持傳車四乘傳蓋屏泥駕二被具莊具馬八匹柱魚離駕☑ Ⅱ 90DXT0114 ②：109+ Ⅱ 90DXT0114S：167
50	出 A1 西書六封楊檄一還記一 B1 二封詣府 B2 一封酒泉長史 B3 一封廣至長印 B4 印詣廣至邸 C1 一封冥安□印詣敦煌 C2 二封酒泉長史印一詣陽關都尉府 C3 一封詣西域騎都尉莫府 C4 檄一冥安長印詣令史張猛在敦煌界中 D1 置記一詣府 D2 十月壬辰莫食世付樂望卒印 D3 Ⅱ 90DXT0111 ①：138+ Ⅰ 90DXT0111S：34 + Ⅱ 90DXT0113 ③：24+ Ⅱ 90DXT0112 ②：23
51	入東書一封皆長史印 A1 □封詣宜禾 B1 □封詣益廣 B2 四月丁卯日下餔時受遮要奴益有☑ C1 奴萬☑ C2 Ⅱ 90DXT0114 ③：292+ Ⅱ 90DXT0114 ④：209
52	丙戌出粟八斗食牛馬 丁亥出粟八斗食牛馬又六付付倉嗇夫出錢卌□☑ 戊子旦食馬五匹一石夕食馬三匹六斗 Ⅱ 90DXT0112 ②：9A+ Ⅱ 90DXT0113 ④：43
53	• 詰蒲敞衆近在武威郡中□☑Ⅱ 90DXT0111 ①：82+ Ⅱ 90DXT0113 ④：26
54	直千五百☑Ⅱ 90DXT0113 ④：29+ Ⅱ 90DXT0112 ①：27
55	元康三年四月六十七元康三年十月Ⅱ 90DXT0114S：5+ Ⅱ 90DXT0113 ④：131
56	出米三斗　正月乙卯以食守丞夫人子男一人客□☑Ⅱ 90DXT0113 ④：103+142
57	入糜小石三石一斗　神爵四年五月甲子朔辛未縣泉置□□受遮要置嗇夫宮　簿入五月 Ⅱ 90DXT0113 ④：111+179
58	□縣寫移檄到各益部吏遮泄 Ⅰ 90DXT0209S：119A+ Ⅱ 90DXT0114 ②：100A □□西更轉官對君□侯宣 Ⅰ 90DXT0209S：119B+ Ⅱ 90DXT0114 ②：100B

續表 6

序號	綴合後釋文
59	出粟廿四石出粟出粟　以食騎士百卌人傳馬送迎客往來積八百人＝三升Ⅱ 90DXT0114 ②：224A+54A 其米書書書移出移出 ／五十一石五斗 Ⅱ 90DXT0114 ②：224B+54B
60	元始五年二月己酉使者雍州牧從事史金卿等部郡大守☑ Ⅱ 90DXT0114 ③：22+34
61	入粟二百七十七石八斗☑ Ⅱ 90DXT0114 ③：301+290
62	出東書一封 A1 蒲封一敦煌騎千人之印詣凉州牧治所封靡 B1 陽檄一敦煌司馬印詣計掾左股治所 B2 元始四年九月甲戌日中時懸泉馬醫并付魚離佐駿 C1 Ⅱ 90DXT0114 ③：533A+ Ⅱ 90DXT0114 ②：107
63	入西書四合檄一驛馬行 A1 書二大守章一詣司農一詣□檄書二小府印一詣□□一詣□□□□□ B1 合檄□□□詣刺史□□□□□□日六日□□晨時□平望□□ B2 Ⅱ 90DXT0114 ②：71+282
64	元始五年二月己酉使者雍州牧從事史金卿等部郡大守……關都尉有犯者具移名 Ⅱ 90DXT0114 ③：22+34+30
65	入 A1 牛嗇夫穀三百卌石六斗三升・B1 孔嗇夫百卅石 B2 Ⅱ 90DXT0113 ②：74+ Ⅱ 90DXT0114 ②：244
66	元康三年四月六十七元康三年十月 Ⅱ 90DXT0114S：5+ Ⅱ 90DXT0113 ④：131
67	☑丙戌以食功師長實☑ Ⅱ 90DXT0114S：184+213
68	出東楊記十二皆司馬印 A1 □三詣冥安二詣淵泉二詣廣垣則二詣前大尉一詣昆侖一詣東道督 B1 ・ 蓬一詣昆侖督蓬 B2 Ⅱ 90DXT0114 ①：73A+9
69	☑六月壬申夜定昏時懸泉佐賞受鼓下趙子春　Ⅱ 90DXT0114 ②：247+43
70	☑敦煌…… □□國及都護田官罷吏綠願隨使□自贖各以所有奴婢畜物Ⅱ 90DXT0114 ④：193+264
71	廣至不肯受譴案蓁衆多右更三□☑ Ⅱ 90DXT0114 ⑥：37+49
72	丁卯　七月廿九日宿罰王粟一石百卌涉文子下　Ⅱ 90DXT0114④：170+ Ⅱ 90DXT0114 ⑥：69
73	田□一頃五十畝 Ⅰ 90DXT0109S：241+ Ⅱ 90DXT0114 ④：102
74	始建國元年十月己亥朔丁巳文德陽關大尉儀行丞事守千人鳳謂過所遣卒史許況爲戍卒市藥酒 ☑律令　　　　兼掾音屬彭……I90DXT0114 ①：176+I90DXT0116 S：23A+ Ⅱ 90DXT0114 ③：82
75	☑□者輒行罪毋疑等春農事起時 Ⅱ 90DXT0111 ②：77+ Ⅱ 90DXT0114S：259

續表 7

序號	綴合後釋文
76	五斗橐十一其四枚　□五斗葵五斗 　罌六小　朱都□羊十 　□□ Ⅱ 90DXT0114 ③：579+583
77	□□卿□□行檄不敢言之 Ⅱ 90DXT0114 ③：247+294
78	☒□將印詣酒泉大守府 A1 　板檄一敦煌大守章詣勸農史翟卿在所☒ B1 　□記一敦煌長史印詣淵泉 B2 Ⅱ 90DXT0114 ③：221+354
79	☒建平五年二月乙未嗇夫隆受徒功師政☒ Ⅱ 90DXT0114 ②：152+266
80	• 郡内史數遣都吏桉行論之而荿☒ Ⅱ 90DXT0114 ①：51+ Ⅱ 90DXT0114S：251
81	□　皆大守章　八月庚午日出時受遮御王武謹☒ Ⅰ 90DXT0109S：92+ Ⅱ 90DXT0114 ③：295
82	傳馬一匹騩牡左剽齒十八歲高六尺二寸　名曰青僞□☒ Ⅰ 90DXT0209S：37+ Ⅱ 90DXT0114 ③：329
83	制 A1 　黄龍元年六月壬申使主客給事中侍郎者臣棨□ B1 　詔侍御史曰使送康居諸國客衛候蓋與副義與斥候李信韓安世俱 B2 　爲駕二封軺傳二人共載 B3 　御史大夫萬年下扶風廄承書以次 C1 　爲駕當舍如律令 C2 Ⅱ 90DXT0114 ④：277+ Ⅱ 90DXT0114 ③：360
84	☒□□□　牛車二皆幣　玉門富昌里賈宗麥小石八十石・服其六十石已入五十三石少七石・不服廿石・今宗見在 A1 ☒□□□　・右倉中買財物　效穀不審里張少君麥小石五十石・移書效穀令致 A2 Ⅰ 90DXT0109S：112A+ Ⅱ 90DXT0113 ④：145
85	☒百七十　得□百廿六石直錢十二萬七千八百☒ Ⅰ 90DXT0109S：273+ Ⅱ 90DXT0113 ④：155
86	☒　　永始四年四月甲申懸泉佐□受遮☒ Ⅱ 90DXT0114 ③：263+ Ⅰ 90DXT0209S：126
87	• 郡内史數遣都吏桉行驗之而歲……□者劾☒ Ⅱ 90DXT0114 ①：51+ Ⅱ 90DXT0114S：251+ Ⅰ 90DXT0109 S：52
88	☒□正公卿大夫其爲朕率☒ Ⅱ 90DXT0114 ②：159+73
89	出粟六十石丿　以食民毋父母卌人積百廿月＝五斗　Ⅰ 90DXT0114 ①：40+ Ⅱ 90DXT0114 ②：223
90	高心里張壽等九人助置傳使各謹君客壽等前☒　Ⅱ 90DXT0114 ②：139+238
91	☒□懸泉置嗇夫訢敢言之廷司寇大男☒ Ⅱ 90DXT0114S：141+ Ⅱ 90DXT0114 ②：64
92	宜民里公大夫殷勝年卌八　重在十月御丿 年絶 Ⅱ 90DXT0114 ③：23+122
93	出錢六十葵廿束　出錢廿九☒ 出錢百□韮□□束　出錢廿□☒ 　……郰卿所☒ Ⅰ 90DXT0116 ②：92+123+ Ⅱ 90DXT0114 ⑤：33
94	步廣里陽垣宣 乙 九月 Ⅱ 90DXT0114 ②：24+202

續表 8

序號	綴合後釋文
95	髡鉗城旦昭宣 A1 　　坐元壽二年十二月壬寅鬬取非其兵傷人 B1 　　元始元年正月辛未□ B2 　　不直高博 C1 　　故敦煌新定里以赦令免爲庶人 D1 Ⅱ 90DXT0114 ②：56+ Ⅱ 90DXT0114 ④：94
96	☒平□不周上鵰城荆勃强良開離☒ Ⅱ 90DXT0114 ⑥：85+83
97	高心里張壽等九人助置傳使各謹君客壽等前不食今適壽等令積北澤 Ⅱ 90DXT0114 ②：139+238+ Ⅱ 90DXT0114 ③：201
98	一斗叩＝頭＝……遮要佐馬御再拜☒ 　　☒槃十叩＝頭＝ Ⅱ 90DXT0114 ③：31A+ Ⅱ 90DXT0114 ④：86A 　　張威卿數煩……頭＝願貸稻米一斗不□☒ Ⅱ 90DXT0114 ③：31B+ Ⅱ 90DXT0114 ④：86B
99	一斗叩＝頭＝……遮要佐馬御再拜☒ 　　☒□二飯槃十叩＝頭＝ Ⅱ 90DXT0114 ③：31A+ Ⅱ 90DXT0114 ④：86A+ Ⅱ 90DXT0114 ③：126A 　　☒白　□☒ 　　張威卿數煩……頭＝願貸稻米一斗不□☒ Ⅱ 90DXT0114 ③：126B+ Ⅱ 90DXT0114 ④：86B+ Ⅱ 90DXT0114 ③：31B
100	出米卌□石　其廿五石五斗米　　付吾尊給縣泉置 　　　　　　十六石飯　Ⅰ 90DXT0209S：110+ Ⅱ 90DXT0114 ③：215
101	游徼南陵池上里堯褒，年卌一∟二，字子恭，中壯白色 · 賊南陵下池里山陽莽，年卌四五，字偉功，短壯黑色。Ⅱ 90DXT0114 ②：29+ Ⅰ 90DXT0209S：9
102	常利里刑誼　付西門卒趙章　· 右六人五月譯 Ⅱ 90DXT0114 ③：418+ Ⅰ 90DXT0109S：233
103	☒中都吏解卿取茭六車三月中取☒ Ⅱ 90DXT0114 ①：35+ Ⅰ 90DXT0205S：4
104	私從者□□富□王賞自言故□……入調利□□□……□男子來爲　□□……賞買絳襜褕一領 Ⅰ 90DXT0114 ②：31+ Ⅱ 90DXT0114 ④：249+ Ⅰ 90DXT0114 ②：32+33
105	□馬一匹白牡　以二□☒ Ⅱ 90DXT0114 ④：253+259
106	丞敦煌候丞翟卿使掾安國等八十七人爰書相與爲約束告遣縣吏十里 Ⅰ 90DXT0114 ②：13+ Ⅱ 90DXT0113 ④：172
107	候鄣　正月辛酉盡三月己丑八十九日積百七十八匹 Ⅰ 90DXT0116 ②：64+ Ⅱ 90DXT0113 ②：159+ Ⅱ 90DXT0114 ③：367
108	已得廿卌枚復縦扁各二曹言毋　教告冥安予縣泉轉☒ Ⅱ 90DXT0111 ①：286+367
109	出東書蒲封二 A1 　　一詣廣至曰大守章 B1 　　一詣宜禾送長史君還 B2 　　建平三年正月戊子日蚤食受遮要御路道佐博即時便付魚離佐郭卿 C1 Ⅱ 90DXT0114S：115+ Ⅰ 90DXT0116S：17+ Ⅰ 90DXT0112 ②：95

續表 9

序號	綴合後釋文
110	☑寅矢銅鍭千　六☑ ☑槀矢銅鍭千　五石☑ ☑□……□□☑ Ⅱ 90DXT0114 ③：399+390
111	子文計何急也☑ Ⅱ 90DXT0114S：226+70
112	□□復告□□□□ 行罷極爲讓長以下未坐之□書到謹養食上助馬 Ⅱ 90DXT0111 ②：199A+ Ⅱ 90DXT0113 ③：30A 掾慶屬□助府佐禁護 Ⅱ 90DXT0111 ②：199B+ Ⅱ 90DXT0113 ③：30B
113	擊關東反虜劉捂橫野將軍汝南陳季四人分功各得 Ⅱ 90DXT0114 ③：21+ Ⅰ 90DXT0114 ①：19
114	・都水卒十五人 A1 其二人舂 B1 四人束苣 B2 四人山治廬 B3 一人將笥 C1 一人養 C2 二人□□☑ D1　Ⅰ 90DXT0114 ①：111A+ Ⅱ 90DXT0114 ④：50
115	所常言不傷趣……長捕並言徒傷人☑ Ⅱ 90DXT0114 ②：55+248
116	□□定麥簿小石二百五十三石一斗 Ⅱ 90DXT0114 ③：556+180
117	傳馬名籍一編敢言之 Ⅱ 90DXT0114 ④：229+ Ⅱ 90DXT0113 ④：196
118	□□□……三月□□令史昌付□廣以賦□士□☑ Ⅱ 90DXT0113 ⑥：6+ Ⅱ 90DXT0111 ③：34
119	☑十八人積五十四月食粟小石百六十二石＝百卌　至 Ⅱ 90DXT0111 ①：335+332
120	☑乙丑丙寅□千人☑ Ⅱ 90DXT0114 ③：109A+41A ☑巍賞薛業□□ Ⅱ 90DXT0114 ③：109B+41B
121	本始三年七月己酉敦煌長樂里尹□買陳留外黄步里楊□□練複□一領賈錢四百約至五月廿日錢已任者張經□譯小史□□□□□長孫 Ⅱ 90DXT0114 ⑥：9+61
122	丁卯 丁酉 丙寅 丙申 Ⅱ 90DXT0114 ⑤：47+ Ⅱ 90DXT0114 ④：224
123	都吏可之中傳外直長自……□至會食也☑ Ⅱ 90DXT0114 ④：63+68
124	■ 綏和二年八月乙未過☑ Ⅱ 90DXT0114 ③：582+601
125	□□牛餘五十三匹　受□□□十四匹出□十一匹買□鏡斂具廿一匹黄頭取 Ⅱ 90DXT0114 ②：96A+ Ⅱ 90DXT0114 ③：306
126	☑□須白鼻後左足齒　歲　十一月壬寅付淵泉假亭長許參送康居 Ⅱ 90DXT0114 ②：239+ Ⅱ 90DXT0114 ③：318
127	治所令淵泉亭□傳送恭致縣泉叩頭死罪敢言之 Ⅱ 90DXT0114S：14+ Ⅰ 90DXT0114 ③：121
128	☑　　從者二人☑ Ⅱ 90DXT0114 ②：3+ Ⅱ 90DXT0114 ④：263
129	亭故卒付縣泉置言遣日 Ⅱ 90DXT0114 ③：500A+539A □　□以行　丁巳丑丑丁卯（倒書）Ⅱ 90DXT0114 ③：500B+539B

續表 10

序號	綴合後釋文
130	鴻嘉四年三月丁酉朔丁酉，效穀長禹、丞謂縣泉置嗇夫敞，前遣少內嗇夫敞持 ……Ⅱ 90DXT0113 ③：17+ Ⅱ 90DXT0111 ①：330+ Ⅱ 90DXT0112 ②：46A+ Ⅱ 90DXT0111 ①：46
131	• 縣泉鴻嘉三年四月雜書出入簿 Ⅱ 90DXT0114S：1+ Ⅱ 90DXT0114 ⑥：58
132	出 板檄二其一□長印詣□▨ 記一倉長印詣廣牧 Ⅰ 91DXT0403 ④ A：25+ Ⅱ 90DXT0114 ③：18
133	▨□□□所以致元＝重□失時也，二千石冤憯怛於此深，維思咎歲所致。書到明勑屬縣：勸民益種黍糜、稊稈、疏食，可衣食物，以救助其□。今官府閒少事遣丞、掾史分循 Ⅱ 90DXT0112 ①：50+ Ⅱ 90DXT0113 ④：21
134	▨□簿俱封病……錢四千已入廷分負錢 Ⅱ 90DXT011 ②：57+ Ⅰ 90DXT0111 ②：76+ Ⅱ 90DXT0114S：247
135	合檄十　一夬曹書佐鄧猛印 蒲封一　一從史吳忠印 Ⅰ 90DXT0109S：76A+ Ⅱ 90DXT0114S：118A 三月庚寅□□□　陽朔 Ⅰ 90DXT0109S：76B+ Ⅱ 90DXT0114S：118B
136	▨□受騎士車來▨ Ⅱ 90DXT0114 ②：10+11
137	入泉百一十九 其九十五粟一石直廿四＝人食西　　始建國元年四月丙午置嗇夫敞受從史崇 Ⅱ 90DXT0114 ③：61+53
138	▨夏陽畸里田安漢 沈陽都中里王安漢皆疾煩懣頭▨□ Ⅱ：90DXT0113 ④：99A+ Ⅱ 90DXT0114 ⑥：6A ▨嗇夫宗 Ⅱ 90DXT0113 ④：99B+ Ⅱ 90DXT0114 ⑥：6B

A Compilation of Conjured Wooden Slips in Xuanquan Bamboo Slips of Han Dynasty (Ⅲ)

Hong Shuai

Abstract: Since the publication of Xuanquan Bamboo Slips of Han Dynasty (Ⅲ) in 2023, experts have done a lot of matching, which is mainly published on the Internet. In order to facilitate the use of scholars and save the labor of review, the conjugated results are compiled together. This article consists of two parts. The first part is the summary of the bamboo slips of Xuanquan Bamboo Slips of Han Dynasty (3) conjugated of 138 collections, each including the number of conjured slips, the number of slips, the person conjured, recoverable characters and remarks, the first three are included, the last two items are listed according to the specific circumstances. The second part is the combination of wooden texts. Those with different opinions are noted in footnotes.

Keywords: Xuanquan Bamboo Slips of Han Dynasty (Ⅲ)　Bamboo and wooden slips conjugated Bamboo slips Han Dynasty bamboo slips

（洪帥　西北師範大學文學院）

《懸泉漢簡》釋讀拾遺*

陳松梅

提　要：精準的簡牘釋文材料是簡牘研究的基礎，懸泉漢簡經過前輩學者的考古發掘、細心整理、科學編號、精心拍照、反復釋讀等一系列繁複而細緻的工作。從2019年底至今，《懸泉漢簡》已出版四册，成爲學界研究的實貴材料。由於兩漢時期懸泉置行政事務繁忙，書佐書寫水平各異，加之時間久遠，難免出現對書佐所寫別字、形近字誤釋、漏釋、衍釋等釋讀問題。試對《懸泉漢簡》釋讀問題進行探討和相關釋文做以校補，以期這批珍貴的簡牘材料釋文更準確、體例更統一。

關鍵詞：《懸泉漢簡》　釋讀問題　探討

1987年以來，在敦煌市東部的三危山下，發現了漢代敦煌郡效穀縣的懸泉置遺址。通過科學考古發掘，遺址共出土簡牘23000枚。根據出土地點和所屬年代，這批簡牘材料被命名爲"懸泉漢簡"。懸泉漢簡經過前輩學者的考古發掘、細心整理、科學編號、精心拍照、反復釋讀等一系列繁複而細緻的工作，于2019年底至今，《懸泉漢簡》已出版四册〔1〕，爲學界研究提供非常實貴的研究材料。

由於兩漢時期懸泉置行政事務繁忙，書佐書寫水平各異，加之時間久遠，《懸泉漢簡》難免存在對書佐所寫別字、形近字校讀、相關符號補釋、釋讀標準不統一的問題。爲讓這批珍貴的簡牘材料釋文更爲準確、體例更爲統一，能够更好爲學界所用。試對《懸泉漢簡》釋讀問題進行探討，并對相關釋文做以校補。

一、相關誤釋的情況

主要有所釋字與圖版字明顯不同，字形相似、文意不通等情況。現試舉例予以説明：

---

*　本文是教育部人文社會科學研究規劃基金項目（項目編號：22YJA870004）、2024年四川省哲學社會科學基金重大專項個人項目（項目編號：SCJJ24ZD107）的階段性成果。

〔1〕　甘肅省簡牘博物館等編《懸泉漢簡》現已刊發三册，分別爲2019年出版的《懸泉漢簡（壹）》、2020年出版的《懸泉漢簡（貳）》、2023年出版的《懸泉漢簡（叁）》、2024年出版的《懸泉漢簡（肆）》。

（一）釋“”

“”見於《懸泉漢簡（叁）》Ⅱ 90DXTO114③：409[1]，整理者公布的釋文如下：

一斗苛三合　　皆故完　　　Ⅱ 90DXT0114 ②：192

畫綫字的寫法爲，整理者釋爲“苛”。從文意方面看，應爲“笴”，此種情況屬於字形相似、文意不通而誤釋的情況。理由如下：

先從字形方面進行分析，將同批簡牘中的“苛”字列表如下：

表 1 “”與同批簡文“苛”字形對比表

	字形	釋文
苛		與長尉以下數廋索苛察毋　Ⅰ 90DXT0209 ③：23
		先□□以得若何乃敢有所譴苛掾史自服有之非獨　Ⅰ 90DXT0310 ③：3
		□苛留如律令　米斗八升　　卩　Ⅰ 90DXT0405 ④ A：12
		輸錢敦煌過所毋苛留當舍傳舍　Ⅱ 90DXT0112 ①：2
		□鄉置嗇夫吏寫移書到以物色苛察疑 /掾永守獄史昌　Ⅱ 90DXT0114 ②：41

從字形上對比，爲“苛”無疑。但是從簡文來看却不通順。“苛”爲動詞，意爲苛刻、苛責之意。《説文解字》：“苛，相苛責也。《方言》卷二：‘苛，怒也’郭璞注。”[2] 雖然字形上確爲“苛”字，但其詞性與文意，在簡文中并不合理。因此，此字應爲書佐筆誤字，書佐誤將“笴”寫成了“苛”字。

因爲，從文意方面分析，此字應爲“笴”。《懸泉漢簡》相關簡文有：

（1）□三斗笴五合直五七十　□　　　　　　Ⅱ 90DXT0111 ①：124

（2）大杯卅　　　小槃□　　　　□□
　　小杯卅　　　大槃三□□　　陳□　　　□
　　□槐枓各二　三斗笴一　　　㞘□□
　　□十三枚□　箸十五雙　□□　霍□□□□□
　　　　　　　　　　　　　　　張□　　　Ⅰ 90DXT0114 ①：116B

〔1〕甘肅簡牘博物館編：《懸泉漢簡》（叁），中西書局，2023 年，第 374 頁。

〔2〕宗福邦、陳世鐃、蕭海波：《故訓匯纂》，商務印書館，2003 年，第 1915 頁。

（3）笥大八合　稻米　　Ⅱ 90DXT0112 ③：68

（4）出錢六十笥三合　　Ⅰ 90DXT0111 ②：70

"笥"是帶蓋的竹器，用於盛飯和衣物等物品。《説文解字》："笥，飯及衣之器也。從竹，司聲。"[1]"笥，盛飯器。圓曰簞，方曰笥。《玉篇·竹部》：竹器之方而有蓋著皆曰笥。《説文·竹部》朱駿聲通訓定聲。"[2]下面是馬王堆一號漢墓中出土笥的照片：

圖一　竹笥，高 16 釐米、長 50 釐米、寬 30 釐米，出土時内盛豆類

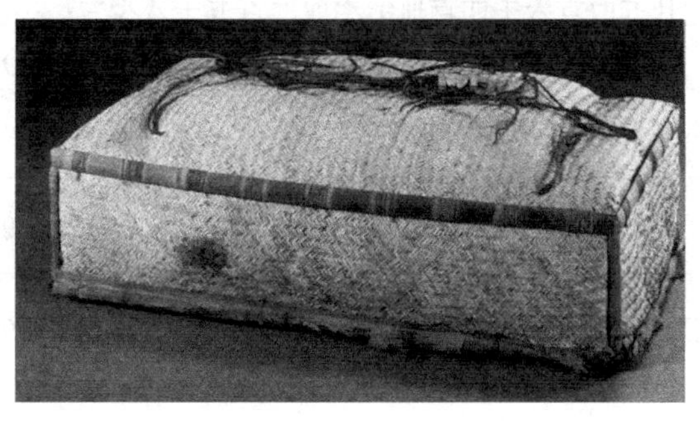

圖二　竹笥，高 14 釐米、長 39 釐米、寬 26.3 釐米，出土時内盛衣物、紡織品、中草藥

可见，"笥"是一種漢代社會南北通用的一種竹制盛器。通過簡文可知，"笥"容量大小有别，以"斗"作爲衡量大小的標準。比如有"一斗笥""三斗笥"等。"笥"的多少，則以"合"爲數量單位，比如"三合""五合""八合"等。"幾斗笥幾合"是"笥"的容量和數量表達的固定結構，這與存疑簡文的行文結構相一致。因此，從文意上看，此書佐筆誤字應爲"笥"。故釋文應改爲：

一斗苛（笥）三合　　皆故完　　Ⅱ 90DXT0114 ②：192

〔1〕［漢］許慎撰、［宋］徐鉉校定：《説文解字》，中華書局，1963 年，第 96 頁。

〔2〕宗福邦、陳世饒、蕭海波：《故訓匯纂》，第 1746 頁。

（二）釋“[illegible]”

“[illegible]”字見於《懸泉漢簡（貳）》Ⅱ 90DXT0111②：110[1]，整理者公布的釋文如下：

·竟寧元年八月肊雨衣諸物名籍　Ⅱ 90DXT0111②：110

畫綫字的寫法爲[illegible]，整理者釋爲“肊”，從字形和文意方面看，應爲“取”。屬於字形不同、文意不通的情况。理由如下：

首先，進行字形對比分析。此字簡文作[illegible]，與同批簡文的“取”同形，試舉同批簡文中“取”的字形進行對比説明：

表 2　“[illegible]”與同批簡文“取”字形對比表

本簡字形	同批簡文的“取”字形	“取”字具體釋文
[illegible]		决益發去即復持酒來取羔者如氏毋以爲　Ⅰ 90DXT0110①：124B
		七月廿九日縣…… □廿五取直六千四百卌七率取二百五十八少三……□□ Ⅰ 90DXT0111②：134A
		車三月中取　Ⅰ 90DXT0205S：4
		□記取□□　Ⅱ 90DXT0112②：64
		□取强　Ⅱ 90DXT0111①：405
		中都吏解卿取茭六　Ⅱ 90DXT0114①：35
		坐元壽二年十二月壬寅鬭取非其兵傷人不直髡鉗城旦昭宣 元始元年正月辛未□　Ⅱ 90DXT0114②：56
		己亥出麥四石馬廿七匹莫食又一石付日利食牛 廿四日莫馬食薪取受穬麥 庚子出麥四石三斗半斗朝食馬 廿九匹又四石三斗五升馬廿九匹莫食又四斗牛 辛丑出麥四石三斗半朝食馬廿 九匹又四石三斗五升馬廿九匹莫食又四斗牛 壬寅出麥四石三斗五升　受 □四石五斗馬卅一匹莫食又一石牛 癸卯出麥五石馬廿九匹　□□□□ 君門下吏　Ⅰ 90DXT0405④A：11A

[1] 甘肅簡牘博物館編：《懸泉漢簡（貳）》，中西書局，2020年，第498頁。

續表 1

本簡字形	同批簡文的“取”字形	“取”字具體釋文
		□□□□　使者署之移倉曹・謹右別取□米償如牒敢言之　Ⅰ 90DXT0402 ④ A : 8
		不可得取其單襦來　Ⅰ 90DXT0112 ④: 34

通過觀察以上懸泉漢簡“取”的寫法，發現“取”在懸泉漢簡中有I90DXT0112 ④: 34 等工整規範的寫法，也有Ⅰ 90DXT0110 ①: 124B 等較潦草簡省的寫法。其差別主要體現在，字體右側“又”字，一般簡寫爲“”“”“”，這與存疑“”的左側寫法非常相似。字體左側“耳”旁的寫法，一般有以下幾種情況，一種簡寫爲“”，“耳”中間寫爲兩横，而省略了最後的横筆，一種寫法爲“”，可能書佐寫字時過於匆忙，“耳”字里的兩横畫寫在了外邊，兩種情况“耳”字的下方都未封口。下部未封口的情況與存疑字體非常相似。存疑字的左側“耳”字兩横連寫爲竪畫。由此可知，此處的簡文爲“取”的省筆字。而“肊”的右側的“乙”字，并没有多餘的筆畫，而的右側有兩點，似乎爲“又”的折筆。因此，從字形上看，此字應釋爲“取”。

其次，從詞彙學的角度分析，此字爲“取”。

“肊”音 yì，同“臆”。《説文・肉部》:“肊，胸骨也。”《廣雅・釋親》:“肊，匈也。”王念孫疏正:“臆，一字也。”《廣韻・職韻》:“肊，氣満。”《正字通・肉部》:“按臆从意馨，意轉入乙聲。肊臆通。”《清史稿・儒林傳・戚學標》:“其部居錯雜分合，類出肊見。”[1]可見“肊”意爲胸，作爲身體用語和醫學用語，簡文“肊”與“雨衣諸物名籍”連用，文意不通。

而“取”與“雨衣諸物”連用，組成動賓結構短語，用法和文意就比較合理了。“雨衣諸物”是防雨用品，今天的“雨衣”主要是人的防雨用品，而秦漢時期，人的防雨用品主要稱爲“蓑衣”。《本草綱目・服器部》卷三十八卷:“蓑草結衣，禦雨之具。《管子》云:‘農夫首戴茅蒲，身服袯襫。’即此也。”[2]袯襫農家以御雨，即今蓑衣，蓑衣作爲古代的防雨裝備至今仍在沿用。《左傳・哀公二十七年》:“成子衣製杖戈”，晋杜預注:“製，雨衣也。”[3]可見，晋朝的時候已有“雨衣”的稱呼。

〔1〕 漢語大字典編輯委員會編:《漢語大字典》，崇文書局，1992 年，第 2041 頁。

〔2〕 中醫藥學會編:《本草綱目》，華夏出版社，2008 年，第 1464 頁。

〔3〕 楊伯峻:《春秋左傳注》，中華書局，2016 年，第 1937 頁。

《風俗通義·愆禮》："衣，所以蔽形。"[1]在懸泉置"雨衣"可能是人的防雨用具，更可能是傳車的防雨用具，如以下簡文：

□□□□具幣　　裴一完

（5）入　　綏和元年五月乙亥縣泉置嗇夫慶受敦煌廄佐并送護羌從事

　　輢靳薄土完　雨衣一完　簾一完緹　　Ⅱ 90DXT0111 ①：303

可知，"雨衣"是傳車必備的防護用具，包括雨衣、薄土等。存疑簡文内容是"竟寧元年八月取雨衣諸物名籍"，八月正值雨季，"雨衣"等防護用品，是懸泉置傳車的必備物質，也是相關人員必須領取的物資。因此，通過懸泉置的運作需求和文書内容分析，[illegible]應爲"取"。

再次，從文書學的角度，進一步分析此字爲"取"。

此簡爲"名籍"類簡册文書的一枚，記載竟寧元年八月懸泉置領取雨衣等物品的名册。懸泉置作爲絲綢之路的官方驛站，實行物資官方配給制，對於物資的發放、領取肯定要有明確的記錄，形成相關物品的分配名單，以便統計核對、不出差錯，體現了秦漢時期中央至地方的統一且清晰的財務管理制度。於是，産生了"取雨衣諸物名籍"這種文書形式。居延漢簡也有相似的文書：

尚子春十斤，直二斛。

蕭子少十斤。直二斛。鄭昭十斤，直二斛。·凡肉百二十斤，直二十三斛

（6）宜農辟取肉名　鄭子任十斤，直二斛。胡羿十斤，直二斛。清黍·凡付夫人粟二十黍斛

孟子房十斤，直二斛。田子柳十斤，直二斛。清黍，十二斛黍斗，其三

陳伯十斤，直二斛。　翟大伯十斤，直二斛。清☑

許子眍十斤，直二斛。楊子任二十斤，直三☑　40.76A

（7）□久不見前，善毋恙。先日莫來□

□長共之官取衣，有爲吏取奉。佐且　☑　　2.114B

（8）綏和二年十一月乙未朔辛亥，第廿三候 ☑

萬歲部居攝元年九月，戍卒受庸錢名籍　　EPT59.573

（9）·第四部居攝元年十二月盡二年正月吏受奉名籍　154.34

〔1〕宗福邦、陳世鐃、蕭海波：《故訓匯纂》，第3837頁。

這類文書都是人員領取物品、錢財、俸禄的名籍，即領取物品的花名册。文書格式一般爲“相關機構＋某年某月＋取或受＋物品（錢財）＋籍”，動詞“取”“受”的含義分别爲領取和接受，二者都有“收入”的含義。兩者細微差别體現在，“取”有主動意，可以向平級和上級機構領取。“受”有被動意，一般是下級機關接受上級機關下發的財物，或者是平級機關轉發的財物。此簡出土於懸泉置，没有機構名，可能是懸泉置内部領取物品的花名册。故從文書性質、格式和含義上看，此處爲“取”比較合理。

查看懸泉漢簡發現，與此枚簡牘順序編號的兩枚簡似乎屬於同一簡册，相關釋文如下：

（10）漆伏机一　　Ⅱ 90DXT0111 ②：111

（11）箕炊帚各二　Ⅱ 90DXT0111 ②：112

從三枚簡的長短形制、字體筆迹、記載内容看，三者應爲同一簡册。“漆伏机”“箕炊帚”都是懸泉置必備用品，而據簡Ⅱ 90DXT0111 ②：110 圖版上的圓點，爲簡册中的最後一枚簡，起到總結概括作用，如今天的文件封面。上述兩簡與最後一枚簡中，所説“雨衣諸物”相對應。因此，更爲確證此簡是“取雨衣諸物名籍”簡册的一枚。我們也可回想當時的情况，在西漢竟寧元年，懸泉置的行政事務依然十分繁忙，在書寫整理這件“取雨衣諸物”名籍時，書佐將“取”潦草書寫爲，此字形與“肊”字形相似却不相同。這位書佐本意肯定是寫“取”字，當時閲讀此簡册的人也清楚此字應爲“取”。

總之，從字形學、詞彙學和文書學等角度進行綜合分析，可確定“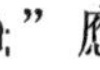”應爲“取”。故釋文應改爲：

•竟寧元年八月取雨衣諸物名籍　Ⅱ 90DXT0111 ②：110

二、書佐筆誤字釋讀標準不統一的情况

懸泉漢簡中書佐筆誤字比較常見，可能因爲懸泉置行政事務繁忙，文書書寫工作量大，加之書佐書寫能力水平各異，難免出現行政文書書寫錯誤的情况。李均明先生指出：“整理簡牘時亦須注意原簡中也存在錯字與漏字的現象，需要認真判斷，切忌將錯字視爲正字。”[1]《懸泉漢簡》對書佐筆誤字釋讀存在兩種情况，一是改正書

〔1〕 李均明：《古代簡牘》，文物出版社，2003 年，第 148 頁。

佐筆誤，以正確字形呈現。二是繼續延用書佐的錯誤寫法。我們認爲應將體例予以統一，書佐筆誤字可按原樣錄出，并在該字後邊以括號形式予以糾正。現舉例予以説明：

（一）釋“[illegible]”

“[illegible]”見於《懸泉漢簡（壹）》Ⅰ90DXT0109S：92，[1]此種情況屬於直接改正書佐筆誤字，并未做備注説明，整理者公布的釋文如下：

皆大守章

□

八月庚午日出　　Ⅰ90DXT0109S：92

以上釋文畫綫字“[illegible]”爲書佐筆誤字，整理者將書佐筆誤字“車”直接改正、以正字錄出。“車”確爲“章”，理由如下：

首先，從字形方面分析。此字簡文作[illegible]，與同批簡的“車”同形，試舉同批簡文中“車”的字形對比説明：

表3　“[illegible]”與同批簡文“車”字形對比表

本簡字形	同批簡文的“車”字形	“車”字的具體釋文
 [illegible]		第卅九車長西適里侯奉德　貸小斛五斛　Ⅰ90DXT0108②：6
		鴻嘉四年十月丁亥臨泉亭長褒敢言之謹案亭官牛 一黒犗齒八歲夬鼻車一兩　Ⅰ90DXT0110①：1
		左部幣第十五車出王子翹　Ⅰ90DXT0109②：3
	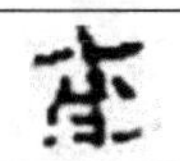	□倉牛車一兩□□□　Ⅰ90DXT0109S：4
		節三年正月官車簿　……　Ⅰ90DXT0109S：22
	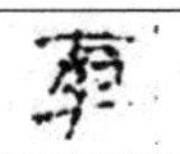	傳車一乘盡舊　Ⅰ90DXT0109S：83
		永光三年正月丁亥朔丁未淵泉丞光移縣泉置遣廐佐賀持 傳車馬迎使者董君趙君所將客柱淵泉留稟茭今寫券墨移書受簿入二月報毋 令繆如律令　Ⅰ90DXT0111②：3

〔1〕甘肅簡牘博物館編：《懸泉漢簡（壹）》，中西書局，2019年，第333頁。

通過觀察“車”的寫法，與上表 I90DXT0108②：6 的寫法基本一致。字上方突出的竪畫雖不明顯，但從中間筆畫也完全可以確定此字爲“車”字。

此簡經過謝明宏先生研究，發現可以與Ⅱ 90DXT0114③：295綴合[1]，綴合後的釋文如下：

皆大守章 八月庚午日出時受遮御王武謹 Ⅰ 90DXT0109S：92+ Ⅱ 90DXT0114③：295

從文書性質和内容方面看，可判定此簡是郵書封面。郵書封面的右側爲“皆太守章”，左側爲“八月戊午日出時受遮御王武謹”，記載了此份郵書的簽發人和發出日期。懸泉置作爲絲綢之路上的郵驛機構，郵書在懸泉置比較常見。與之相似的簡文還有：

（12）封板檄三大守章　一詣河東太守府•
一詣廣至•
一檄詣廣校候•（削衣） Ⅰ 90DXT0209S：169

（13）　合檄詣……
入東書合檄板檄各一太守章　元始□年三月縣泉……縣泉佐陽受……
板檄詣……　Ⅰ 90DXDXT0112①：24

通過以上釋文可知，發出郵書都要加蓋機構負責人的印章，并記錄郵書的簽發日期。同時，根據釋文上方和下部殘留的横畫并查閱圖版，結合謝明宏先生的綴合成果，都可確定此簡第一個和最後一個未識字都可補釋爲“出”。

總之，此簡比較特別，從字形上看爲“車”，從文意和文書性質看，應爲“章”，是書佐筆誤導致出現書寫錯誤的現象，釋文將其糾正是正確的。也符合《懸泉漢簡》凡例的規定：“釋文中的文字一般依原文錄出，但個别如‘薄’‘藉’‘隊’之類，爲研究徵引的方便，采取適當變通的原則，改爲通行字，諸如‘薄’‘藉’‘隊’等。”[2]可見，此處書佐筆誤字，整理者將其改正，但并未標出書佐最初的寫法。故本簡釋文可補釋爲：

皆大守車（章）
出
八月庚午日出時受遮御王武謹 Ⅰ 90DXT0109S：92+ Ⅱ 90DXT0114③：295

---

〔1〕謝明宏：《懸泉漢簡（叁）》綴合（十二），武漢大學簡帛網，http://www.bsm.org.cn/?hanjian/9100.html。

〔2〕甘肅簡牘博物館編：《懸泉漢簡（壹）》，第 16 頁。

（二）釋“六”

“六”見於《懸泉漢簡（叁）》Ⅱ 90DXTO114④：9[1]，整理者公布的釋文如下：

六月餘使婢二人　七月壬戌盡九月辛卯八十九日積百七十八人 Ⅱ 90DXTO114④：9

畫綫字“九”的寫法爲六，很明顯應爲“六”，此枚簡中“九”的寫法爲九。可見，“六”“九”的寫法差異很大，整理者不可能不能辨識。那麽，爲什麽還要將六釋爲“九”呢？

通過遍查《懸泉漢簡》釋文，發現與這枚簡相關的釋文還有：

（14）入官大奴一人受使奴轉效穀　七月壬戌盡九月辛卯八十九日積八十九人

Ⅰ 90DXT0112②：9

（15）□□小奴轉爲使奴　七月壬戌盡九月辛卯八十九日積八十九人□

Ⅱ 90DXTO114④：61

以上兩枚簡與存疑簡都記載了與官奴婢相關的内容，并且都提到了同樣的時間和内容“七月壬戌盡九月辛卯八十九日積八十九人”。因此，從内容方面分析，簡Ⅱ 90DXTO114④：9與此兩枚簡應爲同一簡册。存疑字六應爲書佐筆誤字，確實應釋爲“九”。故釋文可完善爲：

六月餘使婢二人　七月壬戌盡六（九）月辛卯八十九日積百七十八人

Ⅱ 90DXTO114④：9

同時，通過本枚簡牘，還可復原懸泉置“奴婢出入簿”簡册文書，與此相關的釋文如下：

（16）入官大奴一人受使奴轉效穀　七月壬戌盡九月辛卯八十九日積八十九人

Ⅰ 90DXT0112②：9

（17）□□小奴轉爲使奴　七月壬戌盡九月辛卯八十九日積八十九人□

三月毋餘官小奴　Ⅱ 90DXT0114①：14

（18）□小奴轉爲使奴　七月壬戌盡九月辛卯十九日積八十九人

Ⅱ 90DXTO114④：61

（19）六月餘使婢二人　七月壬戌盡六（九）月辛卯八十九日積百七十八人

Ⅱ 90DXTO114④：9

（20）今餘使婢一人　餘積八十九人　Ⅱ 90DXTO114④：60

（21）•凡官奴婢四人　積百一十六人　Ⅱ 90DXTO114③：174

---

〔1〕甘肅簡牘博物館編：《懸泉漢簡（叁）》，第479頁。

首先，觀察圖版發現，此四枚簡的形製、長短基本一致，筆迹特征、運筆力度和方向基本相同，現以“人”“九”的寫法列表進一步做以説明：

表 4　《懸泉漢簡》“人”“九”字形對比表

人				
九				
	Ⅱ 90DXTO114 ③：174	Ⅱ 90DXTO114 ④：60	Ⅰ 90DXTO114 ④：9	Ⅱ 90DXTO114 ④：61

據以上表格和圖版對比發現，“人”“九”的寫法基本一致，此五枚簡應爲同一人書寫的簡牘文書。

其次，從文書性質和内容方面分析，這四枚簡可能屬於同一簡册。根據“七月壬戌”“九月辛卯”的時間綫索，并查閱《二十史朔閏表》，結合干支紀年法，基本可確定，此份文書形成的年代是漢成帝鴻嘉三年，即公元前 18 年。此簡册應爲漢成帝鴻嘉三年的“奴婢出入簿”的統計文書，“奴婢”指因罪没入宫或掠賣的人〔1〕。《説文・女部》：“奴，奴、婢，皆古之罪人也。”《周禮・秋官・司厲》：“其奴，男子入于罪隸，女子入于舂槀。”鄭玄注：“鄭司農云：‘今之爲奴婢，古之罪人也。’……奴，從坐而没入縣官者，男女同名。”《漢書・食貨志下》：“私鑄作泉布者，與妻子没入爲官奴婢。”可見，奴婢是因罪没入官府，以勞作服刑的人。奴婢在官府中輪流勞作，或因赦免等因素，免爲庶民，因此。奴婢的數量是隨時變動的，爲加强對奴婢這一群體的管理，其所服勞役的機構，要對接收和派出的奴婢的數量、類型、名單等都要登記在册，并按月份和季度，隨時統計懸泉置奴婢出入及剩餘的情況。

（三）釋“丅”

“丅”見於《懸泉漢簡（貳）》Ⅱ 90DXT0111 ③：8〔2〕，此簡屬於繼續延用書佐錯誤寫法的情况。整理者公布的釋文如下：

出粟二斗四斗　　　　Ⅱ 90DXT0111 ③：8

以上畫綫釋文“斗”是書佐筆誤字，整理者按照字體原樣錄出，并未改爲正字。“斗”應爲“升”，理由如下：

首先，從字形方面分析，爲“斗”。漢簡“斗”“升”寫法相似，現將《懸泉漢

〔1〕 漢語大字典編輯委員會編：《漢語大字典》，崇文書局，1992 年，第 1024 頁。

〔2〕 甘肅簡牘博物館編：《懸泉漢簡（貳）》，第 511 頁。

簡》“斗”“升”寫法列表對比如下：

表 5 《懸泉漢簡》“斗”“升”字形對比表

斗			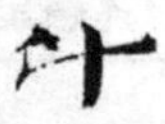	
	Ⅱ 90DXT0113 ①: 59	Ⅱ 90DXT0111 ③: 29	Ⅱ 90DXT0111 ①: 173	Ⅰ 90DXT0114 ②: 10
升				
	Ⅱ 90DXT0113 ①: 59	Ⅱ 90DXT0111 ③: 29	Ⅰ 90DXT0114 ③: 3	Ⅰ 90DXT0114 ②: 10

通過上表對比發現，“斗”字的橫畫與左側的“亻”旁不貫通，而“升”字的橫畫與左側的“亻”旁相貫通。因此，從字形上看，存疑字爲“斗”無疑。

其次，從文書内容方面分析。“出粟二斗四斗”文意不通，因爲可直接表達爲“出粟六斗”。《懸泉漢簡》中“二斗四升”的記載也較常見，如以下釋文：

（22）出粟二斗四升　以食乾齊令史宋政逐殺人賊孫憲從者一人凡二人往來人=

Ⅰ 90DXT0114 ②: 10

（23）出粟二斗四升 以食□□□　　Ⅱ 90DXT0112 ②: 27

（24）出米二斗四升　　Ⅰ 90DXT0112 ①: 112

最後，從文書格式方面分析。此簡爲“出粟簿”的一枚，文書格式爲“出粟+數量+用途”，其中數量表達方式是“幾石幾斗幾升”，而無“幾斗幾斗”的計數方法。《正字通・石部》：“石，量名。《漢志》：‘十斗曰石。’”因此，“幾石幾斗幾升”符合計量單位從高到低的使用規律。故從文書格式來看，存疑字爲“升”。

綜上，可確定書佐將“升”誤寫爲“斗”，以致文意不通，故應將釋文校正爲：

出粟二斗四斗（升）　　Ⅱ 90DXT0111 ③: 8

相關例子還有一些，如《懸泉漢簡（壹）》Ⅰ 90DXT0109S：188 的“效穀逆”的“逆”爲“廷”的誤寫[1]，《懸泉漢簡（叁）》Ⅱ 90DXTO113④: 93的“陽檄”的“陽”應爲“楊”的誤寫等[2]。

〔1〕 甘肅簡牘博物館編：《懸泉漢簡（壹）》，第 344 頁。

〔2〕 甘肅簡牘博物館編：《懸泉漢簡（叁）》，第 312 頁。

三、關於形近字的釋讀

簡牘中存在字形相近或相同的情況，李均明先生説：“簡牘中有許多音義相同而外形不同的字，他們都是本自同一個母體變形。釋讀中更值得注意的是簡牘中有許多音義不同而外形相同或相近的字，常見者如‘土’‘士’‘出’，簡牘中皆作‘土’形；‘吉’‘告’‘去’‘春’，簡牘中常作‘吉’形；‘夫’‘矢’‘先’‘失’，簡牘中常作‘夫’形。簡牘草書中的形近字更多，如‘叩’‘鄉’‘卿’‘門’‘聞’形近，‘功’‘虜’‘男’‘劾’形亦近，對上述文字的釋讀一定要通過具體句子來判斷。”[1]《懸泉漢簡》中存在形近字釋讀混淆的情況，如“吉”與“告”、“入”與“人”、“出”與“土”、“斗”與“升”、“七”與“十”、“户”與“户”、“大”與“太”等。關於形近字釋讀，《懸泉漢簡》有的予以改正，有的未做改動。對於形近字的釋讀一般根據文意和字形的細微差别來判定。現舉例試做説明：

（一）釋“ ”“ ”

“ ”“ ”見於《懸泉漢簡（貳）》Ⅱ 90DXT0111 ②：72A.B[2]，整理者公佈的釋文如下：

（25）七月丙午大守督郵史武寫重恐縣尚忽□
武在所如律令　　　　Ⅱ 90DXT0111 ②：72A

（26）督郵弘卿私印　　　　即日佐
七月戊申寺門徒六以來　卿有　　　　Ⅱ 90DXT0111 ②：72B

簡牘的 A、B 面都記有“七月”，但“七”的寫法却不相同，A 面作 ，B 面作 ，如果都爲“七”，寫法雖相似却不同。“七”與“十”是簡牘中的形近字，B 面的“七”從字形上看應爲“十”。現將同批簡牘中“七”“十”的寫法列表對比如下，以分析“七”“十”字形的區别和聯繫。

---

〔1〕 李均明：《古代簡牘》，第 148 頁。

〔2〕 甘肅簡牘博物館編：《懸泉漢簡（貳）》，第 493 頁。

表 6　懸泉漢簡“七”“十”字形對比表

七				
	Ⅱ 90DXT0111 ②：113	Ⅱ 90DXT0111 ②：116	Ⅱ 90DXT0111 ②：145	Ⅱ 90DXT0111 ②：123
十				
	Ⅱ 90DXT0111 ②：113	Ⅱ 90DXT0111 ②：116	Ⅱ 90DXT0111 ②：145	Ⅱ 90DXT0111 ②：123

表格所列“七”“十”，都是一枚簡文兩字并存的情況，通過對比發現，二者相同之處是字形相似、筆畫相同，都由横畫和竪筆組成。“七”字横長竪短，呈扁平狀；“十”字横短竪長，呈立體狀；如不細加區分，極易將二者混同。但從文意和文書性質方面看，分别釋爲七月和十月，則不符合郵書的時效性，不可能七月督郵史發出的郵件，十月才傳送到懸泉置。因此，此處兩字必有一字是書佐的筆誤字，因字形相近導致錯誤書寫的結果，可能將七誤寫爲“十”。整理者將釋文統一是正確的，應在原有寫法後，標出正確的寫法，故釋文可改爲：

七月丙午大守督郵史武寫重恐縣尚忽□

武在所如律令　　　　Ⅱ 90DXT0111 ②：72A

督郵弘卿私印　　　　即日佐

十（七）月戊申寺門徒六以來　卿有　　　　Ⅱ 90DXT0111 ②：72B

（二）釋“辨”“辦”

《懸泉漢簡》寫有“辨”“辦”的簡牘很多，現將整理者公布的“辨”“辦”字形，進行列表對比分析：

表 7　“辨”“辦”字形對比表

辨				
	Ⅰ 90DXT0110 ①：42A	Ⅰ 90DXT0114 ①：168A	Ⅱ 90DXT0111 ①：232	Ⅱ 90DXT0111 ②：61
辦				
	Ⅱ 90DXT0112 ②：57	Ⅰ 90DXT0114 ①：64B	73EJT37：762	73EJT23：196A

整理者公布的釋文中將從“刀”的字形釋爲“辨”，將從刂的字形釋爲“辦”。梳理字體演變規律發現，“辨”與“辦”在字形演變過程具有密切關係。其演變過程

爲：金文字形從刀、辡聲。從刀，指辨别事情是非；辡聲，聲兼義，指犯罪者在 法庭上的相互論辯。從刀、辡聲，表示判定争訟事件的是非。從戰國文字到楷書皆承金文作“從刀、辡聲”。隸書刀字隸變爲“刂”，爲楷書所承，在六書中屬於形聲兼會意。

三者在意義上的區别，是“辦”有“致力”的專屬意，而“辨”“辦”只有判别、判斷之意。意爲“辦，判也、别也”“辨亦判别。”[1]

因此，三者字形具有密切聯繫，漢簡中到底是“辦”還是“辨”要依據文意來判定。

（27）□主人不辨□　　Ⅰ 90DXT0114 ①：168A

□詔書

□　何致□　　Ⅰ 90DXT0114 ①：168B

（28）唯廷省察還真佐一人將馬醫主辨持馬詣佐正月見御代

Ⅱ 90DXT0111 ②：61

此處的畫綫字“辨”应爲“辦”，爲辦理、致力之意。“主辦”即主管辦理之意，雖從字形上看爲“辨”形，但從文意判斷，應爲“辦”意。可見，在漢代“辨”“辦”還未完全分化，在字形上還有相似性。

四、釋文漏釋和衍釋的情況

《懸泉漢簡》偶爾出現釋文漏釋和衍釋的情况，漏釋主要是鈎校符號的遺漏，衍釋是釋文多釋的情况。現舉例予以説明：

（一）漏釋“丿”

相關釋文見《懸泉漢簡（貳）》Ⅱ 90DXT0113①：9[2]，整理者公布的釋文如下：

宜王里公士張永年十五　户人□　敦煌　　Ⅱ 90DXT0113 ①：9

以上釋文“敦煌”後應补鈎校符號“丿”。查看圖版此简下方残断，但可見“敦煌”兩字後鈎校符號的殘迹。與存疑釋文相似的簡文還有：

步進里上造李崇年十七　户人竟　南鄉丿　　Ⅱ 90DXT0113 ①：11A

步進里簪褭李參年十六　户人褢　淵泉丿　　Ⅱ 90DXT0113 ①：36

〔1〕中華書局編輯部：《中華大字典》，中華書局，1978 年，第 265 頁。

〔2〕甘肅簡牘博物館編：《懸泉漢簡（貳）》，第 577 頁。

相關圖版分别爲，在地點“南鄉”“淵泉”後都有鉤校符號“丿”，根據簡文内容和文書格式，上引簡文與存疑簡文屬於同類性質的文書，都是户口登記簿。鉤校符號“丿”是確認符號。故釋文應改爲：

宜王里公士張永年十五　户人□　敦煌丿　　Ⅱ 90DXT0113 ①：9

懸泉漢簡還有部分簡文，存在符號缺釋、誤釋的情况，如簡Ⅱ 90DXT0113 ①：77、Ⅱ 90DXT0111 ③：11A.B、Ⅱ 90DXT0113 ②：36，整理者公布的釋文如下：

1. 宋君耐　張君政　宋君耐　侯君莊　□□□　馬君輕　男師君阿
功師君阿　侯君容　王君莊　張君政　玄　博　龍知君　張君政
功師親　邢君鄗　王君□　王君莊　玄君厶　Ⅱ 90DXT0113 ①：77

這枚簡文記録着相關人員的姓名，在畫綫字“玄博”後應有鉤校符號“丿”。查看圖版爲，應該是確認符號，故應補釋漏釋的符號“丿”。

2. 十六　十　　Ⅱ 90DXT0111 ③：11A
• 易氏……　　Ⅱ 90DXT0111 ③：11B

“易氏”前畫綫的“•”號，查看圖版爲，此處應該是個漫滅的字形而非圓點符號，故釋文應改爲：

十六　十　　Ⅱ 90DXT0111 ③：11A
易氏……　　Ⅱ 90DXT0111 ③：11B

3. 出韉五　直五百　丿……□□昌楊詡掌武罷校尉失亡當負
Ⅱ 90DXT0113 ②：36

畫綫的存疑符號“丿”，查看圖版爲，應是一個字或兩個字，而非符號。故應改釋爲：

出韉五　直五百……□□昌楊詡掌武罷校尉失亡當負　Ⅱ 90DXT0113 ②：36

（二）衍釋

釋文衍生的情况見於《懸泉漢簡（貳）》Ⅱ 90DXT0113 ①：78+80[1]，整理者公布的釋文如下：

其一詣郊部監治所一詣前大尉一詣左大尉一詣淵泉一詣冥安一詣廣埴則
出東合檄一板檄五皆文德大尉印章 十月己亥日免食時遮要御則覲勒付縣泉佐武

〔1〕 甘肅簡牘博物館編：《懸泉漢簡（貳）》，中西書局，2020 年，第 586 頁。

十月己亥日蚤食時（左側刻齒内） Ⅱ 90DXT0113 ①：78+80

此簡雖然字迹較爲潦草和模糊，但可見下方爲兩行書寫，但釋文衍释爲三行，而且在釋文内容上也有重疊。《懸泉漢簡》這種情况很少見，可能因爲整理工作非常繁複，導致排版失誤而出現的衍生釋文，故釋文應改爲：

其一詣郊部監治所一詣前大尉一詣左大尉一詣淵泉一詣冥安一詣廣垣則 出東合檄一板檄五皆文德大尉印章

十月己亥日蚤食時遮要御則䙴勒付縣泉佐武（左側刻齒内）

Ⅱ 90DXT0113 ①：78+80

五、關於簡牘形制的標識問題

《懸泉漢簡》凡例規定："每輯書末附有簡牘形制尺寸表，以供進一步研究之需。"[1]簡牘形制的標識，一般是在圖版左側釋文旁以括號形式標出，并在《簡牘形制尺寸表》備注一欄對應標出。關於簡牘形制的標識，《懸泉漢簡》釋讀存在以下三種情况：

一是在釋文及圖版旁邊以括號形式標出，但在《簡牘形制尺寸表》的備注欄未標出的情况。見於《懸泉漢簡（壹）》Ⅰ 90DXT0109 ②：4A.B[2]，整理者公布的釋文如下：

敦煌樂世里莫同田五十畝　當川 Ⅰ 90DXT0109 ②：4A

符　（右側刻齒内半字） Ⅰ 90DXT0109 ②：4B

該簡保存完整，正面刮削平整光滑，竪行書寫"敦煌樂世里莫同田五十畝，當川"，右側中段刻長斜契齒口，齒内留存墨書"符"半邊。背面不光滑，有劈裂紋。據半個"符"字看，該簡原厚 0.8 釐米，寫好後，中剖爲二，當事者各執其半；從"懸泉"二字看，該簡當爲保留在懸泉置的一半，另一半應由龍去陽持有，以便合符驗證。

從文書性質看，這枚簡是田畝名籍，記載敦煌郡所轄居民擁有田畝數量，并在簡牘側面刻有鋸齒狀的刻槽，在刻槽内書寫"符"字，以此作爲憑證，具有契約約束效力。

---

〔1〕甘肅簡牘博物館編：《懸泉漢簡（壹）》，第 1 頁。

〔2〕同上書，第 310 頁。

從簡牘形制看，簡牘側面刻有鋸齒狀的刻槽，學界通稱爲“刻齒”，“刻齒”數量及形狀具有一定的數量含義，與簡文記載的田畝數量相印證，具有防僞功能。

可能因爲刻齒中有“符”字，此簡編號爲雙面，刻齒面爲 B 面，并在圖版左側的釋文“符”後，用括號標識簡牘形制爲“右側刻齒内”，所以在《簡牘形制尺寸表》備注欄却未標出簡牘形制。

023524	Ⅰ 90DXT0109 ②：4AB	15.90	1.20	0.50	完整	紅柳	

二是在圖版和釋文旁標出簡牘形制，但在《簡牘形制尺寸表》備注欄相應標注的情况，這種情况在《懸泉漢簡》中比較常見。比如《懸泉漢簡（貳）》Ⅱ 90DXT0111 ②：140A.B，整理者公布的釋文及《簡牘形制尺寸表》的標識情况，分别如下：

步廣里馮輔宗田二頃六十畝　縣泉　上三丈　　Ⅱ 90DXT0111 ②：140A

符　（左側刻齒内）　　Ⅱ 90DXT0111：140B

027170	Ⅱ 90DXT0111 ②：140AB	15.80	0.70	0.40	完整	紅柳	（左齒）

三是在圖版和釋文旁未標出簡牘形制，但在《簡牘形制尺寸表》備注欄却標注的情况。如《懸泉漢簡（叁）》Ⅱ 90DXTO113 ③：1[1]，整理者公布的釋文如下：

鴻嘉四年二月壬辰縣泉置嗇夫敞付廣宜春里宋湯　　Ⅱ 90DXTO113 ③：1

通過以上釋文内容和圖版形制，發現圖版右側是有刻畫符號。從形制上看，應爲刻齒簡，但在釋文和圖版旁并未標識，而在《簡牘形制尺寸表》備注欄却予以標注。

序號	簡號	長度	寬度	厚度	完殘	質地	備注
028171	Ⅱ 90DXT0113 ③：1	17.00	1.00	0.30	上殘	紅柳	鴻嘉四年（左齒）

總之，由於簡牘整理工作非常繁雜，出現少量的釋讀問題在所難免，但瑕不掩瑜，因爲整理者的辛勤付出，使《懸泉漢簡》成爲學界研究的重要材料。本文不揣冒昧，對《懸泉漢簡》相關釋文做以校補，论述不當之處，敬請方家批評指正。

〔1〕 甘肅簡牘博物館編：《懸泉漢簡（叁）》，第 290 頁。

On the interpretation of *XuanQuan Bamboo Slips of Han Dynasty*

Chen Songmei

Abstract: The accurate interpretation material of bamboo slips is the foundation of the study of bamboo slips, the XuanQuan bamboo slips have undergone a series of complicated and detailed works, such as archaeological excavation, careful arrangement, scientific numbering, careful photography and repeated interpretation. Since the end of 2019, *XuanQuan Bamboo Slips of Han Dynasty* has been published in four volumes and become valuable materials for academic research. Due to the busy administrative affairs of the XuanQuan in the Han dynasty and the different writing levels of the book and its companion, it was inevitable that there would be writing errors, there are some problems in *XuanQuan Bamboo Slips of Han Dynasty*, such as misinterpretation, omission and derivation of the characters written by Shuzuo. This paper discusses the interpretation of *XuanQuan Bamboo Slips of Han Dynasty* and makes some corrections to the relevant interpretations, in order to make the interpretations of these precious bamboo slips more accurate and uniform.

Keywords: *XuanQuan Bamboo Slips of Han Dynasty*　interpretation　make good omissions

（陳松梅　四川警察學院）

秦簡治鼠“垤穴”補證

——兼説《詩經》“穹窒熏鼠”

高啓安

提　要：先秦治鼠方式有“熏鼠”“塞穴（寘穴）”“垤穴”幾種。歷代將“垤穴”均視爲“封鼠穴”。但究竟用何材料去封？如何封？前人却少措意。

民間有一種治鼠方法：就是用流沙在鼠穴口壘成像墳墓封土一樣的沙堆，老鼠在開挖被封的出口時，沙土不斷被刨到鼠後洞内，堵塞鼠之退路，而沙土不斷涌入，最終老鼠會被封堵窒息而死。此或即“塞穴”、“寘穴”、“垤穴”類治鼠方式。

民間還有一種熏鼠方式，即用一種狀似倒扣漏斗的鑄鐵，在穹隆中裝入麥草等燃料，倒扣在鼠洞上，細端連接鼓風皮囊，將烟送入鼠洞。此方法可能即先秦熏鼠方式。先秦時已産生皮囊鼓風技術。

關鍵詞：塞穴　垤穴　熏鼠　補證

天水放馬灘秦簡《日書》甲種載有一種堵塞鼠穴的方法“·凡可塞穴置鼠潞困日，雖（唯）十二月子、五月六月辛卯，皆可以爲鼠”（簡 73）

“正月壬子塞穴，鼠弗居。”簡 71[1]

周家台秦簡《病方及其他》也有一條關於治鼠的簡文：“以壬辰，己巳、卯溉困垤穴，鼠弗穿。”簡 371[2]

《詩經·豳風·七月》有“穹窒熏鼠，塞向墐户”語，《詩經·豳風·東山》有“灑埽穹窒”語，可證先秦時期，治鼠就是一項與人類生産、生活密切相關的重要工作。

曹方向《試説秦簡“垤穴”及出土文獻所見治鼠措施》[3]一文，將放馬灘 73 簡

〔1〕甘肅省文物考古研究所編《秦漢簡牘論文集》，甘肅人民出版社，1989，第 6 頁。

〔2〕湖北省荆州市周梁玉橋遺址博物館《關沮秦漢墓簡牘》，中華書局，2001，第 135 頁。

〔3〕曹方向《試説秦簡“垤穴”及出土文獻所見治鼠措施》http://www.bsm.org.cn/show_article.php?id=1126《簡帛網》2009 年 8 月 4 日。

圖一[1]　　圖二[2]

[1] 甘肅省文物考古研究所編《天水放馬灘秦簡》，中華書局，2009，第14頁。

[2] 湖北省荊州市周梁玉橋遺址博物館《關沮秦漢墓簡牘》，中華書局，2001，第54頁。

之“塞穴”，辨識爲“置穴”，并從多方面對此治鼠方式之一的“垤穴”作了充分論述。根據《説文解字》《廣雅》《方言》《埤倉》等文獻及其注釋，認爲“垤”即“封場”，“場”即“壤”，即“鼠垤”，“垤”又與“封、坻”義同，均有堵塞含義在内。“‘垤穴’表示堵塞孔穴。作爲另一種可能，‘垤’可能讀爲‘窒’。簡文‘垤穴’乃堵塞孔穴一類的意思。”并引《詩經·豳風·七月》“穹窒熏鼠”，《詩經·豳風·東山》“灑埽穹窒”，鄭箋謂：“穹，窮；窒，塞；灑，灑；埽，拚也。穹窒，鼠穴也。”“垤穴”即“窒鼠穴”也。故作者認爲：“‘塞穴’、‘窴穴’、‘垤穴’意思均相近，都是針對房舍或囷倉出現鼠蟲的孔穴後采取的補救措施。”天水放馬灘秦簡中的“窴穴”亦即“垤穴”。

其説的是。

惟對如何“封穴”“塞穴”“垤穴”的方式未做進一步探討。作者引用《農政全書》卷二十三“夫農家貯穀之屋，……内外材木露者悉宜灰泥塗飾”和《授時通考》卷五十七“泥塗其内，草苫於上”兩條材料，只是塗抹儲藏糧食的倉囷外露材木，以免鼠害。

那麽，究竟用哪種方式堵塞鼠穴呢?

曹文所論啓發了筆者，筆者想起了在生産隊勞動時，曾與老農一起治鼠的經歷。其中一種方法，或許就是真正的“垤穴”。

某日夏秋之際，當時筆者十幾歲（筆者家鄉位於甘肅省景泰縣），暑假勞動時曾被派遣與一老農去地頭、埂子上去治鼠。

治鼠方式很簡單，但與“垤穴”有關，就是用鐵鍬端來流沙，將細沙在鼠穴口壘成像墳墓封土一樣的沙堆（穹隆）。曾問老農，這樣能堵住鼠洞嗎?回答是老鼠在開挖被封的出口時，沙土不斷被刨流到鼠後洞内，即堵住了鼠之退路，而沙土不斷涌入，最終老鼠會被堵死、窒息死。老農一下午用阿偶熏鼠（見下文），而筆者則被分派做堆沙的工作。在這之前，就已經發現田間地頭有許多小沙堆，這才理解這些小沙堆原來都是治鼠的。“垤穴”、“穹窒”，恐怕就是指以形狀像穹隆的沙堆“塞穴”“窴穴”“垤穴”類治鼠方式。

我們知道，老鼠生來會打洞。人類在和鼠患長期鬥争中，已經掌握了老鼠的一些習性。如果只是簡單地將洞口封死，即便將許多出口都封死，老鼠也會在洞口旁重新開口，起不到治鼠的作用。但用流沙，就不一樣了。老鼠會先嘗試將洞口挖開，但在嘗試過程中，上了人類的當。既不能將不斷涌入的流沙運送到身後，又必須面對不斷涌入的流沙，這樣，結果是自己被擁窒息而死（圖三）。這是人類防止鼠患的經驗積累，而且簡便易行，幾乎不受條件制約。

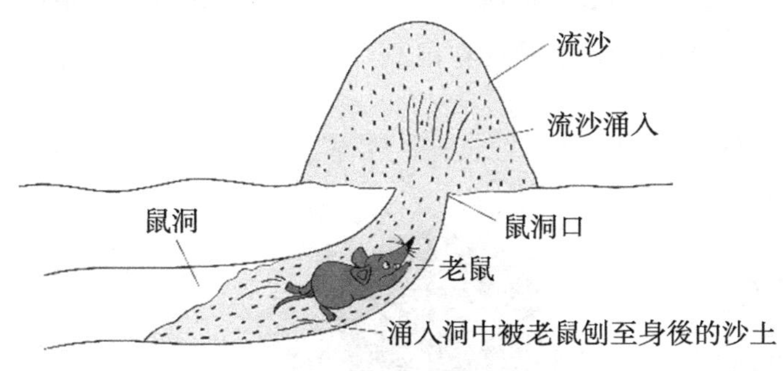

圖三（龐穎繪圖）

《詩經・豳風・七月》："穹窒熏鼠，塞向墐户。"孔穎達正義謂："大寒將至，故穹塞其室之孔穴，熏鼠令出其窟，塞北出之，向墐塗荆竹所織之户，使令室無隙孔，寒氣不入。""窒，塞。釋言文以窒是塞，故穹爲窮，言窮盡塞其窟穴也。"[1]孔穎達解"穹"爲"窮"，未言以何種方式"塞其室之孔穴"，所謂"穹窒"者，恐正與上述在鼠洞上方堆沙如同封土以擁堵死鼠也。

"穹"，《説文》解爲"窮也"。段玉裁注："窘也。窘者，極也。《豳風》：穹窒熏鼠。《毛傳》曰：穹，窮，窒塞也。穹窮雙聲。《大雅》：以念穹蒼。釋天，《毛傳》皆曰：穹蒼，蒼天也。按穹蒼者，謂蒼天難窮極也。韗人爲皋陶，穹者三之一。注謂：鼓木腹穹隆，居鼓三之一。今人皆謂高爲穹隆。"則"穹"有空鼓、隆起之義。故後世謂帳篷爲"穹廬"。

《詩經・豳風・東山》"灑掃穹窒"句，歷來將"窒"解讀爲"灑掃房舍塞鼠洞"。

曹文謂"'垤'可能讀爲窒"，有窒息之意，正與以沙堆蓋鼠穴的效果相同。

如此，《詩經・豳風・七月》"穹窒熏鼠"之"穹"不當爲"窮"講，或有"穹隆"的意思，就是用堆沙堆的方式以治鼠。而鄭玄謂"穹垤鼠穴"亦恐正是民間這種以沙堆擁堵治鼠法。

果如是，則此法已經使用了兩千多年。

另一種治鼠法是用工具熏鼠。

熏鼠的工具，我們當地叫"阿偶"（不知該寫哪兩字），一個狀似倒扣漏斗的鑄鐵，使用時，在穹隆中裝入麥草等燃料（有時爲了製造烟霧效果，要在燃料上稍稍

〔1〕［清］阮元輯《十三經注疏》，中華書局，1980年，第391頁。

噴點水），麥草要填實，點燃，但不使其燃明火，倒扣在鼠洞上，細端則連接助氧鼓風皮囊，將烟送入鼠洞。看到周圍的其他出口開始冒烟時，用鐵鍬鏟土加以堵塞。第二天，挖開洞口，常有老鼠被熏死在鼠洞口。如圖四、圖五、圖六：

圖四

圖五[1]

圖六

我當年使用用於鼓風助氧的皮囊，是用一完整的羊皮之前半，經去毛鞣制柔軟後，在脖頸處固定一木制的筒，用時伸入阿偶的通孔中，鼓風皮囊開口一端挽緊兩個木板，用時一手持，來回運動，拉伸時張開木板容納空氣；回縮時捏緊木板，壓縮空氣通過木筒、阿偶的筒中，輸入到燃料室中以助氧，在鼓風的壓力下，燃燒時產生的烟毒進入鼠洞。圖七：

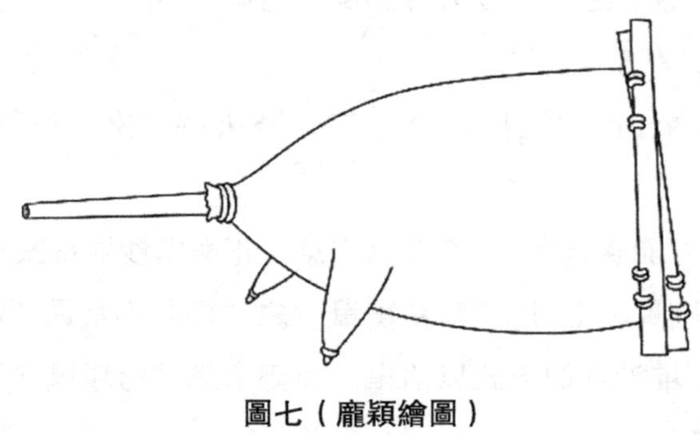

圖七（龐穎繪圖）

甘肅省民樂縣金山博物館收藏有一套用於熏鼠的阿偶和渾脱鼓風皮囊，阿偶樣式與前稍有不同，"阿偶"由鑄鐵焊接而成，當地稱作"烟鍋"；鼓風渾脱皮囊由半個囫圇山羊皮製成，用時鏈接在皮囊上的金屬筒直接插入阿偶的孔中，鼓風助氧。遺憾地是一端用於抓握的兩塊木板掉了。如圖八、圖九：

〔1〕景泰黄河石林博物館收藏，李明東提供圖片。

圖八

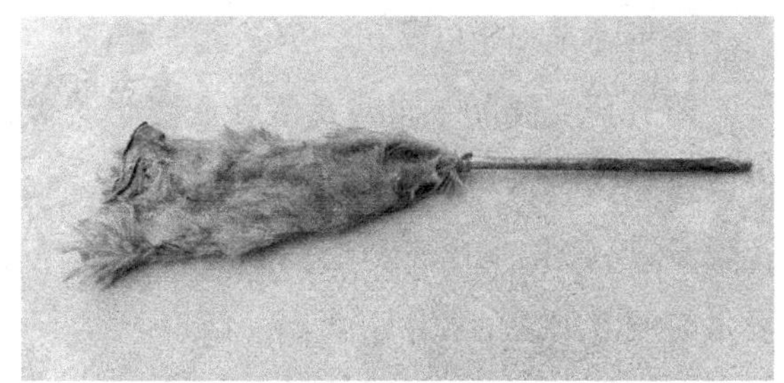
圖九[1]

民間還有用沙陶製作"阿偶"以滅鼠者，雖然形狀稍异，但原理完全相同。如圖十、圖十一：

圖十

圖十一[2]

存世的鼓風皮囊樣式多矣。一些民俗博物館收藏有兩塊木板中間縫製皮囊以鼓風的樣式。如甘肅張掖西部民俗博覽園收藏的鼓風皮囊（圖十二、圖十三）：

圖十二

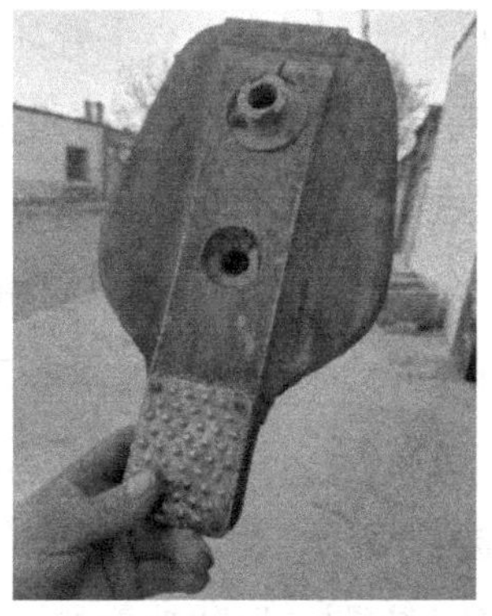
圖十三[3]

〔1〕民樂縣金山博物館收藏，陳之偉提供圖片。

〔2〕甘肅省民樂縣金山博物館收藏用于熏鼠的風箱和"烟鍋"。圖片由陳之偉先生提供。

〔3〕張掖西部民俗博覽園所收藏鼓風皮囊。

雖不一定都用以熏鼠，但其原理相同。

關於“阿偶”一詞，我懷疑是個非漢語詞匯。“阿偶”表面看上去像個象聲詞，但熏鼠時它發出的聲音并非“阿偶”，字面意思無解。問詢蒙古族學者，説“阿偶”很像是蒙古語“Ahyi”，這個詞有“洞”“洞穴”“刀銷”的意思，差可表意鼓風皮囊木筒伸入阿偶的腔中。可爲一解。

上揭孔穎達疏正“熏鼠令出其窟”，未言以何種方式、何工具熏鼠。鼠在洞中，房間加烟火必不能“熏鼠令出其窟”，達到熏鼠效果。因此，熏鼠，必然借助於某種工具，將烟送入鼠洞。《詩經·豳風》之“穹窒熏鼠”，或者就是“阿偶”類熏鼠方式。《詩經》的時代，以渾脱皮囊鼓風技術已然産生。

最早的容積型鼓風器就是皮囊。

元人吴澄注《道德經》“天地之間，其猶橐籥乎！虚而不屈，動而愈出”謂：“橐籥，冶鑄所用，嘘風熾火之器也。爲函以周罩於外者，橐也；爲轄以鼓扇於内者，籥也。”〔1〕這是一種用於鼓風的風箱。

《墨子》多處記載以橐鼓風助氧，雖用於軍事，但其原理與熏鼠相同：“救闉池者，以火與争，鼓橐。馮埴外内，以柴爲燔。”

此節，岑仲勉先生注謂：“《淮南子·本經訓》：‘鼓橐吹埵，以消銅鐵。’高誘注：‘橐、冶爐，排橐也。’又《文選》注：‘橐，冶鑄者用以吹火使炎熾。’則橐即風箱。”〔2〕

“令陶者爲瓦竇，長二尺五寸，六圍，中判之，合而施之穴中，偃一、覆一，善塗其竇際，勿令泄，兩旁［瓬］皆如此，與穴俱前，下迫地，置康若䗬［疾］其中，勿滿，䗬［疾］、康長五竇，左右俱雜，相如也。穴内口爲灶，令如窑，令容七八員艾，左右竇皆如此，灶用四橐。”〔3〕

此節詳述“橐事”之構造與使用方法。與後世“阿偶”熏鼠方式稍异。其中的“瓦竇”即如後世“阿偶”之通風管道，所不同者，烟道内也少置燃料（“置康若䗬［疾］其中，勿滿”），以增加烟之濃度。因在“瓦竇”（烟道）中要放置一些燃料，所以，其構造爲兩半，用時合而爲筒；“穴内口爲灶，令如窑，令容七八員艾”，即阿偶容納燃料之空間，形狀功能如同“窑”；“橐”即鼓風之皮囊。

〔1〕［元］吴澄著、黄曙輝點校：《道德真經注》，中國書店，2018，第8頁。

〔2〕岑仲勉《墨子城守各篇簡注》，中華書局，1958，第32—33頁。

〔3〕同上書，第56—57頁。

“斬艾與柴，長尺，乃置窑竈中，先壘窑壁，迎穴爲連版，趣狀柴其中，置艾其上七八員，盆蓋其口，毋令烟上泄，旁立槖，疾鼓之。”岑仲勉先生注謂：“此再詳竈熏敵之設備。……今北方習俗須要打竈，壘壁者打竈之謂。”〔1〕

出現以皮囊鼓風助氧技術可能更早。

2015 年，考古工作者在河南安陽都城遺址洹北商城考古發掘時，發現了 6 件商周時期鑄銅生産的專用熔銅工具——鼓風嘴等遺物。6 件陶質鼓風嘴長約 5 釐米，鼓風嘴一端與皮囊連接，用於往窑爐裏鼓風輸氧，以使燃料加速燃燒增加爐温。〔2〕

顯然，先秦時期出現類似阿偶方式熏鼠器具與技術，殆無疑義。只是文獻資料、漢代畫像石圖像資料等（圖十四），將這一技術記在冶煉金屬上而已。

圖十四〔3〕

Supplementary Proofs about Qin Slips of Deratization Method named Die Xue (垤穴): Besides a method of suffocate rats record in *The Book of Songs*

Gao Qi’an

Abstract: Choke rats by smoke or seal their holes are the deratization methods as early as the pre-Qin. But how did it and what kinds of materials are used to seal are barely mentioned.

There is a folk way to exterminate rats: to seal their holes by sandpile. When rats excavates the sealed exit, the sand is constantly dug into the hole behind the rats, blocking the retreat of the rats, and the sand keeps pouring in, and eventually the rat will be blocked and suffocated. This may be called Saixue, Tianxue or Diexue.

〔1〕 岑仲勉《墨子城守各篇簡注》，中華書局，1958，第 65 頁。

〔2〕 華夏經緯網 2016-01-26 10:39:13http://last.huaxia.com/xw/zhxw/2016/01/4707226.html。

〔3〕 山東藤縣漢墓畫像石用于冶煉的皮囊鼓風圖。《中國畫像石全集》編輯委員會編《中國畫像石全集 2 · 山東畫像石》，山東美術出版社，2000，第 185 頁，第 192 圖（局部）。

There is also a folk way to suffocate rats. A shaped inverted funnel made by iron is filled with wheat grass and other fuels, upside down on the rat hole. Its thin end connect with the drum skin. The smoke will float into the rats hole. The skin bag drum wind technology has produced back Pre-Qin period.

Keywords: Saixue　Tianxue　Diexue　Supplementary Proofs

（高啓安　河西學院歷史文化與旅游學院）

敦煌漢簡163號簡考釋*

任　攀

提　要：敦煌漢簡163號簡舊釋“羽觴”的“羽”當改釋爲“加”。簡文後半當斷讀爲：“新歲更慶，願爲厶加觴，永享禮。”該簡屬於書信片段，結合簡文前半，可知後半的意思是：慶賀新年的時候，祈願對方爲自己加觴（從己方來説就是舉觴遥祝），長久地享受自己的禮敬。該簡極可能屬於漢代的賀年拜帖，是研究漢代風俗禮制的重要資料。

關鍵詞：敦煌漢簡　羽觴　加觴

白軍鵬《敦煌漢簡校釋》一書對敦煌漢簡的釋文作了全面校理，反映了學界辨釋敦煌漢簡文字的研究歷程和最新水平，書中163號簡釋文作：

> 迫不得奉觴，踰想而已。新歲更慶，願爲厶羽觴永享禮。

“羽”字下校記説：“各家均釋‘羽’，然字作‘’，釋‘羽’似尚可疑。”[1]張德芳《敦煌馬圈灣漢簡集釋》“集解”云：

> 羽觴永享，亦祝福語。羽觴亦酒器。《漢書·外戚傳》：“顧左右兮和顔，酌羽觴兮銷憂。”孟康曰：“羽觴，爵也，作生爵形，有頭尾羽翼。”[2]

將“羽觴永享”連讀，頗爲牽强。

所謂“羽”字，從字形上看没有問題可釋爲“加”。簡文後半文字當斷讀爲“新歲更慶，願爲厶加觴，永享禮”。“加觴”連讀，過去學者没有釋出“加”字，或是看到此語在古書中的用例稍晚，或是不明簡文的含義。本文試加辨析。

古書中“加觴”較早見於晋陳壽《三國志·魏書·管寧傳》：“寧少而喪母，不識形象，常特加觴，泫然流涕。”[3]其實跟漢簡的年代相距也并不遠。北宋晏殊《晏

* 本文爲國家社科基金冷門絶學和國别史等研究專項“漢晋簡牘名物詞整理與研究”（批准號：19VJX091）、國家社科基金冷門絶學研究專項學術團隊項目“中國出土典籍的分類整理與綜合研究”（批准號：20VJXT018）的階段性成果。

〔1〕白軍鵬：《敦煌漢簡校釋》，上海古籍出版社，2018年，第203頁。

〔2〕張德芳著：《敦煌馬圈灣漢簡集釋》，甘肅文化出版社，2013年，第415頁。

〔3〕［晋］陳壽撰，［南朝宋］裴松之注，陳乃乾校點：《三國志·魏書·王烈傳》，中華書局，1982年，第358頁。

元獻公類要》卷二十六《鄉間高士》下引作“每祭加觴，泣然流涕。”〔1〕晚一點有南宋洪邁《容齋隨筆·四筆·雷公炮炙論》：“益食加觴，須煎蘆、朴。”〔2〕這些應該都是説自己加觴。再晚一點的“加觴”用例多出現在祝壽文中，己方“奉觴”“稱觴”“舉觴”爲壽，勸勉祈請對方加觴。譬如，明李應昇《落落齋遺集》卷十《壽丘龍翁年伯敘》載：“乃舉觴遥祝曰：‘伯氏其加觴乎！’”〔3〕這是壽敘作者遥祝祈請對方加觴。明葉向高《蒼霞草》卷七《王母七十壽序》載：“計太夫人感念疇昔，必喜爲康國加觴！”〔4〕這是友人爲王康國老母所作七十壽序中説她必喜爲其子加觴。清沈壽民《姑山遺集》卷十三《梅無猶先生五秩壽序》載：“復前再拜請曰：‘有是哉，先生可以粲然加觴矣。’”〔5〕同書卷十四《邵徵君八十壽序》載：“先生其姑撫今朕昔，爲我加觴乎哉。”〔6〕這都是在壽序中祈請對方加觴。

敦煌漢簡 163 號簡是書信片段，“厶”指代私名，其中“願爲厶加觴”跟後世的“爲我加觴”顯然是一回事。簡文前面“迫不得奉觴，踰想而已”是説不能當面奉觴，遠遠地想念而已，後面祈請對方“加觴”也是舉觴遥祝。古書中與簡文“踰想”之“踰”用法相同的“踰”，古注或讀爲“遥”。譬如，《漢書·陳湯傳》“卒興師奔逝，横厲烏孫，踰集都賴”顔師古注：“踰讀曰遥。”〔7〕《後漢書·馮衍傳》“陟隴山以踰望兮”李賢注：“踰猶遥也，古字通。”〔8〕這説明二字在音義上有密切關係。看來，舉觴遥祝的風俗至遲在漢代民間即已出現，只不過不見於早期文獻記載，晚至明清文獻中才見到類似記載。這應該是早期民間文獻未能流傳下來的緣故。

簡文後半“新歲更慶，願爲厶加觴，永享禮”後不能確定是否接續其他内容，

---

〔1〕［宋］晏殊：《晏元獻公類要》卷二十六，《四庫全書存目叢書·子部一六七》影清鈔本，齊魯書社，1995 年，第 161 頁。

〔2〕［宋］洪邁撰，孔凡禮點校：《容齋隨筆·四筆·卷三·雷公炮炙論》，中華書局，2005 年，第 663 頁。

〔3〕［明］李應昇撰：《落落齋遺集》卷十，《四庫禁毁書叢刊·集部第五〇册》影明崇禎刻本，北京出版社，2002 年，第 332 頁。

〔4〕［明］葉向高撰：《蒼霞草》卷七，《四庫禁毁書叢刊·集部第一二四册》影明萬曆刻本，北京出版社，2002 年，第 189 頁。

〔5〕［清］沈壽民撰：《姑山遺集》卷十三，《四庫禁毁書叢刊·集部第一一九册》影清康熙有本堂刻本，北京出版社，2002 年，第 144 頁。

〔6〕［清］沈壽民撰：《姑山遺集》卷十四，第 171 頁。

〔7〕［漢］班固著，唐·顔師古注，中華書局編輯部點校：《漢書·陳湯傳》，中華書局，1962 年，第 3022 頁。

〔8〕［南朝宋］范曄撰，［唐］李賢等注，中華書局編輯部點校：《後漢書·馮衍傳》，中華書局，1965 年，第 990—991 頁。

不過若至“永享禮”爲句，似乎也文意已足。這句話是説慶賀新年的時候，祈願對方爲自己加觴（從己方來説，就是自己舉觴遥祝之義），長久地享受自己的禮敬。祈請别人加觴就是請人加飲一點酒的意思。周人就有以酒祈壽的風俗，如《詩經·豳風·七月》云：“十月穫稻，爲此春酒，以介眉壽。”〔1〕至漢代更常以酒敬老祝壽，以酒演禮。《漢書·食貨志》載羲和魯匡言：“酒者，天之美禄，帝王所以頤養天下，享祀祈福，扶衰養疾。百禮之會，非酒不行。”〔2〕

敦煌漢簡 163 號簡極可能屬於漢代的賀年拜帖，是研究漢代風俗禮制的重要資料。

Textual Research on Dunhuang Bamboo Slips No.163 of Han Dynasty

Ren Pan

Abstract: There is a Chinese character misinterpreted as “羽 (yu)” in 163 bamboo slips of Dunhuang Han Dynasty, which should be interpreted as “加 (jia)” . The 163 slips belong to the fragment of a letter. The meaning of the letter is that in the New Year, the recipient was prayed to drink a glass of wine for the sender, and enjoying the respect of the sender for a long time. This bamboo slip is likely to belong to the Han Dynasty’s New Year’s greeting post, which is an important material for studying the customs and rituals of the Han Dynasty.

Keywords: Dunhuang Han Dynasty bamboo slips　Yushang (羽觴)　Jiashang (加觴)

（任攀　復旦大學出土文獻與古文字研究中心、
“古文字與中華文明傳承發展工程”協同攻關創新平臺）

〔1〕［清］阮元校刻：《十三經注疏·毛詩正義》，中華書局，2009 年，第 835 頁。

〔2〕［漢］班固著，［唐］顔師古注，中華書局編輯部點校：《漢書·食貨志第四下》，中華書局，1962 年，第 1182 頁。

《説文解字》注音釋義研究録要*

蔣冀騁　常天宇

提　要：用形音義綜合考察的方法，對《説文》"匈""苟""底""庶""厎""厲""碬""硠""誓"等9個字的注音釋義做了進一步審察。以古音研究的最新成果解釋聲符、讀若與後世讀音的矛盾，以後世反切和現代方言證其語音演變，以同源字證明聲符和詞義的理據，以文獻用例和後世解釋證其釋語以及後世注解之當否。或出己見，或於諸説中擇善而從，并加以證明，説明理由。

關鍵詞：《説文》　注音　釋義　解釋

《説文》的注音釋義，有清一代的研究進入了高峰，就當時的學術環境來説，其成就已達到了頂點，所謂皜皜乎不可尚矣。但隨着時代的進步，學術的發展，出土文獻的出現，一些結論需要重新審視。下面是我們讀《説文》時的一些想法，録之以求教方家。

（1）匈，《説文》："聲也。从勹，凶聲。肙，匈或从肉。"（許容切，第188頁）

小徐本訓爲"膺也"。隸書下部肉與耳形近，故膺譌爲聲。《説文》研究者皆从小徐的説解。段玉裁説："肉部曰：膺，匈也。二篆爲轉注。膺自其外言之，無不當也。匈自其中言之，無不容也。無不容，故从勹。"按，段説甚是。唐宋人引《説文》皆作"胷，膺也"，無作"胷，聲也"者。慧琳《一切經音義》七次引《説文》皆如此。卷1"匈臆"："《説文》：胷，膺也。"卷38"胭匈"："《説文》：匈，膺也。从勹凶聲。經从肉作胷，亦共用也。"卷50"臍胷"："《考聲》云：胷，膺也。《説文》同。亦作匈字，下从肉，上从凶也。"卷65"擗匈"："下勗恭反，《説文》：匈，膺也。"卷74"胭匈"："下勗恭反，《博雅》：匈，臆也。《説文》：膺也。从勹从凶。"卷76"拊匈"："下籲邕反，《説文》：匈，膺也。从勹凶聲。"卷93"胷襟"："上音凶，《説文》：膺也。或作匈，亦通也。"希麟《續一切經音義》五次引《説文》亦如此，卷2、卷4、卷5、卷10皆有"胸臆"一詞，皆引《説文》云："胷，膺也。"

* 基金項目：重大招標課題《中國古代語文辭書注音釋義綜合研究》（12&ZD184）。

卷四“槌胷”亦引《説文》云：“胷，膺也。”皆可爲小徐本佐證。

從字的或體來看，字从肉凶聲作𦙄，从肉，言其質地。正篆从勹凶聲，勹，象人形，言其形體（《説文》“勹”部的字分兩類，一與勻旬相關，一與人形相關。《説文》混而一之[1]）。取象不同，其實則一。从肉的𦙄不可能訓爲聲。

> （2）苟，《説文》：“自急敕也。从羊省，从包省。从口，口猶慎言也。从羊，羊與義、善、美同意。凡苟之屬皆从苟。[古文字形]古文羊不省。”（己力切，第188頁）

苟與从艸句聲的苟不是一字，“自急敕”之訓也未見諸經傳。段玉裁説：“急與苟雙聲，敕與苟疊韻。急者，褊也。敕者，誡也。此字不見經典，惟《釋詁》：‘寁駿肅亟遄，速也。’《釋文》云：‘亟字又作苟，同。居力反。經典亦作棘，同。’是其證，可謂一字千金矣。而《通志堂》刻乃改爲急字。蓋誤認爲从艸之苟也，急不得反居力，與亟棘音大殊，幸抱經堂刻正之。或欲易《禮經》之苟敬爲苟，則又繆。〇《小雅·六月》古作‘我是用戒’，亦作‘我是用棘’，俗本改作‘急’，與‘飭服國’不韻。正同此。”

按，這種解釋很勉强。“自急敕”的結構中心詞是敕，而不是急，經籍未見用苟爲敕者，故這種訓釋值得懷疑。徐灝《説文段注箋》：“疑此即古敬字，春秋史苟唐苟蓋用此爲名。”徐氏僅憑《説文》，就提出苟即古敬字的觀點，儘管没有論證，但其觀點值得重視。饒炯《説文部首訂》：“急敕義爲敬。《儀禮·聘禮》：‘賓爲苟敬’，而以二字連文者，蓋析稱之曰苟曰敬，纍稱之曰苟敬也。苟敬雙聲，義得互借。《方言》云：‘自南而西秦晋之間，凡相敬愛謂之亟。’……然則敬从而加攴，音義相同，固是一字矣。”饒氏謂苟敬一字與徐氏同，但又言“急敕義爲敬”，則是維護許氏説釋，將“急敕”與“敬”勾連起來，既維護許，又提出新見。但急敕是“急急/急忙告誡”的意思，與敬没有必然聯繫，饒氏説“苟敬一字”是，説“急敕義爲敬”則未必是。

甲骨文有[古文字形]、[古文字形]等字，金文有[古文字形]、[古文字形]、[古文字形]等字，研究者釋爲苟，其意象有不同的解釋。

1. 或以爲與敬同字。

吴大澂《説文古籀補》：“[古文字形]，古敬字，象人共手致敬也。盂鼎。”按共手即拱

---

〔1〕唐蘭、于省吾均認爲《説文》將勹與旬的古文混而爲一，但論證不同。于氏説似更可信。見李圃主編《古文字詁林》第8册，上海教育出版社，2003年，第136—138頁。

手。拱手，手應向上。此形手朝下，不象拱手之形，而象手下垂之形。雙手下垂，也是敬的表現。

林義光《文源》："古作□（盂鼎）、□（太保彝），皆用爲敬字，从人美（丫，美省），或作□（師虎敦），从口（轉注）。茍（非苟字）爲急敕，未有他證。急敕之義，由勹口而生，茍本不从勹口，實與敬同字。"按，人美與敬没有必然聯繫，且丫未必就是美省，羊省更有可能。

于省吾《釋羌、茍、敬、美》："舊説以茍爲敬的初文是對的，但還不知道羌、茍、敬三字在形音義上的孳化關係。……在初文中，□、□與羌往往混而不别，後遂漸致歧化，□象人側立而戴角，□象人跪以戴角。古人之跪與坐相似而有别，朱駿聲《説文通訓定聲》居字下注：'凡足底着席而下其臀聳其膝曰蹲踞，若臀着席而伸其兩足於前曰箕踞，膝着席而聳其體曰跪，下其臀曰坐。'按今日本女子曲膝而臀着於足以坐，猶存古禮。若臀稍離於足而聳直其身謂之跪。某些少數民族的巫師在作法禮神時，戴角而跪，以示虔恭，□之所以爲敬之初文者，也即此意。周初器《大保簋》'克敬亡遺'之敬作□，□即□，只其所戴之角形由折畫變成圓畫而已。□孳乳从口，也即後世茍字。……羌字的初形係獨體象形字，它的上部象羊角形（《説文》訓□爲羊角，讀若乖，乃後起字），因而帶有羊聲，羌羊疊韻。……以契文驗之，羌字偶有屈膝以跽作□形者，後遂逐漸演化爲茍爲敬，茍與敬本應从羌聲。"

2．或以爲象繩之形。徐同柏《從古堂款識學》："字作□，象繩之形。"繩與"急敕"没有關係，與"敬"也没有關係，字形也不象繩，故此説不可信。

3．或以爲狗之初文。郭沫若《兩周金文辭大系考釋》："芍即《説文》茍之重文作□者之省，殷周古文多省口作。其在卜辭屢用爲牲祭，與羊牢同例。又用爲沃甲之沃，由沃以得其音，由牲以得其義，更由字以得其形。知是狗之初文，象貼耳人立之形。其从口作者乃以口爲聲，譌變而爲㺃字，形失而音尚存也。（卜辭又屢見'芍若干人'之文，則狗讀爲辜，或釋爲羌若干人，非是）其在金文則大盂鼎、大保𣪕均用爲敬。蓋敬者警也，自來用狗以警衛，故用狗形之文以爲敬，猶箕帚爲婦職，故婦字从帚，而古文且直用帚以爲婦也。《説文》訓茍爲'自急敕也'，即此孳乳之義，後人因字廢而不得其讀，乃由'急敕'之義以揣其音作'己力切'，實屬莫須有之事。（近人有以爲即亟字者，尤屬皮傅。大盂鼎有芍字，復有从亟之遯字，二者迥然有别。）"

商承祚説與郭同。《説文中之古文考》："此當爲'叩氣吠以守'之狗之初文。其形有兩耳，从口者，吠氣誼也。許云从羊，失之。"

陳獨秀《小學識字教本》:“茍爲狗之初文。……《説文》云:‘苟，艸也。从艸，句聲。’隸變作苟。‘狗，从犬，句聲。’隸變作狗。‘茍，自急敕也。从羊省，从包省。从口，口猶慎言也。从羊，羊與義、善、美同意。’隸變作茍。是分一字而爲三也。《説文》解茍篆迂曲難通，苟艸不言何艸，亦無苟且之義。苟从艸，蓋□之譌形，□象狗耳，句喻曲尾，是即狗也，非艸名。茍象狗向人敬跽（故敬从茍，狗性機警，故驚警亦从茍）乞食形。上象兩耳，非从羊省，从口，謂張口受食，故用爲苟且字。茍專用爲苟且字，故加犬作□，或别作狗。”徐中舒《甲骨文字典》亦同此説。

按，狗的耳朵没有這麼長這麼大，狗之初文説與字形□、□、□不合，尤其是□字，上部的兩個分叉絶不像狗耳，其軀幹也與犬狗之形不相近。形即不似，則此説不可信。

4. 警之初文，敬之初文。馬敘倫《説文解字六書疏證》:“茍爲警之初文。从口，□聲，□羌姜皆一字。姜音見紐，故茍音亦入見紐。古文作□，从口，羌聲，其明證也。茍亦敬之初文，以口相戒故从口，以對敵者施以攻擊，故从攴（亦或敬是敂之轉注字）作敬。金文敬作□者，省形存聲耳。”朱芳圃《殷周文字釋叢》:“字从羌从口會意，羌爲牧羊人，口示吆喝，合之謂牧人警敕羊群。許君訓‘自急敕’，引申之義也。”[1]

此説有一定道理。《周書·謚法解》:“夙夜警戒曰敬。”《釋名》:“敬，警也。恒自肅警也。”則敬與警同源，而敬與茍一字，故茍與警也同源。警應是茍的分化字。

今按，甲骨文的□、□等字象戴角側立之人形，實爲羌字（羌族的圖騰是羊，故戴羊角），甲文之□、□，象戴角跽跪之人形，實𦫳字，加口則爲茍，𦫳與茍一字，加攴則爲敬，敬與茍一字，如此則𦫳、茍、敬三者一字。□所以有敬義，在於其形的跽跪。跽跪的對象或爲神靈，或爲長者，或爲勝者，其動作含有敬意，故𦫳就是敬。于省吾先生説:“某些少數民族的巫師在作法禮神時，戴角而跪，以示虔恭，□之所以爲敬之初文者，也即此意。”甚是。所戴之角，或爲牛角（今苗族戴牛角，表示了對牛的崇拜，以牛爲圖騰），或爲羊角（羌族和姜姓是羊圖騰，故戴羊角，今青海河湟一帶是古羌人發源地，過年時跳傳統的“老羊歌”舞蹈，舞者必須戴羊角帽），祭祀時戴，歌舞時也戴，重大的典禮時也戴。戴角之俗，在殷周比較流行。如此，則茍字的解釋應爲敬也，象戴角者跽跪之形。

---

〔1〕李圃主編:《古文字詁林》第8册，第166—171頁。

（3）底，《説文》："山居也。一曰下也。从广，氐聲。"（都禮切，第 192 頁）

按，《説文》中从广的字與山無關，且文獻中無用底作山居者，許書釋爲山居，可疑。段玉裁説："山當作止。字之誤也。字从广，故曰止凥。《玉篇》曰：'底，止也，下也。'《廣韻》曰：'底，下也，止也。'皆本《説文》。《釋詁》曰：'底，止也。'又曰：'底、止、徯，待也。'《晋語》：'戾久將底。'注曰：'底，止也。'《左傳》昭元年：'勿使有所壅閉湫底。'服注：'底，止也。'杜注：'底，滯也。'《楚語》：'夫民氣縱則底，底則滯。'注曰：'底，箸也。'按底訓止，與厂部厎訓柔石，引申之訓致也、至也迥别。俗書多亂之。《小雅》：'伊于胡底。'箋云：'厎，至也。'俗本多作胡底。"

按，段説可從。山與止形近，故譌。此字與庢（礙止也）、廮（安止也）、废（舍也，舍亦止）相次，取以類相從之意，庢等字訓止，則底亦可訓止。

（4）庶，《説文》："屋下衆也。从广，炗。炗，古文光字。臣鉉等曰：光亦衆盛也。"（商署切，第 193 頁）

按，甲金文的光字作𤈦，上爲火，下爲跪着的人，象火在人上，取光明照耀之意，無作炗者。秦簡、漢印、陶文也未見光字作炗者，所謂"炗，古文光字"值得懷疑。直到《汗簡》《古文四聲韻》纔出現光的[illegible]、[illegible]字形，上部的廿是[illegible]（吴王光鑑）字上部的譌變，實是火字，下部的火是人字的譌變。故庶字从光值得懷疑，縱使从光可信，但"屋下衆"與"光"没有必然聯繫，大徐所云"光亦衆盛也"完全是曲説，不可信。

金文庶字作[illegible]、[illegible]，研究者對字形結構和字義有不同的解釋。

1. 衆義，从火石聲。林義光《文源》："光字諸彝器皆不作炗。庶，衆也。古作[illegible]（毛公鼎），从火石聲（石庶古同音），从火，取衆盛之意。或作[illegible]（伯庶父敦），譌作[illegible]（魯大司徒匜）。"

2. 雜屋説，通煑。周谷城《庶爲奴説》：庶字在金文中的形式，"一一分析，可得三樣東西，一、厂相當於小屋子；二、口相當於煑東西的鍋子；三、[illegible]相當於鍋下所燒的火。合起來看，應該是厨房或雜屋或如上海人所謂'竈披間'之類。……就音與義而言，也可以得到與此相符的解釋。庶通煑，《周禮・秋官・庶氏》注：'庶讀如藥煑之煑。'單就這一例看，庶與煑實含有相同的聲音與相同的意義。且煑字的形式，也包含鍋子與火。火很顯明，大家都看得清楚，不必多説。至於鍋呢，即者字的下半，更可從者字看出來。者字在金文裏有好些形式，或者鼎作[illegible]，或者尊作[illegible]，王孫鐘作[illegible]，殳良父壺作[illegible]，諸女觥作[illegible]作[illegible]，者沪鐘作[illegible]。上面大概是蒸氣之類，下面一定是鍋子。”

3．煑的本字，从火燃石，石亦聲。于省吾、陳世輝《釋庶》：“卜辭庶字作、、等形，从石从火，係庶的原始字。……炗即衆庶之庶的原始字，从衆炗聲……用後世六書之例來説，庶字應爲‘从火燃石，石亦聲。’是會意兼形聲字。……人類最初的最普通的熟食辦法，是用坑穴（爐）或熱灰焙燻和在燒熱的石頭上烙烤食物，再進一步才知用沸水煑物。但是最初的煑物方法，是用編織的或木製的不漏水的器皿以盛水，然後用炙熱的石頭投入水中，以煑食物。至於燃火於器皿之下以煑食物，是陶器發明以後的事；可是在既用陶器煑物以後，有時仍然保持着原始的燒烤辦法。切博克沙羅夫説：‘起初可食的種子、根莖和塊莖以及一塊肉或去了頭尾和四肢的整個小動物，都是直接放在火篝的火上、炭上、熱灰中和燒紅了的石頭上來烤的。’……我國松花江下游的‘赫哲人，在用鐵鍋煑物以前，没有知道製造陶器，在他們的傳説中，……用極大的木盆一個，内盛水，將肉放在其中，以石塊燒紅，立刻浸入大盆水中，如是數次即水沸肉熟。’……古人炙肉於坑穴或燃石上都叫做煑，煑的初文本作庶。用水煑物叫做煑，用火炙物叫做炙，係後世孳乳分化之文。”[1]

我們認爲，林義光的字形分析（从火，石聲）很有道理，可以采信。但以“从火，取衆盛之意”解釋从火之由，没有道理。火，未必皆是盛，也有熄滅之火，也有小火，故以火釋盛，進而解釋爲衆，不合事理。周谷城的雜屋説源於對部件广的理解，而釋構件口爲鍋，則没有任何依據，但釋“口”“灬”爲煑倒有一定的啓發意義。于省吾根據甲骨文的字形，提出从石从火，石亦聲的字形解釋，與林氏的字形分析相近，不同的是一個源於金文，一個源於甲骨文。甲骨文字形比較明顯，將的左上部認作石，没有困難，不可能看作广。金文則有可能受篆文先入爲主的影響，容易將的下部看作篆文的炗，不會將口字與厂字連在一起認作石，因而隱晦一些，難度也大一些，故林氏的字形分析功不可没。于氏的字義解釋雖則有可能受周氏“庶通煑”解釋的啓發（周文發表時間爲1955年，于文發表時間爲1959年），但其論證則完備無隙，照顧到了字的形音義三個方面，尤其是以古代熟物方法加以佐證，更令人耳目一新，可信。

（5）厎，《説文》：“柔石也。从厂，氐聲。砥，厎或从石。”（職雉切，第193頁）

厲，《説文》：“旱石也。从厂，蠆省聲。𠪚，或不省。”（力制切，第193頁）

〔1〕上引諸説見李圃主編：《古文字詁林》第8册，第274—279頁。

按，厎，後世作砥，厲，後世作礪，爲古今字。柔石，即紋理細密之石，刀劍之類欲其鋒利須用柔石磨之。柔石出於水中，其紋理細密，故可用以磨刀劍之鋒口。旱石，山中之石，與柔石相對，紋理較粗，也可用以磨刀劍，但旱石是粗磨，柔石是細磨。統言之，則砥礪同義，析言之，則砥礪有别，礪爲粗，砥爲細。筆者年少時在鄉下砍柴，出發前須磨柴刀。如果欲加快磨刀速度，則先找較粗的石頭磨，再找紋理較細的石頭磨，粗石以加快去鈍的速度，細石以使刀刃鋒利光潔，各有各的用處。《廣雅》："砥，礪也。" 曹憲注："砥細於礪。"《釋名》："脂，砥也。着面柔滑如砥石也。"《急就篇》："治禮掌故砥厲身。" 顔注："細石曰砥。"《禹貢》："礪砥砮丹。" 傳云："砥細於礪，皆磨石也。"《正義》云："鄭云：'礪，磨刀刃石也。精者曰砥。'" 按，礪之言糲也，粗糲也，砥之言致也，細緻也。這是从質的角度來解釋"厎""厲"。

《山海經・西山經》："莕水出焉，而西流注於海，其中多砥礪。" 注云："磨石也。精爲砥，麤爲礪也。"《中山經》："又北三十五里，曰陰山，多礪石、文石。"《淮南子・墬形訓》："黑水宜砥。" 是知砥礪皆出於水，水中所出之砥石，紋理細密，硬度不高，故稱爲柔石。《淮南子・説山訓》："厲利劒者必以柔砥。" 柔砥，即柔石。就其出處而言，砥石多出於水中，應稱爲水石，以與旱石相對。但厲也有出於水者，故砥用柔石訓之，而厲用旱石訓之。由 "柔石" 可推知 "厲"（旱石）爲硬石，由 "旱石" 可推出 "砥"（柔石）出於水。這種解釋兼顧了出處和質地。

沈濤《説文古本考》"厲" 字下云："旱，悍字之省，謂石之剛者。引申之則爲悍厲矣。" 段玉裁説："旱石者，剛於柔石者也。" 徐灝《説文段注箋》："旱者，悍也。戴氏侗曰：'石之廉悍者也。'" 朱駿聲《通訓定聲》："旱，叚借爲悍。《鵬鳥賦》：'水激則旱兮。'"《管子・水地篇》："晋之水枯旱。" 集注引張佩綸云："旱，悍。" 按，"旱通悍" 則是从質地的角度來解釋 "厲" 的 "旱石" 之訓，與 "厎" 的 "柔石" 之訓正相對。

張舜徽《説文解字約注》"厎" 字下云："石之常見者，高大粗澀，亘積成山；其柔滑細圓者，恒在水底，取而用之，可以磨刀，可以平物，湖湘間稱爲 '磨刀骨'，骨猶石也。"[1] 其説甚是。但張氏於 "礪" 字 "旱石" 下云："唐寫本《玉篇》殘卷厲字下引《説文》作 '摩石'，蓋原本也。摩即磨之本字。舊本説解摩字，或脱去其上半，傳寫者乃譌爲旱字耳。後人既以磨爲摩，故唐寫《文選集注》殘本陸

〔1〕 張舜徽：《説文解字約注》，華中師範大學出版社，2009 年，第 2286 頁。

士衡《荅賈長淵詩注》、曹子建《七啓注》皆引《説文》:‘厲，磨石也。’亦足證今本許書之誤。”[1]今按，《漢書・枚乘傳》:“磨礱底厲，不見其損，有時而盡。”顔師古注:“底，柔石也，厲，皂石也。”很顯然，皂是旱之形譌。雖則未言引自《説文》，但厲有旱石之訓，則没有問題。聯繫到上文“底，柔石也”與《説文》之訓相同，所以我認爲，顔師古“底”“厲”二字之釋語源於《説文》。之所以唐人的其他注釋引《説文》作“磨石”，是因爲他們已不知旱石的確切含義，故改爲“磨石”。如果《説文》本作“磨石”，則不可能誤爲“皂石”。

段玉裁改厲爲厲，非是。按，《説文》正篆有萬蠆而無蠆，而偏旁和説解則常見蠆字。段玉裁於邁、蠣、蠆下均認爲當改从蠆聲，而从蠆省聲者則認爲當从蠆省聲作厲。是邪非邪，衆説紛紜，文繁不録。我們認爲要正確評定段氏此字改篆的是非，得先弄清萬、蠆、蠆三字的關係，否則一切論辯都是多餘的，徒增糾紛而已。徐灝説:“蠆與萬疑本一字，因萬假爲數名，而譌从内，俗書又增虫作蠆。”按，徐説近是。但以萬爲蠆之譌則非。萬，甲文作□或□，金文作□或□，均象蠍形。李孝定説:“契文象蠍形，郭氏謂與蠆（今隸作蠆）爲一字，是也。蓋萬象蠍形，許訓猶存古義，然以萬假爲十千數名，行之既久，不得不另製蠆字以代之。”高鴻縉説:“萬，甲金文均象蠍形，不从厹（厹非字，《説文》增厹篆，誤也），周初始於其形加足，字自商周借爲千萬之萬，秦人乃加虫旁爲意符作蠆，而□字古又分化爲□爲□，而後人又造蝎或蠍，於是蝎與蠍通行，而蠆字亦少用，而萬之本意遂亡。古萬音變爲蝎音，亦猶之害音之變爲曷音也。”[2]今按，李高説是也。□象蠍之螯、身、尾之形，後於其尾加一以象其足則爲□（也可將尾部一横看作飾筆，張秉權認爲是“一萬”的合文，則□不是萬字）。由於□之下部與古文虫字□相似，故□變而爲□爲□，即《説文》之“蠆”字。而□字稍加文飾即爲□。這就是蠆萬二字由一而變爲二的演變過程。後來萬被借作數目字，故加虫旁作蠆，以示區别。所以我們説，萬、蠆、蠆實一字，所不同者，産生時代有先後而已。萬、蠆、蠆既爲一字，則从蠆从蠆當無可厚非。然蠆爲萬的後起區别字，年代較晚，故蠆應從萬聲，而省聲者則應作蠆省聲。《説文》厲字重文从蠆，正篆从蠆省聲，則字當作厲，不當作厲。段氏狃於小篆，未參考金文，不明瞭萬、蠆、蠆三字的關係，遂改厲爲厲，非驢非馬，一無是處。

又，厂部諸文大多訓石，徐灝《説文段注箋》於“底”字下云:“从厂即石之省。”石字甲骨文作□，上部呈三角形，金文作□，上部已不呈三角形，變成了厂，

〔1〕 張舜徽:《説文解字約注》，華中師範大學出版社，2009年，第2287頁。

〔2〕 李圃:《古文字詁林》第10册，上海教育出版社，2004年，第909—912頁。

與篆書相同。李孝定《甲骨文字集釋》："从石之字契文多从[illegible]，此當即石之古文。"姚孝遂《甲骨文字詁林》"石"字下按語："[illegible]、[illegible]均當釋石，[illegible]象石之形，或增口爲飾作[illegible]，《説文》：'石，山石也。在厂之下；囗，象形。'金甲文皆从口，《嶧山碑》亦从口，許書蓋以从口不可解，故改爲从囗，以象石形説之。孔廣居《説文疑疑》謂'石从厂口聲'，亦屬臆斷。"[1]據此，則徐灝説甚是，厂本是石字，故此部自厎至厖15字（除去"厤"字[2]）的釋語皆與石有關，如果不是石字，則這些釋語無法解釋。

（6）碬，《説文》："厲石也。从石，叚聲。《春秋傳》曰：'鄭公孫碬字子石。'"（乎加切，第194頁）

段玉裁改篆文爲碫，説解爲"碫石也。从石段，段亦聲。《春秋傳》鄭公孫段字子石。"云："碫篆舊作碬，《九經字樣》所引《説文》已然。今依《詩釋文》及《玉篇》正。碫石本作厲石，自《詩釋文》所引已然，今正。《大雅》：'取厲取碫。'今本作取鍛，當依《釋文》，本又作碫，《毛傳》曰：'碫，（逗）碫石也'（今本奪一字）。《箋》云：'碫石（此釋傳），所以爲鍛質也。'《箋》意此石可爲椎叚（冀騁按，據上下文應爲段字，手民之誤也）之椹質，是則碫石者，石名。椎段字今多用鍛，古只作段。《考工》'段氏爲鎛器'，《禮經》：'段脩'，字皆作段是也。段與厲絕然二事，碫石、厲石必是二物。《尚書·粊誓》：'段乃戈矛，厲乃鋒刃。'段之欲其質之堅也，厲之欲其刃之利也。《詩》：'取厲取鍛。'亦明明分别言之。《毛傳》亦既確指云碫石矣，豈許君於此乃忽溷淆之，訓碫爲厲石乎？揆厥所由，由許依《傳》云'碫石也'，三字爲句，而删複字者乃妄改爲'厲'字，猶上礜篆下本云'礜石也'，而删複字者妄改爲'毒石'，夫碫豈可爲厲，礜豈可概以毒哉？大抵淺人於複字之不可删者，或删或改。删之則如巂周之去巂，離黄之去離，改之則如碫石之改爲厲石，䭫首頓首之改爲下首。知删者難，知改者尤難。"桂馥、王筠、朱駿聲皆从其説。

今按，段改是。叚與段形近，書寫易淆，尤其是俗書，段與叚没有任何區别，如《齊司馬遵業墓誌》段字作[illegible]，《隋段濟墓誌》段字作[illegible][3]，古代書籍皆手寫，而

〔1〕上引李、姚説見于省吾主編：《甲骨文字詁林》，中華書局，1996年，第2194—2195頁。

〔2〕《説文》："厤，治也。"王筠《句讀》："此治玉治金之治，謂磨厲之也。"朱駿聲《通訓定聲》云："疑與厝略同，所以治玉石者。"戴家祥《金文大字典》云："从厂無治意，古文石爲偏旁多省作厂，當是从石之省。古代人們都用石磑碾米去殼，厤字从石从秝，疑即以石磑碾米去殼的本字。"按，秝在字形中表音，未必就是以石磨禾，還是治金石的解釋比較合適。如此，則厤的釋語也與石有關。

〔3〕秦公輯：《碑别字新編》，文物出版社，1985年，第95頁。

手寫多俗字，今敦煌寫本可爲佐證（除佛經等書籍的俗字較少外，變文、詩歌、字典《字寶》《碎金》，皆多俗字），故碫寫作或誤爲碬。後人據已誤之聲符作反切，故音乎加切。《原本玉篇殘卷》石部有碫字，云："都段反，《毛詩》'取厲取碫'，《傳》曰：'碫，石也。'《箋》云：'可以爲鍛質也。'《春秋》鄭公孫碫字石。或爲鍛字，在阜部也。"[1]引《春秋》鄭公孫碫字石，與《説文》所引相同，知《説文》之碬應是碫字之誤。《原本玉篇殘卷》石部還有碬字，云："丁加反，《埤蒼》：'磍碬，高下也。'"[2]就字音而言，"碬"是連綿詞"磍碬"的第二個音節，此處的"磍"應讀匣母（《廣韻》音古黠切，是連綿詞轄磍的第二個音節），與"碬"雙聲，《宋本玉篇》碬字音下加切，此處的丁應是下之形誤。就字形而言，碬是碬的俗寫。就字義而言，連綿詞"磍碬"訓"高下"，不訓石，更與鄭公孫無關。故《説文》的"碬"應是"碫"字之誤，而字音應是都段切，乎加切是"磍碬"的"碬"字的讀音。因字形譌誤，繼而注音譌誤，賴字義不誤，得以校正。《篆隸萬象名義》石部有碫（碫）字，右邊似叚，實爲"段"之俗寫，音都段反，訓"石也。"此爲段旁誤爲叚之確證。陸德明《毛詩音義》卷中："取鍛，本又作碫，丁亂反，鍛石也。《説文》云：'碫，厲石。'《字林》：'大喚反。'"此則明引《説文》作碫者。

（7）硠，《説文》："石聲。从石，良聲。"（魯當切，第195頁）

段改硠爲硍，説解作从石，艮聲。注："此篆各本作硠，从石，良聲，魯當切，今正。按今《子虛賦》：'礧石相擊，硠硠礚礚。'《史記》《文選》皆同，《漢書》且作琅。以音求義則當爲硍硍，而決非硠硠。何以明之？此賦言：'水蟲駭波鴻沸，涌泉起奔揚會，礧石相擊，硍硍礚礚，若雷霆之聲，聞乎數百里之外'，謂水波大至動摇山石，石聲磤天。硍硍者，石旋運之聲也。礚礚者，石相觸大聲也。硍，《篇》《韻》音諧眼切，古音讀如痕，可以皃石旋運大聲，而硠硠字只可皃清朗小聲，非其狀也。音不足以皃義，則斷知其字之誤矣。《江賦》曰：'巨石硉矹以前却'，又曰：'觸曲崖以縈繞，駭奔浪而相礧。'皆即此賦之意。漢桂陽太守周憬碑：'𣲖水之邪性，順導其經脈，斷硍溢之電波，弱陽矦之洶涌。'此用《子虛賦》也，而硠作硍，可證予説之不繆。《釋名》曰：'雷，硍也。如轉物有所硍，雷之聲也。'冣爲明證。……許書本無硠字，以硠从良聲，當訓爲清澈之聲，非石聲。"

按，段氏在此提出了很有見地的校勘學理論："以音求義……音不足以皃義，則

〔1〕《原本玉篇殘卷》，中華書局，1985年，第514頁。

〔2〕同上書，第524頁。

斷知其字之誤矣，”堪稱不刊之論。但他改硠爲硍，則未必可信。據我們觀察，从艮聲者多有小義。从良聲者多有高大之義。如：齦，齧也；狠，齧也。齧即咬，是嘴的一種上下開合動作，幅度不大，有小義。眼，目也。引申之，小洞曰眼。根，木株也。相對於樹身而言，根較小。痕，胝瘢也。相對於整體而言，痕較小。此从艮聲而具小義者。桹，高木也；閬，門高也。高與大義近。狼，似犬而大，也有大義。浪，波浪，相對於波，浪較大。此从良聲而具高大義者。段氏認爲硠只能貌清朗小聲，不合語言實際。硠既爲大聲，依音義關係求之，字當从良，不應从艮，段改誤。《子虛賦》：“礧石相擊，硠硠磕磕，若雷霆之聲，聞乎數百里之外。”雷霆之聲，自不是小聲，段氏不顧後文，只據“硍硍磕磕”四字，即改硠爲硍，導致上下文意不諧，非是。《原本玉篇殘卷》石部有“硠”字，云：“力唐力蕩二反，《説文》：石聲也。”此《説文》作“硠”之明證〔1〕。

此字應从良聲，段改誤。

（8）硩，《説文》：“上摘巖空青、珊瑚墮之，从石，折聲。《周禮》有硩蔟氏。”（丑列切，第195頁）

硩，从折聲，大徐音丑列切，此音應是來自聲符“折”。段玉裁改爲析聲，云：“析各本作折，篆體作硩，今正。按，《周禮音義》云：‘硩音摘，它歷反，徐丈列反，沈勑徹反，李又思亦反。’知《周禮》寫本故不同，徐邈、沈重本作硩，从折聲。李軌本作䃉、从析聲。以先鄭讀爲擿、許云上擿山巖準之，擿與析古音同在十六部。蓋作䃉者是，作硩者非。今本《周禮》《説文》作硩皆誤本。許以擿訓䃉，以疊韻爲訓也。《集韻》先的切，依李音。大徐丑列切，依沈音。”

按，段氏注《説文》，創獲甚多，失誤也不少。失誤的原因之一是：於諸多語料中，只要有一説法與其他的不同，則采用之，而棄其他語料於不顧。或批評其好標新立異，雖則語涉偏激，但不無道理。創新本就是標新立異，這種批評也許正是表揚。但只顧一點，不計其餘，則失誤的可能性加大。《經典釋文・周禮音義》：“硩，音摘，他歷反，徐丈列反，沈勑徹反，李又思亦反。”摘與硩《廣韻》同音，其首音爲它歷反，古音歸透，應讀 tì，而不是陟革切的 zhāi，徐音丈列，丈在澄母，古音歸定，沈音勑徹，勑在徹母，古音歸透。皆爲端組，實一聲之衍，皆源於聲符折。李軌又音思亦，又音者，首音外的另一音也，故不排除李軌的首音與徐沈同或近。陸氏存其又音，廣異聞也。故李軌所據本也是硩字而非䃉字。思亦的又音應來

〔1〕蔣冀騁：《説文段注改篆評議》，湖南教育出版社，1993年，第63頁。

自將硩誤爲晳的誤本《周禮》，據誤字晳的聲符析作反切，故有思亦之讀。

案，《周禮·秋官》："硩蔟氏，下士一人，徒二人。"鄭注："鄭司農云：'硩讀爲擿，蔟讀爲爵蔟之蔟，謂巢也。玄謂硩古字，从石，折聲。'"〔1〕鄭司農讀硩爲擿，擿音直炙切，澄母昔韻，古音定母，錫部。如果从析聲，則不會讀定母，先鄭也不會讀爲擿。鄭玄明言硩是古字，从石折聲。賈氏《疏》："以石投擲毀之，故古字从石，以折爲聲，是上聲下形字也。"是賈氏所據本亦作"硩"。《原本玉篇殘卷》石部有硩字，从石从析，似乎可爲段説佐證，但此字下注音爲："天歷、敕列二反。"據反切，則知析爲折字之誤。从析聲不得反以天歷、敕列。俗書木旁與扌旁常相混，故折訛爲析。《篆隸萬象名義》石部"硩"音"天歷反"，而字从折，亦可佐證。段玉裁改爲析聲者，一則據李軌又音，一則認爲折聲在月部（段氏十五部，今脂部。段氏將折聲的字歸在脂部，而不歸入十七部即歌部，誤），而硩字讀爲擿（先鄭音），許氏以摘爲聲訓，而擿、摘皆在錫部（段氏十六部），二者不同部，不能相諧，故有此改。尤其是脂、支、之三分是他的發明，爲了維護自己的發明，他不允許出現十五部和十六部相通的情况出現，故改字就己。

蔣冀騁《説文段注改篆評議》支持段説〔2〕，亦誤。

A note of the Phonetic Notation and Definition of Some Characters in *Shuowen* (説文)

Jiang Jicheng　Chang Tianyu

Abstract: A comprehensive examination method of phonetics, sounds and meanings was used to examine further the phonetic interpretations of the 9 characters, including "*xiong* (匈)" "*ji* (苟)" "*di* (底)", "*shu* (庶)", "*zhi* (厎)", "*li* (厲)", "*xia* (碬)", "*lang* (硠)", "*che* (硩)". The latest findings in ancient phonetic research were used to explain the contradictions between the phonetic component, "Duruo (讀若)", and later pronunciations; Fanqie and modern dialects in later generations were used to prove the phonetic evolution; Cognate graphs were used to justify the rationale for phonetic component and lexical meaning; and the examples in literature and later interpretations were used to prove the validity of the interpretations and later commentaries. Either out of our own opinions or choosing the best of all the theories to justify it and explain the reasons.

Keywords: *Shuowen* (説文)　Phonetic Notation　Definition　Explanation

（蔣冀騁　常天宇　湖南師範大學文學院）

---

〔1〕《十三經注疏》，中華書局，1980年，第869頁。

〔2〕蔣冀騁：《説文段注改篆評議》，第94頁。

出土文獻授受動詞字詞關係研究

——以“受/授”爲例*

龍國富　邊玉潔

提　要：上古出土文獻授受動詞“受/授”字詞關係與傳世文獻相比，其特點有六：(1)出土文獻中在漢代之前只有“受”字，没有“授”字，而傳世文獻則是自《詩經》《尚書》始便是“受/授”同時使用，漢以前傳世文獻中的“授”爲後人所改。(2)出土文獻中“受”字形體多樣，從甲骨文到中古碑刻“受”的異體字形多達十幾種，而傳世文獻則很少有這麽多的不同字形，反映出土文獻在漢字文化的承傳上作用要優于傳世文獻。(3)出土文獻中授受同辭，“受”既表授與義也表接受義，“授”主要表授與也有少數表接受義，而傳世文獻“受”則多專表接受，“授”多專表授與。(4)出土文獻中“受”既有授與者作主語的主動句式，也有接受者作主語的被動句式，而傳世文獻“受”則多專用于接受者作主語的主動句式。(5)出土文獻中“受”所在句式的語義既可爲授與者主動地使授受物由授與者轉移至接受者，又可爲接受者被授與某授受物，即接受者被動地使授受物由授與者轉移至接受者。(6)無論是出土文獻還是傳世文獻中的授受動詞既有類型學共性特徵，也有漢語自身個性特徵。

關鍵詞：授受動詞字詞關係　出土文獻　特徵

一、引言

授受動詞，顧名思義，指表示授與和接受義爲基礎的動詞。授受動詞基本句式爲“授與者＋授與動詞＋接受者＋授受物”和“接受者＋接受動詞＋授受物”。其句式語義指授與者主動地使授受物由授與者轉移至接受者，或接受者從授與者接受授受物。包括授與者、授受動詞、接受者和授受物四要素。漢語最典型的授受動詞

---

*　基金項目：國家社科基金重大項目“近代漢語後期語法演變與現代漢語通語及方言格局形成之關係研究”（項目編號：19ZDA310）。本文是2023年8月參加西北師範大學文學院舉辦的第二届簡牘學與出土文獻語言文字研究學術研討會（2023.8.5—8.6）的論文修改而成，會上得到導師蔣冀騁先生和劉釗先生的意見和建議，特此致謝。

是“受 / 授”，除此之外還有“賚、厘、賜、賞、與、遺、予、給”等。前人對授受動詞早有關注。楊樹達對古漢語“賚、厘、賜、錫、授、遺、予、丐”八個授受動詞進行過討論。[1]他説：

賚，《爾雅・釋詁》云：“賚，賜也。”“夢帝賚予良弼。”（《書・説命上》）“賚爾秬鬯。”（《説文》引《周書》）

按：“夢帝賚予良弼”一句，引自古文《尚書・説命》，該文歷來受到懷疑。目前出土《清華大學藏戰國竹簡・傅説之命》一文，能不能證明古文《尚書・説命》所引内容“夢帝賚予良弼”是否真實？又出土《清華大學藏戰國竹簡・傅説之命上》中是否用“賚”字，亦或是其他的用字？

厘，《玉篇》引《蒼頡》篇云：“厘，賜也。”“厘爾圭瓚。”（《詩・江漢》）

按：厘，甲骨文作（《甲骨文合集》26908，以下簡稱《合集》）、（《合集》26833），隸作“嫠”。《説文》：“嫠，引也。從又，𠩺聲。”金文作（西周中期《師酉簋》），隸作“厘”。“厘”表示治理，《廣韻・之韻》：“釐，理也。里之切。”清朱駿聲《説文通訓定聲・頤部》：“厘，本義當爲治邑理邑爲厘，猶治玉爲理也。”“厘”表治理，與“厘”是何種關係？若是正俗關係的話，“厘”又是如何從治理義發展出賜予義的？

賜，“余賜汝孟諸之麋。”（《左傳・僖二十八年》）“賜卿大夫爵，則儐。”（《周禮・小宗伯》）“賜趙夙耿，賜畢萬魏。”（《史記・晋世家》）

錫，《爾雅・釋詁》云：“錫，賜也。”“或錫之鞶帶。”（《易・訟》）“王使榮叔來錫桓公命。”（《左傳・莊元年》）

按：“賜”“錫”二字表賜予時，二者是假借，無需要分立討論。另出土文獻中其使用早于以上所引《左傳》《周禮》《易》。

授，“我欲中國而授孟子室。”（《孟子・公孫丑下》）

按：從出土文獻字詞關係看，“受”比“授”出現得早，“授”字晚出，直到漢代簡帛才産生。

遺，“陳餘亦遺章邯書。”（《史記・項羽本紀》）

按：出土文獻中，“遺”産生比《史記》早，出現于西周金文。且“遺”本爲遺漏義，它是怎麽發展出給予義的。

予，“秦亦不以予趙，趙亦終不予秦璧。”（《史記・藺相如列傳》）

---

〔1〕 楊樹達：《高等國文法》，商務印書館 1920 年版，第 185—187 頁。

按：在出土文獻中，"予"首見于戰國時期，但傳世文獻中則見于《詩經》《尚書》，這一現象疑爲後人所改。

丏，《廣雅・釋詁》云："匃，予也。""我丏若馬。"（《漢書・西域傳》）

按：從出土文獻看，"匃"，作"匄"，爲"丏"。産生于甲骨文，作𠣵（《合集》19983）金文中繼承甲骨文用字，作𠣵（《師遽方彝》）。

以上分析看出，出土文獻中授受動詞的産生與字詞關係與中土文獻存在各自的特點，需要我們對出土文獻中授受動詞字詞關係作出研究。古漢語出土文獻中授受動詞主要有"受/授、賚/厘、賞、賜、畀、與、予、遺、饋、貽、丏"等，根據以上討論，由于出土文獻的廣泛使用，它們跟傳世文獻比較，有更加豐富的字詞關係。本文對典型的授與動詞"受/授"的字詞關係進行研究。

二、出土文獻授受動詞"受/授"的字詞關係

1. 出土文獻"受"的字詞關係

出土文獻"受"字最早見于甲骨文，其基本字形作𠭥（《合集》19946）。從𠬪（biào）從舟。除此以外，還有"[舟＊又]"（如𠬪《合集》26991）、"[口＋舟＊又]"（如𠬪《合集》25817）、"[𠴫]"（如𠬪《合集》28052）、"[𤕰]"（如𠬪《合集》26991）、"[舟＊目]"（如𠬪《合集》26991）等字形。

"受"最初有兩層含義，一是交付東西。二是接受東西。甲骨文"受"造字本義有三種不同觀點：

第一種觀點認爲"受"是形聲字，指相交付。《説文》："受，相付也。從𠬪，舟省聲。"段玉裁注："蓋許必有所受之。"林義光《文源》："受，象相授受形，形聲。授受二字古皆作受。"

第二種觀點認爲"受"是以物相授受，從𠬪，從舟。許槤《讀説文記》和吴大澂《説文古籀補》持此觀點。同時李孝定《甲骨文字集釋》也認爲"受"從𠬪從舟，"𠬪"指兩攴相授，他認爲"舟"即《周禮・春官・司尊彝》："春祠夏禴祼用鷄彝鳥彝皆有舟"之舟。鄭司農注云："舟，尊下臺，若今時水槃。"李氏進一步指出，"受"實不從舟而當從凡，凡字即槃字的古文，與舟形近而誤。[1]

〔1〕李孝定：《甲骨文字集釋》，"中研院"歷史語言研究所專刊之五十，1965年，第1443—1444頁。

第三種觀點認爲“受”指登舟授手以平穩身肢。季旭昇《説文新證》謂“受”指登舟授手以平穩身肢。[1]

以上第一種觀點將“舟”看作聲旁與甲骨文“受”字造字之初的文意不合。“受”從𠬪從舟，“𠬪”表示二人以手承槃相授受。舟本應爲凡，即承槃，祭享時用來盛放器物。凡字後僞爲舟（舟）。“舟”應爲會意。許慎和段玉裁都未見到“受”字甲骨文，將“舟”看作聲旁，乃據僞訛後之形爲説。第三種觀點值得商榷，因爲公元前三千年的甲骨文時代，殷商時期一直到春秋戰國時期，中華民族一直居於内陸，平時很少有乘船之事。這一觀點不符合文字來自生活的造字理據。

我們支持第二種觀點，我們認爲“受”造字之初由以承物的承槃相授受，表示以信物相付予，即一般意義上的授受義。李孝定指出“凡”與“舟”形近訛變“凡”即槃。其實所謂的槃也只是一個象徵意義的授受之物，并不實指槃，而是表達一種授受的概念。依此“受”會意字，并不兼聲旁。從𠬪，會意兩人以手相授受；從舟，指承槃以表授受物。[2]

甲骨文“受”屬施受同辭的字，其含義有二：[3]

其一，表接受、承受。此語義指接受者從授與者接受授受物。其基本句式爲“接受者＋受＋授受物”，授與者一般不出現。接受者作主語，其地位一般低于授與者，他不能拒絶授受物，只能接受授受物。授受物移動的方向是授受物通過主語接受者向自身移動，從接受者的角度是從外向内移動。授與義依靠説話人的人物關係和語境支配。如：

（1）己未卜，争貞：“[我]受年。”（《合集》98正）

（2）甲子卜，㱿貞：“我受黍年。”（《合集》303）

（3）今[來]歲我不其受[年]。（《合集》9703正）

（4）貞：“我弗其受黍年。”（《合集》795正）

（5）……卜，貞：“𢦏其乇，王受又（佑）。”（《合集》31084）

（6）貞：“弗其受㞢（有）又（佑）。”（《合集》7315）

（7）戊午卜，我受年。（《合集》585正）

（8）丙寅卜，㱿貞：“今來歲我不其受年。”（《合集》641正）

此類例子語義基本上爲我商會獲得好年成。與第二類不同，此類句子中的“受”

〔1〕季旭昇：《説文新證》，福建人民出版社，2010年，第335頁。

〔2〕第二屆簡牘學與出土文獻語言文字研究學術研討會上吸收劉釗先生的建議與意見，特此致謝。

〔3〕另外甲骨文中“受”還表地名。如“……步亡災在受師。”

表膺受，後帶授受物賓語。句子主語爲接受者，主要有商王、我商國、貴族、方國。授受物爲抽象事物福佑、收成等。授與者多不出現。

其二，表給予。

此語義指授與者將授受物給予接受者。其基本句法結構爲“授與者＋受＋接受者＋授受物”。如：

（9）帝受我又（佑）。（《合集》6273）

（10）辛亥卜，㱿貞：“伐𢀛（邛）方，帝受［我又（佑）］。”貞：“帝不我其受［我又（佑）］。”（《合集》6271）

（11）上子受我又（佑）。（《合集》14257）

以上用例中的“授受者＋受＋接受者＋授受物”句式，授受者、接受者和授受物三者均具備。

（12）方出，其受侯又（佑）。（《合集》6719）

（13）貞：“禱于上甲，受我又（佑）。”（《合集》1171 正）

（14）帝受又（佑）。（《合集》6474）

以上用例爲“受＋接受者＋授受物”句式或“授受者＋受＋授受物”句式，授受者、接受者和授受物三者中只出現一個語義關係對象，授與者或接受者省略其一。因爲聽話人和説話人雙方都知道其所指，無需同時出現。

（15）□□［卜］，㱿貞：“王大令衆人曰：‘［劦田，其］受［年］。’”（《合集》5）

（16）［不］其［受］年。（《合集》5）

（17）貞：“乎伐𢀛（邛）方，受㞢（有）又（佑）。”（《合集》6233 正）

以上用例爲“受＋授受物”句式，授受者、接受者均省略，只出現接受物。

（18）貞：“受王。”（《合集》7691）

此例爲“受＋接受者”句式，授受者、授受物省略，只出現接受者。

以上用例中的“受”表示給予，一般帶雙賓語，指接受者和授受物。授與者一般爲上位有權勢者，有“帝、上子、商王”等，接受者一般爲下位臣服者，有“我、王、土方”等。“我”指商王或商國。“王”有時既可作上位者，有時也作下位者，具體看“王”在語境中跟對方的人際關係。若“王”的人際關係是臣民，則“王”爲上位者、授受者；若“王”的人際關係是上帝，則“王”爲下位者、接受者；授受物有福佑、年成、田邑等。基本句式爲“主語＋動詞＋間賓＋直賓”。授受者、接受者和授受物三者中的成分可以省略。有施事、受事和與事三個語義角色。授與者作主語，其地位多半高于接受者，他有權勢和身份來支配授受物。授受物移動的方向是從主語授與者向接受者賓語位置移動，即從左向右移動。授與義依靠説話人的人物關係和語境支配。根據表達的語用來看，動詞“受”雖然是給予，但包括上對下的賜予，也即授與者和接受者之間普遍存在身份地位上的差异，施受關係具有明顯的等級性。上位者對下位者的賜予，雖然在甲骨文獻中没有體現回報，但是根據當時文化背景，下位者所得到的福佑、年成、田邑等方面的賜予是之前下位者的立功、立德、立言等善舉的回報。

西周金文中的“受”與甲骨文一脉相承。其字形筆畫與甲骨文基本相同，結構相比于甲骨文更寬鬆。此時出現增口旁的異體，作[illegible]（西周中期巨尊）。語義上“受”仍然表給予和接受。如：

表接受義的“受”如：

（19）聖智龔良，其受此眉壽，萬年無期，子子孫孫永保用之。（春秋晚期《殷周金文集成・莒叔之仲子平鍾》173）

（20）秦公曰：我先祖受天令（命），商（賞）宅受（授）或（國）。（春秋時期《殷周金文集成・秦公鍾》262，前一“受”字表接受，後一“受”字表被授與）

（21）余夙夕虔敬朕祀，以受多福。（春秋晚期《殷周金文集成・秦公鎛》262）

接受者多作主語，充當主語的成員有先祖、王等。授受者多爲上帝或天帝，一般不在句子中出現。若出現，也只在授受物前面作定語。從語用角度看，接受者與授與者之間仍然存在上位者與下位者關係。上位者多爲天帝，下位者多爲王、祖先等。授受就是一種恩賜，其中含有恩賜的意思。

表授與義的“受”如：

（22）受（授）余通录（禄）。（春秋中晚期《殷周金文集成・通禄鍾》64）

（23）受（授）余屯（純）魯通彔（禄），永令（命）眉壽霝（靈）冬（終）。（西周中期《殷周金文集成・瘐鍾》247）

（24）尹氏受（授）王令（命）書，王乎（呼）史虢生（甥）册令（命）頌。（西周晚期《殷周金文集成・頌鼎》2828）

例（22）中“受”指授與、給予，接受者爲“我”，授與者爲王，承前省略。授與者多作主語，充當主語的成員有王或替代王賞賜的重臣等。接受者多爲立過功的臣民或王的貴族子弟。授受物多爲錢財、俸禄、爵位、册書、佩玉、軍隊、寶鼎等。“册書”指皇帝對臣下封土授爵的詔書。“佩”指王所賜用于繫在衣帶上的玉飾。這些都是具體事物的授受物，此時也發展抽象事物的授受物，如王命、福佑、贊美等。授與的真正主人少有出現。若出現，也只在授受物前面作定語。如例（24）“授王命書”指授與君王所册命的文書。接受者與授與者之間存在上位者與下位者關係。上位者多爲君王，下位者多爲臣民和貴族子弟等。授受是上位者作爲一種恩賜賞賜給下位者。

戰國時期出土文獻比較豐富，有曾侯乙墓竹簡、郭店楚簡、包山楚簡、望山楚簡、五里牌楚簡、仰天湖楚簡、楊家灣楚簡、江陵楚簡（九店、藤店、天星觀、秦家嘴等）、新蔡葛陵楚簡、長沙出土戰國帛書、上海博物館藏戰國楚竹簡、清華大學藏戰國楚簡、安大簡等，還有陶器、玉璽、銘文、石刻等。這些出土文獻中的“受”，字形中楚簡多作𠭥，从𠬪，从舟，傳承甲骨文和金文字形，但也有一些戰國時期楚國等多國自己的字形特徵。或作“叟”（上博簡·用曰），或省爪作[illegible]（平安君鼎），或省又作[illegible]（璽2141），或將上面又改作口旁作[illegible]（新甲3.292），或作[illegible]（璽匯1231）。字形“授”没有産生。

“受”的語義主要表示接受和授與二義。如：

表接受的用例如：

（25）王受命矣。（《上海博物館藏戰國楚竹書（一）·孔子詩論》）

（26）[illegible]（舜）丌（其）可胃（謂）受命之民矣。（《上海博物館藏戰國楚竹書（二）·子羔》）

（27）冬荅（鄰）殺牛，不女（如）西荅（鄰）之酌祭，是受福吉。（《上海博物館藏戰國楚竹書（三）·周易》）

（28）朝而𢿱（詢）之，不猷（猶）受君賜？（《清華大學藏楚竹簡（五）·湯處于湯丘》）

表接受的用法發展承受義，用于抽象事物，如美善之事。如：

（29）承受屯（純）㥁（德）。（《令狐壺》）

表授與的用例如：

（30）壚逞是（氏）之又（有）天下也，皆不受（授）亓（其）子而受（授）賢。（《上海博物館藏戰國楚竹書（二）·容成氏》）

（31）受（授）又（有）智（智），舍（舍）又（有）能，則民宜（義）之。（《上海博物館藏戰國楚竹書（四）·曹沫之陣》）

（32）新官連囂郙趌、奔（奔）得受（授）之。（《楚地出土戰國簡册

（十四種）·包山楚簡》）

（33）廛（禪）也者，上直（德）受（授）臤（賢）之胃（謂）也。（《楚地出土戰國簡册（十四種）·唐虞之道》）

（34）受（授）臤（賢）則民興效（教）而蟡（化）虖（乎）道。（《楚地出土戰國簡册（十四種）·唐虞之道》）

（35）女（汝）以箸（書）受（授）之。（《清華大學藏楚竹簡（一）·保訓》）

（36）帝尭（堯）嘉之，甬（用）受（授）氒（厥）緒。（《清華大學藏楚竹簡（一）·保訓》）

（37）是糃（揚）是纆（繩），是以爲上，是受（授）司事帀（師）長。（《清華大學藏楚竹簡（一）·保訓》）

表授與的用法由給予具體事物發展出傳授美善抽象事物，產生傳授義。如：

（38）昔者而弗殜（世）也，善與善相受（授）也，古（故）能紿（治）天下。（《上海博物館藏戰國楚竹書（二）·子羔》）

在字詞組合上該時期的重要發展是雙音節連用出現，有“承受”“膺受”二組。如：

（39）承受屯（純）悳（德）。（《令狐壺》）

（40）府（付）畀四方，甬（用）纏（膺）受天之命，尃（敷）餌（問）才（在）下。（《清華大學藏楚竹簡（一）·皇門》）

（41）是糃（揚）是纆（繩），是以爲上，是受（授）司事帀（師）長。（《清華大學藏楚竹簡（一）·保訓》）

（42）故天動之作亡斁，尚純厥德，膺受大命，畯尹四方。（《清華大學藏楚竹簡（五）·封許之命》）

秦代出土文獻有湖北雲夢睡虎地秦簡、四川青州郝家坪秦簡、甘肅天水放馬灘秦簡、湖北雲夢龍崗秦簡、湖北江陵楊家山秦簡、湖北沙縣關沮秦簡、湖北江陵王家台秦簡、湖北沙市周家台秦簡、湖南龍山里耶秦簡等。這些簡帛文獻中“受”的字形有新的變化。其變化主要表現在：（一）造出一種新的字形——篆體。秦簡出土文獻用篆字形，作[illegible]。這是一種全新的字形，與甲骨文和金文存在很大的差异。（二）筆畫有很大的改變。中間的“舟”變成“冂”字，下面的手被放在“冂”字裏面，上面的手變成“爪”字。出土文獻中“受”的用字如[illegible]（秦簡 290）、[illegible]（秦簡 10.8）。授受物只作簡筆劃寫。“授”字仍然没有産生。

該時期“受”的基本詞義仍然表示給予、授與和接受二義。如：

（43）入頃芻稾，以其受田之數，無豤（墾）不豤（墾），頃入芻三石、稾二石。（《睡虎地秦墓竹簡·秦律十八種》）

（44）內史課縣，大（太）倉課都官及受服者。（《睡虎地秦墓竹簡·秦律十八種》）

（45）受（授）衣者，夏衣以四月盡六月稟之。（《睡虎地秦墓竹簡·秦律十八種》）

秦代出土文獻中“受”由接受發展出新的語義，表遭受、騙取、迎娶等語義。因爲賓語擴大到了災凶、金錢權力、妻室等。如：

（46）毋以巳壽（禱），反受其英（殃）。（《睡虎地秦墓竹簡·日書乙種》）

（47）壬癸死者，明鬼祟之，其東受凶（凶）。（《睡虎地秦墓竹簡·日書乙種》）

（48）捕人相移以受爵者，耐。（《睡虎地秦墓竹簡·秦律雜抄》）

（49）申公曰：“是余受妻也。”取以爲妻。（《清華大學藏楚竹簡（二）·系年十五》）

秦代出土文獻中“受”由授與發展出新的語義，表發放義。因爲語境擴大到了官吏代表官府向百姓發放衣物。如：

（50）受（授）衣者，夏衣以四月盡六月稟之。（《睡虎地秦墓竹簡·秦律十八種》）

在字詞組合上秦簡發展出雙音節連用，有“受分”一組，同義連用指分到。如：

（51）甲謀遣乙盜殺人，受分十錢，問乙高未盈六尺，甲可（何）論？當磔。（《睡虎地秦墓竹簡·法律答問》）

（52）甲盜，臧（贓）直（值）千錢，乙智（知）其盜，受分臧（贓）不盈一錢，問乙可（何）論？同論。（《睡虎地秦墓竹簡·秦律答問》）

（53）甲謀遣乙盜殺人，受分十錢，問乙高未盈六尺，甲可（何）論？當磔。（《睡虎地秦墓竹簡·秦律答問》）

漢代簡帛文獻非常豐富，目前已經出土40餘批，7萬多片簡牘。其中邊塞漢簡最重要的有敦煌馬圈灣漢簡、敦煌懸泉漢簡、居延漢簡、居延新簡、內蒙古額濟納漢簡、肩水金關漢簡等；墓葬漢簡最重要的有武威漢簡、長沙馬王堆漢簡、江陵鳳凰山漢簡、阜陽雙古堆漢簡、連雲港尹灣漢簡、臨沂銀雀山漢簡、隨州孔家坡漢簡、北大漢簡、嶽麓書院漢簡等。這些簡牘中“受”在字形和用字方面發展很快。其發展主要表現在：

造出一種新的字形——隸體。漢簡出土文獻在秦篆字形基礎上進一步改造爲隸體字，作[illegible]。這種字形，與篆體存在很大的差異。筆畫有很大的改變，中間的“冂”變成“冖”字，下面的手又變成“又”字，上面的“爪”變成“爫”字。出土文獻中除簡牘以外，“受”在漆器、銅器、陶器、封泥及碑刻墓志等不同載體中還有其他字形。“受”的用字如[illegible]（《武威漢簡·燕禮》20）、[illegible]（《北大漢簡（二）·老子》114）、[illegible]（《肩水金關漢簡》73EJT11）、[illegible]（《居延新簡》T48“受遣”條）。從字體看，該時期部分文字有戰國文字特點，主要是秦係文字，也有個别六國文字對漢代文字的影響。主要繼承秦文字，又吸收有六國文字的因素。字形古今字并存，本字“受”與分化字“授”共同使用，形成該時期“受”這個文字的獨特風貌。《懸泉漢簡》（第一、二册）中的字形變化很大，有一些簡化構件的異體。如[illegible]（《懸泉漢簡（二）》113①：61）

意義使用上此時“受”主要表接受義，同時還承擔一部分授與義。如：

（54）受（授）爵及除人關于尉。都官自尉、内史以下毋治獄，獄無輕重關于正。（《張家山247號墓漢簡·二年律令》）

（55）［四月］而水受（授）之，乃使成血……五月而火受（授）之，乃使成氣……六月而金受（授）之……七［月而］木受（授）［之］……八月而土受（授）［之……九月而石授之］。（《張家山247號墓漢簡·胎産書》）

（56）《蘭台令》第卅三，《御史令》第卌三，尚書令滅受（授）在金。（《武威漢簡·王杖十簡考釋》）

“受”還出現新的引申義，有迎取、入受等義。如：

（57）☐六十人付肩水部部遣吏迎受。（《居延漢簡甲乙編》34.8A（27版）。受，迎取）

（58）建武五年三月癸未武賢隊長忠受將轉守士吏孫强。（《居延漢簡補編》61.1。受，入受）

中古出土文獻中異體字繁多，字形複雜多變。字詞對應和字際關係複雜，字形符號與所記録的詞在音義關係上我們采用毛遠明（2014）漢魏六朝共1414通碑刻語料。據毛遠明（2014）研究，“受”的構件變化多端，構件“爫”和“冖”訛變爲“⺍”（如[illegible]0868-0-16-03）、“冊”（如[illegible]0258-0-04-07）等；構件“又”訛變爲“丈”（如[illegible]1214-1-05-06）、“文”（如[illegible]0067-0-18-15）、“大”（如[illegible]0596-0-13-08）、“乂”（如[illegible]1101-1-06-03）等。這些異體的使用反映中古文字發展過程中篆書、隸書和楷書之間複雜的衍生關係。

由于“授”的産生，它在中古時期分化了“受”的給予義。當然“受”字仍然部分承擔給予義。該時期出土文獻中“受”的意義發展很快。據毛遠明（2014）研究，“受”除了繼承上古表接受、給予、承受、承擔的意義以外，還産生以下四個方面的新義。

第一，表得到。如:（下面用例引自毛遠明 2014）

（59）五運精還，漢受儒期。（建寧五年（172）《成陽靈台碑》）

（60）吴公有更生之名，卜子受不亡之美。（正光五年（524）《檀賓墓志》）

（61）俄值普秦受推，還除侍中，驃騎大將軍、儀同三司。（天保四年（553）《司馬遵業墓志》）

第二，表秉承、禀受。如:

（62）伏惟明府，受質自天。（漢安二年（143）《景君碑》）

（63）我皇啓聖禦天，應府受命。（天監十三年（514）《蕭融太妃王慕韶墓志》）

（64）五侯子孫，捨身受身，常與佛會。（皇興二年（468）《趙瑙造像記》）

第三，表學習。如:

（65）廣四歲失母，十二隨官，受《韓詩》，兼通《孝經》二卷。（永元八年（96）《孟琁殘碑》）

（66）大伍公見西王母昆侖之虚，受仙道。（建寧二年（169）《肥致墓碑》）

（67）沖年受業，雅受斯文。（皇興二年（468）《楊舒墓志》）

第四，表遭受。如:

（68）而乃自受兹斃，視竅殷辛。（太和十八年（494）《吊比干文》）

（69）爲受罪者所誣章，憲台誤聽，被兹深劾，除名爲民。（正光六年（525）《李超墓志》）

到此爲止，出土文獻“受”的語義最先表接受和給予，然後接受義引申爲承受、承擔義，同時接受義引申出得到和遭受義。當動詞“受”後面接抽象事物賓語時，接受義引申出秉承、禀受義，當動詞“受”後面接知識和文化給我賓語時，接受義引申出學習義。

2. 出土文獻“授”的字詞關係

漢代出土文獻中異體字繁多，字形複雜多變。字詞對應和字際關係複雜，字形符號與所記録的詞在音義關係上對應清晰。“授”的構件變化少，構件用“手”（如《銀雀山漢簡·孫臏兵法》官一2）、（如《馬王堆簡帛集成·九主》簡

5）[1]等；構件“又”訛變爲“文”，如（如《馬王堆簡帛集成·九主》簡32）[2]等。這些異體的使用反映中古文字發展過程中篆書、隸書和楷書之間複雜的衍生關係。

意義使用上出土文獻中出現表授與的“授”，字形作（《居延漢簡》146.57）。“授”的詞義分擔了“受”的授與義，并由此引申出“任命、授予”義。如：

（59）官先夏至一日以除隧取火，授中二千石、二千石官在長安、雲陽者，其民皆受。（《居延漢簡》）

（60）五年正月中，授爲甲渠誠北隧長。至甘露元年六月中，授爲殄北塞外渠并隧長成去甲渠。（《居延漢簡》）

（61）敬授民時，曰揚穀，咸趨南……（《居延新簡》）

（62）臨故殄北第八隧長，建平四年六月壬辰授補甲渠候官第十四。（《居延新簡》）

（63）□裹公乘訾千秋，年卅五，伉健，可授爲臨之隧。（《居延新簡》）

（64）已教，大子用兹念，斯乃授之書。（《北京大學藏西漢竹書·周訓》）

（65）于是召管夷吾于魯而授之相。或進諫曰：“夷吾之罪大矣，奈何不以爲戮而授之相也？”（《北京大學藏西漢竹書·周訓》）

（66）今雖隨我，將何益哉？見危授命，妄志所待（持）。（《尹灣漢墓·神烏傅（賦））

“授”表授與義的賓語多爲官名（例61、60、62）、農耕時節（例61）、與事對象人（例64、65）、抽象事物命令（例66）。在組合上“授”可與動詞“爲”組合爲“授爲”（例63）這類雙音節動詞是通過省略與事對象賓語而來的。

中古時期我們調查簡牘《長沙走馬樓三國吴簡》（三册）和碑刻文獻中的“授”。中古出土文獻中異體字繁多，字形複雜多變。字詞對應和字際關係複雜，字形符號與所記録的詞在音義關係上我們采用毛遠明（2014）漢魏六朝共1414通碑刻語料。據毛遠明（2014）研究，“授”的構件變化多端，構件“手”訛變爲“⺦”（如0411-0-16-29）、作原形“手”（如1062-0-08-14）等；構件“又”訛變爲“丈”（如0450-0-05-09）、“文”（如0067-0-18-15）、“大”（如1222-1-17-15）、“㐅”（如1101-1-06-03）等。這些異體的使用反映中古文字發展過程中篆書、隸書

〔1〕此字形引自裘錫圭主編《長沙馬王堆漢墓簡帛集成》，中華書局，2014年，第111頁。

〔2〕同上書，第112頁。

和楷書之間複雜的衍生關係。

意義使用上出土文獻中表授與均只用“授”，表接受只用“受”，二者分工至此基本明確。表授與的“授”用例如：

（67）帝嘉厥功，授以符命。（公元 143 年《景君碑》）

（68）智出天然，妙感靈授。（公元 522 年《郭定興墓志》）

（69）常以相女而授，固未之許。（公元 525 年《元誘妻薛伯徽墓志》）

個別的“授”通“受”，表接受。如：

（70）未幾，以授接之功，除大鴻臚丞。（公元 517 年《楊舒墓志》）

以上研究表明，出土文獻中“受”，從甲骨文到秦代一千多年間，其字詞關係處于授受同辭的使用情況。即一個“受”字，充當兩個詞，它既表授與義的“授”又表接受義的“受”。漢代産生派生字“授”，承擔“受”一部分職能。從此二者也開始有所分工。中古二者分工明確，“受”表接受，“授”表授與。句法結構上基本句式爲“授與者＋受＋接受者＋授受物”和“接受者＋受＋授受物”。除此以外，也有極少數的變式“授與者＋受＋以＋授受物”，如“授以符命”。或“授與者＋以＋授受物＋受＋接受者”，如“女（汝）以箸（書）受之。”或“接受者＋受＋授受物”，如“王受命。”或“授與者＋受＋接受者”，如“王不受其子而受賢。”之所以授受動詞“受”和“授”能組合爲“授與者＋受＋接受者＋授受物”和“接受者＋受＋授受物”句式，是因爲它們是三價動詞，這樣動詞很容易進入雙及物構式。

三、與傳世文獻對照看出土文獻授受動詞字詞關係的特點

1. 傳世文獻中“受 / 授”的使用情況

以上研究了古漢語出土文獻中授受動詞“受 / 授”使用，若需要與傳世文獻對照看出土文獻授受動詞字詞關係的特點，則先要簡述傳世文獻中“受 / 授”的使用情況。其使用有以下這些方面：

其一，“受 / 授”二字最早同時用于《尚書》《詩經》。首先看《尚書》中的用例，[1] 如：

〔1〕 本文有關《尚書》的版本是明代内府本，參考清阮元《十三經注疏》，上海古籍出版社。

（71）受王嘉師，監于茲祥刑。（《尚書・吕刑》）

（72）正月上日，受終于文祖。（《尚書・舜典》）

（73）乃命羲和，欽若昊天，曆象日月星辰，敬授人時。（《尚書・堯典》）

（74）盥，以異同，秉璋以酢。授宗人同；拜，王答拜。（《尚書・顧命》）

唐敦煌遺書《尚書・堯典》（第111頁）中已經將"敬授人時"中的"授"寫作今字。因爲"授"漢代産生了。[1]

再看《詩經》中的用例。如：[2]

（75）覯閔既多，受侮不少。（《詩經・邶風・柏舟》）

（76）舒懮受兮，勞心慅兮。（《詩經・陳風・月出》）

（77）七月流火，九月授衣。（《詩經・豳風・七月》）

（78）或肆之筵、或授之几。（《詩經・大雅・行葦》）

其二，傳世文獻中"受"的語義和句法。

傳世文獻中"受"，除表姓氏以外，讀音只有《廣韵》"殖酉切"一音。先後記録過三個詞，屬一字多詞。

"受"記録的第一個詞是"受"，表接受。此義的"受"先後引申有八個主要義項，下面對它進行立義、釋義、排序和進行代表性引例。[3]

〈1〉接受。《尚書・舜典》："正月上日，受終于文祖。"指正月的一個吉日，舜在堯的太廟接受了禪讓的册命。《詩經・小雅・天保》："罄無不宜，受天百禄。"

〈2〉得到、收取。《管子・海王》："名有海之國讎鹽於吾國，釜十五，吾受而民出之以百。"尹知章注："受，取也。假令彼鹽平價釜當十錢者，吾又加五錢而取之。"《周禮・春官・司干》："祭祀，舞者既陳，則授舞器，既舞則受之。"鄭玄注："受，取藏之。"

〈3〉繼承。《孟子・滕文公上》："且《志》曰：'喪祭從先祖。'曰：'吾有所受之也。'"焦循正義引《儀禮・喪服》注："受，猶承也。"《儀禮・喪服》："疏衰裳，齊牡麻絰，無受者。"鄭玄注："無受者，服是服而除，不以輕服受之。"

〈4〉遭受。《詩・邶風・柏舟》："覯閔既多，受侮不少。"《後漢書・宦者傳》：

〔1〕 唐敦煌遺書《尚書・堯典》刻寫于唐代，參考張涌泉主編《敦煌經部合集文獻（一）》，中華書局，2008年。

〔2〕 本文有關《詩經》的版本是崇正堂明嘉靖35年（1556）刻寫的宋朱熹《詩經集注》。

〔3〕 本文以下義項内容參考《漢語大字典》基礎上調查古漢語若干文獻，將諸語境義進行整合，讓其能進入詞庫，成爲詞義，共有8項。

“調廣民困，費多獻少，奸吏因其利，百姓受其敝。”

〈5〉盛，容納。《易・咸》：“君子以虛受人。”指君子用謙虛的態度來接受他人的言行。《方言》卷六：“受，盛也，猶秦晋言容盛也。”

〈6〉測量。《尹文子・大道上》：“故人以度審長短，以量受少多，以衡平輕重，以律均清濁，以名稽虛實，以法定治亂。”

〈7〉擔保。《周禮・地官・大司徒》：“令五家爲比，使之相保；五比爲閭，使之相受。”鄭玄注：“保猶任也。”清俞樾《古書疑義舉例・兩句似異而實同例》：“受與保同義。古語或以保、受連文，《士冠禮》‘永受保之’是也；或以保、受連文，《尚書・召誥》‘保受王威命明德’是也。‘使之相保’‘使之相受’，文異而義同，皆謂使之互相任保，不爲罪過也。”

〈8〉適合。《吕氏春秋・圜道》：“宫徵商羽角，各處其處，音皆調均，不可以相違，此所以無不受也。”高誘注：“受，亦應也。”

表接受的“受”的以上義項中，接受是基本義，由此直接引申出得到、收取、繼承三個義項，這三個義項均爲中性義。同時接受引申出褒義遭受之義。後來接受義引申出更加抽象的盛、容納、測量、擔保諸義。

“受”記録的第二個詞是“授”，主要表授與。晋葛洪《神仙傳・沈羲》：“有三仙人，羽衣持節，以白玉簡青玉介丹玉字受羲，羲不能識。”一本作“授”。唐代李亢《獨異志》卷中引《西京雜記》：“弘成子少時好學，嘗有人過門，受一文石，大如燕卵，吞之，遂明悟而更聰敏。”一本作“授”。

第三個詞“壽”，表壽命，通“壽”。《敦煌曲子詞・菩薩蠻》：“再安社稷垂衣理，受同山嶽長江水。”《敦煌曲子詞・感皇恩》：“當今聖受被南山。”

其三，傳世文獻中“授”的語義和句法。

傳世文獻中“授”，除表姓氏以外，讀音只有《廣韵》“承呪切”一音。先後記録過兩個詞，屬一字多詞。

“授”記録的第一個詞是“授”，表接受。此義的“授”先後有四個主要義項，下面在立義、釋義、排序和引例方面進行討論。

〈1〉給予、交付。《詩・豳風・七月》：“七月流火，九月授衣。”毛傳：“九月霜始降，婦功成，可以授冬衣矣。”《詩・鄭風・緇衣》：“適子之館兮，還予授子之粲兮。”韋昭注：“授，予也。”

〈2〉交還。《國語・晋語四》：“及河，子犯授公子載璧。”韋昭注：“授，還也。”《韓非子・難二》：“周公旦假爲天子七年，成王壯，授之以政。”

〈3〉任用、任命。《三國志・吴書・賀邵傳》:“<高宗>遠覽前代任賢之功，近寤今日謬授之失，清澄朝位，旌叙俊乂，放退佞邪，抑奪奸勢。”

〈4〉傳授，教。漢班固《東都賦》:“主人曰:‘復位，今將授子以五篇之詩。’賓既卒業，乃稱曰:‘美哉乎斯詩!’”南朝梁劉勰《文心雕龍・風骨》:“然文術多門，各適所好，明者弗授，學者弗師。”

表授與的“授”的以上四個義項中，給予、交付是基本義，由此直接引申出交還這個義項。後來給予引申出更加抽象的任用、任命、傳授，教等諸義。

“授”記録的第二個詞是“受”，通“受”，接受。《周禮・天官・司儀》:“登，再拜授幣，賓拜送幣。”鄭玄注:“授，當爲‘受’。主人拜至，且受玉也。”漢荀悦《申鑒・俗嫌》:“關者所以關藏呼吸之氣，以稟授四氣也。”

2. 從傳世文獻與出土文獻對照中看出土文獻“受/授”的特點

出土文獻中的“受/授”與傳世文獻相同的特點有:

其一，授受動詞“受/授”在出土文獻和傳世文獻中均有使用，“受”和“授”在兩類文獻中均有互用，“受”和“授”在兩類文獻中既可表接受也可表授與。但是總體上“受”和派生字“授”分工明確，前者表接受，後者表授與。

其二，句法結構上兩種文獻中基本句式爲“授與者+授+接受者+授受物”和“接受者+受+授受物”。除此以外，也有極少數的變式“授與者+授+接受者+以+授受物”，如漢班固《東都賦》“將授子以五篇之詩。”或“授與者+以+授受物+授+接受者”，如《國語・齊語》:“施伯對曰:‘殺而以其尸授之。’”或“授與者+授+授受物”，如《詩・豳風・七月》:“七月流火，九月授衣。”

其三，授受義動詞“受/授”的語義範疇在出土和傳世兩類文獻中都有賜予、付予、進獻、饋贈、給予、接受等意義。

其四，表授與義的動詞“受/授”在兩種文獻中均有一些變化的表達形式，(一)用介詞“于”引介間接賓語，位移至直接賓語後面;(二)用介詞“以”引介直接賓語，位于間接賓語之後，或置于謂語動詞前面。

其五，“受/授”表“授與”和“接受”時，二者在兩種文獻中授受物的交遞呈兩個相反的方向。表示“授與”的時候，是指授受物從授與者自己的身邊移到接受者的身邊。從説話人的角度來看，是授受物向外移動，是外向型予取；而表示“接受”的時候，是指授受物從授與者那裏移到接受者自己的身邊。從説話人的角度看，是授受物向内移動，是内向型予取。外向型授受包括第一人稱給第二人稱和第三人稱，第二人稱給第三人稱。內向型授受包括第三人稱給第二人稱和第一人稱，第二人稱給第一人稱。在進行授受物交遞時，存在有雙方的人，不同的授受動詞，影響授與者和接受者在句子中作主語宾語的位置。

其六，“授”字句在出土文獻和傳世文獻中用于進行授受物交遞時，雙方的地位、年齡均不同程度地影響句子表達。在含有“贈予、饋贈”義的動詞“授”字句中，授與者多爲授受物的持有者或主導者，在交流過程中處于主導地位。接受者則多爲處于與授與者有特定關係中的一方，在某一方得到授與者的認可；在含有“獎賞”義的動詞“授”字句中，授與者的地位高于接受者，授與者擁有獎賞的權力，具有權威性，接受者是有突出表現的個人或集體。獎賞類動詞的授受物一般是實物、稱號、財物等。授受動詞“授”爲他動詞，所授與的授受物一般作賓語，有時用介詞“以”將授受物賓格加以强調。

古漢語出土文獻中的“受 / 授”與傳世文獻不同的特點有：

其一，文字使用上，在早期出土文獻中，尤其是漢以前出土文獻中，只用“受”，不用“授”。即使是漢代出土文獻中産生了“授”字，也只有極少數情況下用“授”。而傳世文獻中，最早“受”和“授”都同時出現于西周和春秋時期的文獻裏，并且是明確分用的。如《詩經 · 鄭風 · 緇衣》：“緇衣之宜兮，敝，予又改爲兮。適子之館兮，還，予授子之粲兮。”《詩經 · 豳風 · 七月》：“七月流火，九月授衣。”《尚書 · 顧命》：“乃受同瑁……太保受同，祭、嚌、宅。授宗人同，拜，王答拜。”孔穎達疏：“王一手受同，一手受瑁，王又以瑁授宗人。”《國語 · 魯語》：“今日必授。”韋昭注：“授，予也。”《國語 · 楚語》：“顓頊受之。”韋昭注：“受，承也。”從出土文獻的使用情況表明，漢代以前，傳世文獻包括注疏文獻中的“授”疑爲後人所改，這對我們真實研究漢語字詞關係帶來困難，需要我們加强出土文獻與傳世文獻參照，研究出真正反映語言事實的字詞關係發展演變。這也充分證明漢代之前傳世文獻中“授”字使用疑爲後人所篡改。

其二，句法結構上，在早期出土文獻中，尤其是漢以前出土文獻中，基本句式只有“授與者 + 受 + 接受者 + 授受物”“授與者 + 受 + 接受者 + 以 + 授受物”“授與者 + 以 + 授受物 + 受 + 接受者”“授與者 + 受 + 授受物”和“接受者 + 受 + 授受物”，没有“授與者 + 授 + 接受者 + 授受物”“授與者 + 授 + 接受者 + 以 + 授受物”“授與者 + 以 + 授受物 + 授 + 接受者”“授與者 + 授 + 授受物”的用法。

其三，語義上，“受”同時承擔接受和授與兩個義項，即授受同辭。這種字詞語義關係只用于出土文獻，傳世文獻未見。傳世文獻中即使出現也是個別現象。出土文獻中，“受”這種授受同辭現象，從甲骨文一直存續到漢代。這種一詞多義，尤其是一個詞中有相互對立的意義在語言交際中極易發生混亂。爲了解决這一問題，漢代出現授與義的“授”這一派生字，于是在初文“受”的基礎上增加表意偏旁“扌”構造後起字“授”，專門表示授與義。中古表授與的“授”與表接受的“受”才徹底分立。

其四，分化關係上，分化字“授”在出土文獻中能看出與本字“受”的分化過程，而傳世文獻則看不出其分化過程。以上研究表明，分化字“授”産生于西漢。如《居延新簡》中用本字“受”共72例，用分化字“授”共1例（《居延新簡》T4“敬授民時”條）。

其五，表義理據上，傳世文獻用字看不出“受”字形表義的理據，也挖掘不出“受”和“授”的字詞演變關係。而出土文獻中“受”的用法，“受”字表義的理據是將信物以兩手相付予。“受”和“授”的字詞演變關係是，甲骨文到戰國古文獻和秦代竹簡中用“受”表授與和接受，漢代簡牘開始增義旁的方式在“受”的基礎上派生出“授”，從此“授”和“受”明確分工，一直到現代漢語中演變成“授與”和“接受”這一組雙音詞仍然分工明確。

其六，句式表達上，傳世文獻多用于主動句，授與者多作主語，以施事者的身份出現。有時也用于被動句，接受者作主語，以受事的身份出現。授與者作補語，常伴隨有介詞標記。而出土文獻中用主動句，不用被動句。“受”的派生義産生之前，表授與義時，授與者作主語，表接受義時，接受者作主語。

四、與其他語言對比看出土文獻授受動詞字詞關係的特點

與其他語言對比看，古漢語出土文獻中授受義動詞“受/授”在授受主體、授受對象、授受客體以及授受方式等方面，既有古漢語出土文獻自身的特點，也有與世界語言共同的特徵。

漢語與英語相比，現代英語中表給予和接受的動詞是明確分工的，這一點與上古出土文獻中的“受”完全不同，與漢代以後出土文獻中的“受/授”又是一致的。如英語表給予用confer、bestow、endow、award等，這四個動詞含有“授予”“賦予”“頒予”的意思。句法上用“confer sth. on sb”結構。如：Ownership of land usually confer ownership of everything above and below the land.（土地所有權通

常給予一切所有權，包括地面上的和地面下的）。這一句式結構在出土文獻和傳世文獻中都有類似的用法。用作“授與者＋授＋授受物＋于＋接受者”結構，如《儀禮・大射儀》：“小臣師以巾内拂矢，而授矢于公，稍屬。”英語中這些接受義動詞爲及物動詞，需帶賓語。這與出土文獻中的“受／授”功能相同。英語表接受用accept、receive、take 等，可做及物和不及物兩種用法，做及物用法時有接受、收受、同意等意義，後面帶賓語。如：It's a lovely ring, but I can't accept it.Ingrid would not accept Steele's offer. He pig-headedly refuses to accept their offers. 做不及物用法時有承認、同意、答應等意義。如：He offered her a lift and she accepted.He asked her to marry him and she accepted. 英語表示授予義時，授予者一般爲上一級或長輩。這一點與出土文獻中的“受／授”具有共同的特徵，尤其是上古出土文獻中表授予的“受”，這種社會關係非常突出。

與日語相比較，古漢語出土文獻授受動詞的含義和用法與日語有很大差异。如：古漢語有給予和接受只用一個字詞的用法。如上所述，“受”在甲骨文、金文、戰國簡帛和秦代竹簡中既表示授與又表示接受，漢代開始才派生“授”以承擔授與義。“貣”在戰國簡帛和秦代竹簡中既表示借出又表示借入，漢代開始派生“貸”以承擔借出和借入義。“貸”的授受同辭用法一直持續使用到現代漢語中，并發展爲雙音詞“借貸”。“買”在甲骨文、金文、戰國簡帛和秦代竹簡中既表示買又表示賣，秦統一中國以後，才以增義旁“出”派生出“賣”以承擔賣出義。也有只表授與義的“與、予、遺、饋、貽、賜、賞”等用法，表授與義詞彙數量多。這一點與日語有相同之處。但是古漢語授受動詞有的具有指向性，而有的没有明確外指向和内指向性；而日語表示給予和接受則有不同的詞承擔，并且都具有明確的方向性，有向外指向性付出與向内指向性得到，有真實向外指向性和非真實向外指向性兩種特徵。再如：由于不同語言的社會文化和歷史背景不同，同一詞義的字詞不同語言中産生的理據不同。再如：古漢語授與動詞中很多是表達獎賞和饋贈義的動詞，如“遺、貽、賜、賞”等，差不多占有授受義動詞的一半。這體現中國古代文化中對周圍的人實施恩惠和獎賞的重視程度，反映了中國古代人民和中華民族有很强的恩惠意識。這一點與日語是一致的。再如：古漢語授受動詞在句法表達時百分之八十的句子中都含有一定的等級性，具體表現爲上下地位等級、尊卑等級、年齡等級等。同樣日語中授受動詞也有明顯的等級觀念。當然，這只是一個初步的討論，更深入的類型學探討還需要我們進行專門研究。

五、結語

出土文獻中授受動詞字詞關係的使用特點有六：（1）出土文獻中在漢代之前只有“受”字，没有“授”字，而傳世文獻則是自《詩》《書》始便是“受/授”同時使用，説明漢以前傳世文獻中的“授”爲後人所改。（2）出土文獻中“受”字形體多樣，從甲骨文到中古碑刻“受”的異體字形多達十幾種，而傳世文獻則很少有這麼多的不同字形，反映出土文獻在漢字文化的承傳上作用要優于傳世文獻。（3）出土文獻中授受同辭，“受”既表授與義也表接受義，“授”主要表授與也有少數表接受義，而傳世文獻“受”則多專表接受，“授”多專表授與。（4）出土文獻中“受”既有“授與者+受+接受者+授受物”主動句式，也有接受者作主語的“接受者+受+授受物”的被動句式，而傳世文獻“受”則多專用于授受者作主語的“接受者+受+授受物”這類主動句式。（5）出土文獻中“受”所在句式的語義既可爲授與者主動地使授受物由授與者轉移至接受者，又可爲接受者被授與某授受物，即接受者被動地使授受物由授與者轉移至接受者。（6）無論是出土文獻還是傳世文獻中的授受動詞既有類型學共性特徵，也有漢語自身個性特徵。

研究表明，研究出土文獻字詞關係的發展演變，尤甚是早期古文字資料字詞關係的發展演變，需要將其放到整個漢語史的字詞關係演變中，與傳世文獻很好地結合對照。出土和傳世兩種語料都各自起着不可替代的作用。也就是説，研究漢語字詞關係可將傳世文獻與出土文獻進行對照。我們將兩種資料作全面徹底的對照分析，會得到有關字詞關係發展演變的科學結論。研究也表明，研究漢語字詞關係也可將世界其他語言進行對照。我們若進一步將漢語與外語兩種性質不同資料作深入的對照研判，還會得到有關漢語字詞關係發展演變自身的個性特徵與世界其他語言相同的共性特徵。當然我們這裏的跨語言比較還只是初步的，這一方面還需要我們做更加深入的工作。

On the Relationship between Characters and Words in Verbs with Giving and Receiving in the Archaeological Texts in Archaic Chinese: Taking the Characters shòu 受 /shòu 授 as an Example

Long Guofu　Bian Yujie

Abstract: Compared with non archaeological texts, the characteristics of the relationship between characters and words in verbs shòu 受 ‘receive’ /shòu 授 ‘give’ in the archaeological texts in Archaic Chinese are as follows: (1) In archaeological texts before the Han Dynasty, there was only the character shòu 受 and no shòu 授 , while in non archaeological texts, these two characters shòu 受 / shòu 授 have been used simultaneously since Shījīng 诗经 and Shàngshū 尚书 , indicating that the character shòu 授 ‘give’ has been modified by later generations before the Han Dynasty. (2) In archaeological texts,There are various forms of the character shòu 受 , with several variant forms from oracle bone inscriptions in the early ancient period to stone inscriptions in the medievalancient period, while in non archaeological texts, there are rarely so many different forms, suggesting that archaeological texts play a more significant role in the transmission of Chinese character culture than non archaeological texts. (3) In archaeological texts, giving and receiving are represented by a character and no /shòu 授 occurs, with shòu 受 implying both giving and receiving, while in non archaeologicl texts, shòu 受 /shòu 授 occur together, shòu 受 primarily denotes receiving, and shòu 授 predominantly signifies giving. (4) Regarding the character shòu 受 , there are both active sentences with the giver as subject and passive sentences with the recipient as subject in archaeological texts, while there are generally active sentences with the recipient as subject in non archaeological texts,. (5) In archaeological texts, the meaning of the sentence with the character shòu 受 can be either that the giver actively transfers the thing given from the giver to the recipient, or that the recipient is passively given something by the giver, that is, the recipient actively transfers the thing given from the giver to the recipient. (6) Both archaeological texts and non archaeological texts exhibit typological commonalities as well as distinctive features specific to Chinese language.

Keywords: relationship between character and word in verbs with giving and receiving　archaeological texts　characteristics

（龍國富　邊玉潔　中國人民大學文學院）

《西南大學新藏墓志集釋》點注商榷

楊繼光

提　要:《西南大學新藏墓志集釋》收録北魏至五代時期墓志共259通。該書將每一方墓志以拓片、提要、釋文和注解的形式呈現，方便讀者理解墓志内容和開展進一步的研究。但在標點和注釋方面仍存在一些問題，有商榷的必要。

關鍵詞：標點　注釋　校勘

《西南大學新藏墓志集釋》（下文簡稱《新藏》）收録西南大學石刻研究中心2010年以來新藏墓志共259通。這批墓志基本爲首次公布的近年出土的北魏至五代時期的墓志，原爲民間收藏，散在各地，後由碑刻文獻學、漢語言文字學專家西南大學毛遠明先生從河南、河北、山西、陝西等地陸續搜訪而得。碑刻文獻屬於同時史料，時代明確，内容真實，信息豐富，對於文史研究有很高的價值。《新藏》將每一方墓志以拓片、提要、釋文和注解的形式呈現，方便讀者理解墓志内容和開展進一步的研究。惟志石年深日久，難免侵蝕剥泐，造成文字或殘或缺，或模糊漫漶，加之志文中異體字、訛俗字、碑别字衆多，難免釋録有誤；又因志文多引經據典，涉及典故、制度衆多，難免有標點不當、注解不確或漏注重要典故、制度之處，影響讀者理解。何山（2020年）曾撰文對《新藏》進行校理，指正了書中多處録文、標點、注釋等問題，值得參看。惟經筆者仔細研讀，《新藏》中還有多處疏誤學界未予拈出。限於篇幅，本文僅從標點、注釋方面各舉數例對《新藏》提出商榷。本文基本體例爲：先引《新藏》釋文，釋文後標明出處；再對照拓片考訂疑誤。

一、標點问题

標點不當是《新藏》中出現最多的問題，筆者粗略統計，約有40處。現分小類舉例説明如下：

（一）不明對偶而誤讀

（1）北齊天統元年（565）《崔曜華墓志》："自斫耜柔耒表，華陽之社；酌酒切脯，干王門之羈。"（62/2[1]）

按：釋文前句標點不當。志文上下兩句對偶，"表"字處在與"干"字對文的位置，正確的標點當作："自斫耜柔耒，表華陽之社；酌酒切脯，干王門之羈。"其中"柔"字通"煣"，用火烤木材使彎曲或伸直。斫耜煣耒，謂從事農耕。《新藏》已指出"斫耜煣耒"爲用典，出自《漢書·食貨志第四上》："斫木爲耜，煣木爲耒，耒耨之利，以教天下，而食足。"其實"酌酒切脯"亦爲用典，《新藏》未指出。"酌酒切脯"典出西漢伏勝《尚書大傳·商書·西伯戡黎》傳："散宜生、閎夭、南宫括三子者，學於太公。太公見三子，知爲賢人，遂酌酒切脯，除爲師學之禮，約爲朋友。"志文用此典以指獲得高位者賞識。

（2）唐上元三年（676）《史融墓志》："懼神池之淪劫，燼勒貞琰，而紀泉扃。"（262/14）

按："淪劫"不辭。實因《新藏》標點有誤。"燼"當屬上而誤屬下。佛教謂壞劫之末有水、風、火三大災，劫燼即劫災後的餘灰。志文爲上下兩句對偶，正確的標點爲："懼神池之淪劫燼，勒貞琰而紀泉扃。"《西安新獲墓志集萃》釋作："懼神池之淪劫，燼勒貞琰而紀泉扃。"（第73頁）亦標點不當。

（二）不通語法而誤讀

（3）唐長慶二年（822）《杜式芳墓志》："當此時，容帥猶與賊接戰，軍儲不給使，使告於公。"（574/15）

按："給使"雖爲成詞，但此處"給使"無義，"給""使"二字不在同一個句法層次。誌中"給"與"不"直接組合，"不給"義爲"供給不足；匱乏"。《孟子·告子下》："春省耕而補不足，秋省斂而助不給。"《舊唐書·李晟傳》："欲以諸軍同神策，則財賦不給，無可奈何。"明馮夢龍《古今譚概·癖嗜》："後家不給，食饅頭，又食煨茄，俱成籠以充饑。"誌中"使使"當連讀，皆屬下。"使使"義爲"派遣使者"。第一個"使"爲動詞，"派遣"義；第二個"使"爲名詞，"使者"義。《戰國策·燕策三》："燕王拜送於庭，使使以聞大王。"《史記·淮陰侯列傳》：

〔1〕括弧中的第一個數字表示録文所對應的拓片在《新藏》中的頁碼，第二個數字表示所討論的疑誤之處在拓片中的行數。下同。

“齊王田廣以酈生賣己，乃烹之，而走高密，使使之楚請救。”故上文正確的標點當爲：“當此時，容帥猶與賊接戰，軍儲不給，使使告於公。”

（4）唐咸通十四年（873）《李元嗣墓志》：“所蒞皆以清舉，稱爲業官者歎伏焉。”（686/15）

按：標點不當。“以……稱”爲古代漢語的凝固結構，義爲“因……而著稱”。韓愈《馬説》：“駢死於槽櫪之間，不以千里稱也。”故正確的標點當爲：“所蒞皆以清舉稱，爲業官者歎伏焉。”意謂志主李元嗣在所有任職過的地方都因清俊超逸而著稱，被爲官者所讚歎佩服。

（三）不明詞義而誤讀

（5）唐開元二十七年（739）《桓臣範墓志》：“雖勉視事，常淚而無聲。因積其憂嬰，瘵而殆滅。”（438/18）

按：釋文標點不當，導致割裂詞語，同時破壞了原句的韻律美。“嬰”字當屬下而誤屬上。“嬰瘵”成詞，義爲“纏綿疾病；患病”。現有辭書未收録“嬰瘵”，但收録了其同構同素同義詞“嬰疾”“嬰病”“嬰痾”等詞。“嬰疾”例如《後漢書·黨錮傳·李膺》：“道近路夷，當即聘問，無狀嬰疾，闕於所仰。”南朝宋謝靈運《曇隆法師誄》：“同學嬰疾，振錫萬里相救。”“嬰病”例如元辛文房《唐才子傳·盧照鄰》：“後遷新都尉，嬰病去官。”明徐渭《贈沈母序》：“太君歸沈，甫二十五而寡。有姑嘗嬰病，太君至糜股以療之，得不死。”“嬰痾”例如《後漢書·孝明八王傳贊》：“下邳嬰痾，梁節邪惑。”“瘵”亦有“病”義。《詩·大雅·瞻卬》：“邦靡有定，士民其瘵。”毛傳：“瘵，病。”南朝宋謝靈運《酬從弟惠連》詩：“寢瘵謝人徒，滅迹入雲峰。”宋王安石《乞退表》之一：“念其服勞之久，湣其攖瘵之深。”“攖瘵”同“嬰瘵”，二者爲同義異形詞。“嬰”“攖”爲古今字關係。以上志文正確的標點當爲：“雖勉視事，常淚而無聲。因積其憂，嬰瘵而殆滅。”句式整齊，表意明確，富有韻律美。

（6）唐大和三年（829）《郭晩墓志》：“川守器異俾司騎，置勤以徇。”（581/11）

按：以上文字標點混亂，導致文義難通。標點錯誤的原因，蓋是編者不明其中幾個詞的含義。今謂志文中“器異”一詞，義爲“猶器重；看重”。《後漢書·馬嚴傳》：“（嚴）因覽百家群言，遂交結英賢，京師大人咸器異之。”南朝梁任昉《〈王文憲集〉序》：“叔父司空簡穆公早所器異。”明劉基《紫虚觀道士吴梅澗墓志銘》：“先生生而敏慧，好清淨，不從羣兒嬉，父母甚器異之。”

又按："騎置"也成詞。義爲："驛馬。借指乘馬傳送公文的人。"《漢書·李陵傳》："抵受降城休士，因騎置以聞。"唐顏師古注："騎置，謂驛騎也。"《宋史·刑法志一》："群臣受詔鞫獄，獄既具，騎置來上，有司斷已，復騎置下之州。"《新藏》割裂詞語。

所以上文正確的標點當作："川守器異，俾司騎置，勤以徇。"

（四）不通文義而誤讀

（7）隋開皇二十年（600）《宇文穆墓志》："東西建號揵瓴，所以卒興縱横，競雄當途，是焉高讓。"（136/3）

按：釋文因不明史實及文義而標點錯亂，導致文句扞格難通。正確的標點當爲："東西建號，揵瓴所以卒興；縱横競雄，當途是焉高讓。"上引志文是非常標準的駢體文，格式是四六四六。"東西建號"指北魏分裂爲東魏和西魏，其中西魏實權控制在權臣宇文泰手中。"揵瓴"即"建瓴"，"揵"字當爲"建"的加形字。俗書常常將表示動作的字加上"扌"旁，使表義顯豁。"建瓴"語本《史記·高祖本紀》："譬猶居高屋之上建瓴水也。"建瓴，即"建瓴水"之省，謂傾倒瓶中之水，形容居高臨下，難以阻擋的形勢。唐令狐德棻《周書·韋孝寬傳》："竊以大周土宇，跨據關河，蓄席捲之威，持建瓴之勢。"唐陸贄《誥普王荆襄江西道兵馬都元帥制》："江、漢上游，建瓴制寇。"清毛世楷《武昌》詩："枝梧蜀漢争持角，控制東南欲建瓴。"墓志"揵瓴所以卒興"與《周書》"持建瓴之勢"表義相近，都是比喻宇文家族勢力之大，崛起之速。"當途是焉高讓"指公元557年魏恭帝禪讓於宇文泰之子，西魏滅亡，北周建立。實際上是宇文泰的侄子宇文護掌握軍權，用武力迫使魏恭帝禪讓。志文是美化志主所屬的宇文家族，故有"高讓"之説。《長安地區新出隋代墓志銘十種集釋》一文此處標點正確（第17頁）。

（8）唐天寶三載（744）《王元謙墓志》："君之兄也，仁哲乃宿，昔見知君。此時也爲僧，亦因依見待。"（463/12）

按：釋文因不明文義，標點錯亂，導致讀不成句。正確的標點當作："君之兄也仁哲，乃宿昔見知。君此時也爲僧，亦因依見待。"兩句對偶。前一句讚美志主之兄，後一句事涉志主。下文："及期，兄將早世，君乃繼焉。"也是分述志主兄弟二人。"宿昔"爲成詞，義爲"從前；往日"。《史記·平津侯主父列傳》："朕宿昔庶幾獲承尊位，懼不能寧，惟所與共爲治者，君宜知之。"唐張九齡《照鏡見白髮》詩："宿昔青雲志，蹉跎白髮年。"清曹寅《春日過顧赤方先生寓居》詩："即此相逢猶宿昔，頻來常帶杖頭錢。”釋文因不明此處“宿昔”爲詞而割裂詞語，使“宿”“昔”二字分屬上下兩個小句。誌文中兩處“君”皆指志主王元謙。編者蓋將第二處“君”理解爲君主，非。

二、注釋疏失

《新藏》一書“凡例”指出：“注釋側重於從文字、詞彙、典故、史事等方面展開。”因書中所收墓志數量較大，志文中涉及的古語詞、典故詞、典章制度詞甚夥，智者千慮，容或有失。下面分類舉例指出書中注釋有待商榷或完善的條目。

（一）典故詞當注而失注

（9）北齊天保元年（550）《曲神墓志》：“羔雁相趣，不異三君之宇；冠蓋接轍，真等八子之廬。”（57/14）

按：“三君”“八子”皆爲用典，《新藏》皆未出注。“三君”指三個受人敬仰的人物，史上有不同的説法，就隋唐以前，主要有兩説，皆出自《後漢書》。一説指東漢竇武、劉淑、陳蕃。《後漢書·黨錮傳序》：“竇武、劉淑、陳蕃爲‘三君’。君者，言一世之所宗也。”一説指東漢陳寔及其子陳紀、陳諶。《後漢書·陳紀傳》：“弟諶，字季方，與紀齊德同行，父子并著高名，時號三君。每宰府辟召，常同時旌命，羔雁成群。”結合墓志上文“祖涼州使君，父西平太守”“故昆季并處通官，子侄咸居肖要”及“羔雁相趣”云云，參之以《後漢書·陳紀傳》，顯然墓志中“三君”用的是東漢陳寔及其子陳紀、陳諶的典故。

“八子”當爲“八龍”的别稱。東漢荀淑八子，均有才華和名聲，世稱“八龍”。《後漢書·荀淑傳》：“有子八人：儉、緄、靖、燾、汪、爽、肅、專，并有名稱，時人謂之八龍。”唐章懷太子李賢注：“‘專’，本或作‘敷’。”南朝陳徐陵《代梁貞陽侯與荀昂兄弟書》：“賈氏三虎，豈獨貴於前修；荀家八龍，信服在於今日。”《辭源》《辭海》《漢語大詞典》等大中型權威漢語辭書皆未收“八子”此義；《漢語典故大辭典》《中國典故大辭典》《中華典故》《二十六史典故辭典》《唐代詩詞語詞典故詞典》《全宋詞典故考釋詞典》《古代詩詞典故詞典》等漢語典故類辭書亦未收“八子”典故。其他引用“八子”典故的墓志如唐大足元年（701）《亡宫墓志》：“漢家舊秩，行參八子之榮。”[1]

---

〔1〕周紹良：《唐代墓志彙编》，第989頁。

明乎“三君”“八子”的典故，結合上引志文采用了駢偶這一文體特點，則顯然可知“蘆”當爲“廬”的同音訛誤字，與“宇”字義同或義近，指屋舍。

（10）唐大曆八年（773）《蕭遇妻范陽盧氏墓志》：“但以將封四尺，無迷五父之衢；勉課斯文，有愧外孫之碣。”（502/17）

按：釋文爲典故“五父之衢”作注，却没有爲典故“外孫之碣”作注，影響對文義的理解。“外孫之碣”典出南朝宋劉義慶《世説新語·捷悟》：“魏武嘗過曹娥碑下，楊修從，碑背上見題作‘黄絹幼婦，外孫齏臼’八字。魏武謂修曰：‘解不？’答曰：‘解。’魏武曰：‘卿未可言，待我思之。’行三十里，魏武乃曰：‘吾已得。’令修别記所知。修曰：‘黄絹，色絲也，於字爲絶。幼婦，少女也，於字爲妙。外孫，女子也，於字爲好。齏臼，受辛也，於字爲辭。所謂“絶妙好辭”也。’魏武亦記之，與修同，乃歎曰：‘我才不及卿，乃覺三十里。’”（第504頁）志文用“外孫之碣”代指聰明才智。

（二）詞義審辨不周而誤注

（11）北周建德元年（572）《宇文逢恩墓志》：“智足以廉奸，仁足以招愛。”（100/11）

按：《新藏》注“廉奸”一詞爲“使奸邪之人變得廉直”。竊謂注文不確。墓志中“廉”非本字，亦非“廉直”義，而是通“覝”，義爲“考察，查訪”。《管子·正世》：“過在下，人君不廉而變，則暴人不勝，邪亂不止。”唐尹知章注：“廉，察也。”《漢書·高帝紀下》：“且廉問，有不如吾詔者，以重論之。”唐顔師古注：“廉，察也。廉字本作覝，其音同耳。”《明史·李時勉傳》：“振銜之，廉其短，無所得。”明焦竑《焦氏筆乘·古字有通用假借用》：“覝，察，覝讀爲廉。覝，覘視之義，即古廉字。”墓志中“廉奸”義爲“查訪作奸犯科的行爲”；“廉”字與“招愛”之“招”語法功能相同，是動詞的一般用法，不是活用爲使動用法。而且説“智慧足以使奸邪之人變得廉直”也不太合乎情理和邏輯，而説“智慧足以察知到作奸犯科的行爲”則完全合情合理。

（12）唐開元二十年（732）《李德墓志》：“鍪水鏡以澄心。”（401/6）

按：《新藏》注“水鏡”曰：“清水和明鏡。兩者能清楚地反映物體，古人以爲鑒照之物。《三國志·蜀書·李嚴傳》：‘故以激憤也’下，裴松之注引晋習鑿齒：‘水至平而邪者取法，鏡至明而醜者無怒，水鏡之所以能窮物而無怨者，以其無私也。’”今謂“水鏡”是一個多義詞，“清水和明鏡”是其本義，但據墓志上下文，此處“水鏡”當爲“明鏡”義。理由有二。其一，據《漢語大字典》《漢語大詞典》《辭源》等辭書，“鋈”字有“古代一種長頸瓶”“磨拭使光亮”“明亮”等義。根據墓志上下文義及語義、語法搭配規則，知此處“鋈”字當爲“磨拭使光亮”義。清水不可磨拭，明鏡則可。其二，該句與下文“攬白花而照性”兩句駢偶，“水鏡”“白花”對偶。而“白花”亦爲多義詞，據其可用以“照性”，知此處“白花”指浪花、水花。水相激而色白，故稱白花。唐顧況《望簡寂觀》詩：“仙人住在最高處，向晚春泉流白花。”黄炳鈞《東歐游蹤・明珠更燦爛》：“南城牆建立在岩石上，面向大海，海浪拍岸，白花四濺。”明鏡之所以又稱水鏡，乃是因爲其明澈如水之映物。《文選・謝莊〈月賦〉》：“柔祇雪凝，圓靈水鏡。”唐李善注：“柔祇，地也。圓靈，天也。”唐張銑注：“言月之光彩，照地如凝雪，照天如水鏡。”唐楊炯《百泉縣令李君神道碑》：“明以禦下，將水鏡而通輝；清以立身，共冰壺而合照。”《西湖佳話・白堤政迹》：“竟將明聖一湖，包裹在内，宛如團團的一面大水鏡。”

（三）臆斷詞義而誤注

（13）東魏元象元年（538）《於或墓志》：“君孝著閨門，義形邦國。德隆堂構，才任負荷。”（16/11）

按：《新藏》注文以爲“形”通“刑”，“義形”即“儀刑”，意爲效法，給人樹立榜樣。今謂注文不確。雖然“義”確實是“儀”的古字，“形”可通“刑”字，但碑文中“義”“形”二字皆當按本字理解，非通假字。訓釋詞義的基本原則是：若其字义可通，則不可轻言通假。“義”與“孝”“德”“才”對文類義，義爲“情義；恩義”。“形”與“著”對文同義，皆爲“表現；顯露”義。怡然理順，不煩通假。

（14）唐開元二十年（732）《李德墓志》：“夫人張氏、王氏，七篇分春，四德早璋。”（401/10）

按：《新藏》注“七篇”曰：“佛教術語，即七種罪聚。戒律之分科。佛教將犯戒之相分爲七類，即統括五篇與篇外諸戒條爲七類。又稱‘七聚’‘七犯聚’‘七罪聚’。具體包括波羅夷、僧殘、偷蘭遮、波逸提、波羅提提舍尼、突吉羅、惡説。七聚之説各有不同，《毗尼母經》卷三，以尼薩耆波逸提代惡説。”今謂《新藏》所釋求之過深，却未得要領。誌文中“七篇”之前的主語是“夫人張氏、王氏”，誌文中并未提及此二夫人崇佛，“七種罪聚”云云言之無據，蓋注者想當然耳。且下文中的“四德”是封建禮教指婦女應有的四種德行，即婦德、婦言、婦容、婦功。則“七篇”當亦與女性德行有關。據此，可知“七篇”當指東漢才女班昭所作《女誡》

七篇。其事見於《後漢書·列女傳·曹世叔妻》:“扶風曹世叔妻者，同郡班彪之女也，名昭……作《女誡》七篇，有助内訓。其辭曰:‘鄙人愚暗，受性不敏，蒙先君之余寵，賴母師之典訓。……婦行第四：女有四行，一曰婦德，二曰婦言，三曰婦容，四曰婦功。’”〔1〕墓志中“七篇”用於女性時，一般指班昭所作《女誡》七篇，如唐大足元年（701）《亡宮墓志》:“班氏遺文，常守七篇之誡。”〔2〕《唐故余杭郡太夫人泉氏墓志》:“三從標孟家之訓，七篇著曹氏之誡，母儀之雄也。”〔3〕《大唐故右衛中郎高府君范陽盧夫人墓志銘并序》:“恒誦七篇，賢女夙承於閫訓。”〔4〕

四、通假字失注或誤注

（15）北齊天統元年（565）《崔曜華墓志》:“采蘩徒美，隅堞空歌。”（62/24）

按:“采繁”不合文義。原碑誤刻同音字，《新藏》釋文失校。當作“采蘩”，本系《詩經》中的篇名，墓志系用典。《詩·召南·采蘩序》:“《采蘩》，夫人不失職也。夫人可以奉祭祀，則不失職矣。”後因以“采蘩”指女子恪守婦道，克盡婦職。《新藏》所收墓志中“采蘩”多見。唐長慶四年（824）《郭弘墓志》:“夫人馮翊吉氏，早聞令範，規誡夙明。於以采蘩，玉步合體。”（577/9）唐大和七年（833）《杜式方夫人李氏墓志》:“殷雷取象，采蘩興詠。”（594/32）宋王禹偁《補李撰諫改葬楊妃疏》:“楊貴妃始以姿色召居掖庭，頗肆奸回，不循法度，以歌舞取媚，則采蘩之職不修。”志主崔曜華是女性，故志文用“采蘩徒美”以表傷悼之情。

（16）唐垂拱元年（685）《楊光墓志》:“天骨多奇，四德閑備。”（289/11）

按:《新藏》注云:“閑，通‘間’，間雜。間備，各方面都具備。”今謂“間備”不辭，且未見於古今典籍。“閑”當通“咸”。中古音“咸”爲匣母咸韻平聲開口二等，“閑”爲匣母山韻平聲開口二等，二字聲母、聲調全同，韻母相近，可得通假。“咸備”義爲“全部具備”，施於志文中怡然理順。歷代墓志中以“四德咸備”稱讚女性經見。唐咸通九年（868）《鄭少雅及妻孫氏墓志》:“三從不虧，四

〔1〕［南朝宋］范曄撰，［唐］李賢等注:《後漢書》卷84《曹世叔妻》，中華書局，1965年，第2784—2792頁。

〔2〕周紹良:《唐代墓志彙编》，第989頁。周舟:《唐代宮女墓志考》“守”字誤録作“寧”，見《黑龍江史志》2021年第6期，第42頁。

〔3〕故宮博物院、陝西省考古研究院:《新中國出土墓志·陝西》（第四卷），文物出版社，2021年，第174頁。

〔4〕轉引自陳尚君:《新出高慈夫婦墓志與唐女書家房嶙妻高氏之家世》,《碑林集刊》第十七輯，2011年，第24頁。

德咸備。”[1]前蜀乾德五年（923）《王宗侃墓志》：“夫人秦國夫人張氏，四德咸備，六禮作嬪。”[2]元至正七年（1347）《隱士高君墓志銘》：“貞順慈孝，中表儀則，事舅奉姑，從夫訓子，四德咸備。”[3]明萬曆元年（1573）《馮汝遷墓志》：“四德咸備，相夫有方，有古賢婦之稱。”[4]

結語

碑刻文獻屬於同時史料，時代明確，内容真實，信息豐富，對於文史研究有很高的價值。因年代久遠，志石間有殘泐，且書體衆多，俗字、碑别字甚夥，内容多引經據典，又事涉各朝历史人物、歷代典章制度，整理起來確有較大的難度，需要綜合運用多方面的知識。曾良（2007）、周阿根（2012）、毛遠明（2013）、張海艷、毛遠明（2015）、梁春勝（2020）、楊繼光（2021）、董憲臣（2022）等學者從文字學、詞彙學、訓詁學、語法學、校勘學、文獻學等角度對碑刻文獻的釋讀、校注工作提出了很多行之有效的途徑和方法，值得借鑒和參考。

Discussion on Annotation of the Collection and Interpretation of Newly Collected Epitaphs of Southwest University

Yang Jiguang

Abstract: *The Collection and Interpretation of Newly Collected Epitaphs of Southwest University* contains 259 epitaphs from the Northern Wei Dynasty to the Five Dynasties. The book presents the epitaphs of each side in the form of rubbings, abstracts, explanations and notes, which is convenient for readers to understand the epitaphs and carry out further research. However, there are still some problems in punctuation and annotation, which need to be discussed.

Keywords: punctuation　annotation　collate

（楊繼光　閩南師範大學文學院）

〔1〕《唐代墓志彙編》，第 2436 頁。

〔2〕轉引自朱禕：《前蜀王宗侃夫婦墓志校讀及相關問題探討》，《魏晋南北朝隋唐史資料》第四十三輯，第 199 頁。

〔3〕李修生：《全元文》第五册，江蘇古籍出版社，1999 年，第 456 頁。

〔4〕轉引自張紅軍：《明馮汝遷墓志考》，《洛陽考古》2018 年第 1 期，第 81 頁。

郭店楚簡《語叢一》"詩由敬作"析論

胡　寧

提　要："詩由敬作"一語見於郭店楚簡《語叢一》，"敬"字應如在清華簡詩類文獻《周公之琴舞》中的用法一樣，讀爲"儆"。這句話説詩因儆戒而作，是對詩歌創作動機和進獻意圖的概括，也是對詩歌政教功能的概括。以"儆毖"爲創作動機的詩篇，普遍存在於《詩經》"頌""雅""風"三部分，而在"獻詩""采詩"制度下，與諷諫相關聯的或者説具有儆毖功能的，不僅僅是那些明顯具有儆毖之意的、被稱爲"儆毖詩"的詩篇，連那些看來與儆毖無關的，甚至看似與譏刺針砭正相反的"美詩"，也都具有了儆戒時君的功能。周詩在創作、使用和詮釋上的"儆毖傳統"與納諫制度密切相關，對以"四始六義"爲代表性理論的漢代詩經學的形成有直接影響。

關鍵詞：郭店楚簡　《語叢一》　詩由敬作

"持遊（由）敬作"一語見於郭店楚簡《語叢一》第95簡，[1]相較於這批竹簡中其他與詩相關的材料，如《緇衣》和《五行》篇的引詩、《性自命出》和《六德》篇的論詩，還有同出於《語叢一》的"詩，所以會古今之志也"[2]等，這短短四個字的一句較少受到關注。《郭店楚墓竹簡》除了給出釋文外，没有作注釋，李零先生《校讀記》也僅説"'持'讀法待考"，[3]劉釗先生《校釋》讀"持"爲"詩"，并説："簡文謂'詩'是由'恭敬'而作出的。"[4]没有更詳細地解説。專門探討這一句的論文，至今付諸闕如。郭店楚簡的出土和公布已經有二十多年了，更多的楚簡文獻陸續公諸於世，其中包括不少與詩相關的材料。現在回頭再看這一句，可以有新的理解，而且值得作深入探究。筆者擬在本文中嘗試探討之，以就教於方家。

---

〔1〕 荆門市博物館編：《郭店楚墓竹簡》，文物出版社 1998 年版，第 198 頁。

〔2〕 同上書，第 194 頁。

〔3〕 李零：《郭店楚簡校讀記（修訂本）》，中國人民大學出版社 2007 年版，第 212 頁。

〔4〕 劉釗：《郭店楚簡校釋》，福建人民出版社 2005 年版，第 197 頁。

一、"敬"與"儆"

劉釗先生將"持"字讀爲"詩"，當從。郭店楚簡《緇衣》用"寺"表示"詩"，《性自命出》用"時"，《六德》等篇用"峕"，《唐虞之道》用"阩"，皆從"寺"得聲之字。此句"持"而言"作"，唯有讀爲"詩"最合適。但一者與"詩由敬作"類似的表述不見於傳世與其他出土文獻，二者將"敬"作爲周代儀式樂歌製作的主旨似乎很難講通，所以辨析和運用這則材料的著作很少。《爾雅·釋詁》："由，自也。""詩由敬作"意謂"敬"是詩歌創作的起點、緣由，也就是創作動機。誠然，恭敬可以説是《詩經》中表現的美德懿行之一，有"敬天""敬恭明神"等表述，但我們不能説詩是以恭敬爲動機而創作的。

2012年，《清華大學藏戰國竹簡（三）》公布，其中有兩種與詩相關的文獻，爲我們重新審視"詩由敬作"具有啓發作用。兩種文獻，一種名爲《周公之琴舞》，有17支簡，背面有編號，除了簡15殘缺近半，皆保存完好。篇中記録周公、成王所作10首詩，且爲一個儀式整體，以"琴舞"演繹。首先説：

周公作多士敬（儆）怭（毖），琴舞九絉（遂）。

原整理者注："作，製作。多士敬怭，讀爲'多士儆毖'，即對衆士的告誡之詩。多士，衆士。《書·多士》：'爾殷遺多士。'《詩·周頌·清廟》：'濟濟多士，秉文之德。'敬，讀爲'儆'或'警'。《大雅·常武》'既敬既戒'，馬瑞辰《毛詩傳箋通釋》：'敬與儆古通用。''怭'同清華簡《芮良夫毖》之'詠'，讀爲'毖'，《書·酒誥》：'王曰：封！汝典聽朕毖，勿辯乃司民湎於酒。'"[1]下接詩一首，然後説：

成王作敬（儆）怭（毖），琴舞九絉（遂）。

下面記録了九首詩，其中包括《周頌·敬之》。

簡文中用"敬（儆）怭（毖）"表述周公、成王的創作動機，特别值得注意。"敬"讀爲"儆"或"警"，文獻中例證甚多，《詩經·大雅·常武》："既敬既戒，惠此南國。"鄭箋："敬之言警也，警戒六軍之衆。"《周禮·夏官·序言》注引作"既儆既戒"。《左傳》襄公二十二年："生在敬戒，不在富也。"楊伯峻先生注："敬讀爲儆，《説文》：'儆，戒也。'"《逸周書》有《寤敬》篇，《匯校集注》："敬……盧改

〔1〕 清華大學出土文獻保護與研究中心編、李學勤主編：《清華大學藏戰國竹簡（叁）》，中西書局2012年版，第134頁。

‘儆’，云：‘敬亦與儆通。’《管子·立政篇》‘敬山澤’敬同儆，訓爲戒也。”又如《管子·大略》：“下卿進曰：‘敬戒無怠，慶者在堂，吊者在閭。’”“敬”亦同“儆”。出土文獻用例也不少，如中山侯惪鉞銘：“天子建邦，中山侯惪乍（作）玆軍鉞以敬氒衆。”“敬氒衆”的“敬”顯然應讀爲“儆”。又如睡虎地秦簡《内史雜》：“善宿衛，閉門輒靡其旁火，慎守唯敬。”《編年紀》：“十九年……南郡備敬。”“敬”都顯然表示儆戒之義。

“毖”，《説文》：“慎也。”《爾雅·釋詁》亦曰“慎也”。“敬”亦可訓爲“慎”，《玉篇》：《詩經·周頌·閔予小子》“夙夜敬止”鄭箋：“敬，慎也。”《吕氏春秋·孝行》“敢不敬乎”高誘注：“敬，畏慎。”訓爲“慎”的“敬”亦應讀爲“儆”或者視爲“儆”之初文，“儆”包含“懲前”和“毖後”兩層内容：“懲”指向過去，是從已經發生的灾難、錯誤、過失（不一定是自己的錯誤、過失）及其後果中警醒；“毖”是將來應怎樣做，慎重地應對灾難或避免重蹈覆轍。“儆毖”連言，“儆”的意思包含了“毖”，“毖”的意思實際上也兼包“懲前”，可以視爲同義連用。

另一種文獻是《芮良夫毖》，記録了周厲王時大臣芮良夫所做之詩。此篇一開始先記當時政治形勢，再録詩：

> 周邦驟有禍，寇戎方晋，厥辟、禦事各營其身，恒爭於富。莫治庶難，莫恤邦之不寧。芮良夫乃作毖再終，曰……

幾句概述政治狀況的話，是序文的性質，其實也類似於詩，與《小雅》《大雅》中的政治諷刺詩形式、用語皆相近。厲王朝内憂外患踵至，故芮良夫作詩儆戒王和衆臣。詩中説：

> 凡惟君子，尚監於先舊。道讀善敗，俾匡以戒。□□功績，恭潔享祀。和德定刑，正百有司。胥訓胥教，胥箴胥誨。各圖厥永，以交罔悔。

整理者注：“‘先舊’見於叔尸鐘（《集成》二七五），銘文説‘尸箕其先舊，及其高祖’，指舊人、先人而言。”[1] 子居説：“道讀，即宣説，其例可見於《詩經·墉風·墻有茨》：‘中冓之言，不可道也。所可道也？言之醜也。……中冓之言，不可讀也。所可讀也？言之辱也。’高亨注：‘讀，宣揚。’”[2]“善敗”猶“成敗”，《左傳》僖公二十年“君子曰”：“隨之見伐，不量力也。量力而動，其過鮮矣。善敗由己，而由人乎哉？”竹添光鴻《會箋》：“‘善敗’猶云‘成敗’。《周語》召公曰：

〔1〕清華大學出土文獻保護與研究中心編、李學勤主編：《清華大學藏戰國竹簡（叁）》，第153頁。
〔2〕子居：《清華簡〈芮良夫毖〉解析》，confucius2000網，2013年2月24日。

'口之宣言也，善敗於是乎興。' 言口能作事之成敗也，其下云：'夫民慮之心而宣之口，成而行之。' 直以 '成' 字代 '善' 字，可以見矣。又《晋語》趙簡子曰：'擇才而薦之，朝夕誦善敗而納之。'《楚語》：'左史倚相能道訓典，以叙百物，以朝夕獻善敗於寡君。' 其義皆同。"〔1〕"善敗" 就是指歷史的經驗教訓，趙簡子之言可與本詩這幾句并觀。以史爲鑒，善於總結歷史經驗教訓的人，才能知懲，自我匡正而知戒懼，時君及其臣屬當仿效先輩懿德善政，享祀恭敬潔净，和以德，定以刑，内外百官井井有條。相互箴訓教誨，圖謀長治久安，以求没有悔吝。"以交罔悔" 就是毖後，若厲王君臣以史爲鑒，知懲知戒，則能考慮長遠而避免後患。如今不知，故芮良夫以詩針砭。

因此，詩中追溯 "先王" 善政，著眼點就在儆毖上：

昔在先王，既有衆庸。□□庶難，用建其邦。平和庶民，莫敢懜憧。□□□□□□□□□用協保，罔有怨訟。恒爭獻其力，威燮方仇，先君以多功。古□□□□□□□□□□元君，用有聖政德。以力及作，燮仇啓國。以武及勇，衛相社稷。懷慈幼弱，羸寡煢獨。萬民俱憖，邦用昌熾。

庸，整理者訓爲 "功"，〔2〕似可商榷。此句言 "既有"，後言種種施爲，歸結到 "先君以多功"，若此句 "庸" 也訓爲 "功"，似嫌重複，且不大合乎這幾句的邏輯順序。筆者以爲可依《爾雅・釋詁》訓爲 "勞"，先有勞而後有功也。先王所勞者爲何？即下面的種種描述，而這些描述皆是當時君臣之所爲的反面："庶難" 前二字雖缺失，此句一定是與 "莫治庶難" "不圖難" 相反的。"平和庶民" "懷慈幼弱，羸寡煢獨" 在 "民之殘矣" 的反面，"萬民俱憖" 在 "民用憂傷" 的反面，"罔有怨訟" 在 "人訟幹違" 的反面，"恒爭獻其力" 在 "自縱於逸以囂" 的反面。

這兩種楚簡記詩文獻，都有類似於 "序" 的説明文字，明確交代了創作背景和動機，其動機都用 "儆毖" 或 "毖" 來表示，表明這些詩是爲了儆戒而創作的，《周公之琴舞》中的詩是爲了儆戒 "多士" 或自儆，《芮良父毖》是爲了儆毖當時的在位當政者。一言以蔽之，正可把《語叢一》裏面那句話的 "敬" 也讀爲 "儆"，説 "詩由儆作"。當然，僅僅依據這兩篇楚簡文獻，尚不足以讓 "詩由儆作" 作爲一句格言得以成立，我們尚需作兩方面考察：一爲 "儆戒" "儆毖" 在周代是不是一種常見的詩歌創作動機，其普遍性是否足以對詩的創作動機作總體概括。另一方面是典籍中有没有相關的、具有概括性的表述。

〔1〕［日］竹添進一郎：《左氏會箋》卷六，冨山房昭和五十三（1978）年版，卷六第 16 頁。

〔2〕清華大學出土文獻保護與研究中心編、李學勤主編：《清華大學藏戰國竹簡（叁）》，第 151 頁。

二、"儆毖詩"的創作

對《周公之琴舞》的研究，李守奎先生最先提出"儆毖類頌詩"的概念，這一類詩包括了傅斯年先生早已歸爲一類的幾首:《閔予小子》《訪落》《小毖》《烈文》《敬之》。《詩經》中,《周頌》乃宗廟祭祀樂歌，但并非只有對先王歌功頌德之辭，而是包含着儆誡時人的内容，彰顯了危機感、責任感和使命感。李先生又聯繫清華簡《耆夜》説:"毖這類詩除了對他人之勸諫之外，還用於自儆。在《周公之琴舞》中，周公所作詩大都不載，但從《耆夜》中的《蟋蟀》等周公的詩作看，多是儆戒他人，而成王在本篇中的詩大都是自儆，對他人的儆毖也是勸多於戒，勸與戒正反相因，二位一體，戒往往離不開勸。"〔1〕《蟋蟀》的傳世本在《詩經·唐風》。

與《周公之琴舞》中所載爲頌詩不同,《芮良父毖》所載則是西周晚期的大雅詩，在雅詩中具有代表性，核心理念是秉承自先王時代的敬天保民思想，特别注重歷史經驗教訓，這是其自覺秉承"儆毖傳統"的鮮明體現,《小雅》和《大雅》中被稱爲"刺詩"的作品，基本上都作於西周晚期厲王、幽王時期或者兩周之際，那是一個内憂外患接踵而至，政治危機日甚一日并最終爆發巨大政治灾難的時代。當時一些有遠見、有政治責任感的王朝卿大夫身處亂局而憂心忡忡，或面對灾難而痛心疾首，結合自身的際遇，發而爲詩。上博簡《孔子詩論》中，孔子以"多言難而怨懟"作爲對《小雅》之詩的總結，也就是把刺詩作爲《小雅》的主要和具有代表性的部分。在《孔子詩論》的另一處，又説:"民之有戚患也，上下之不合者，其用心也將何如？［曰:《小雅》是也。］"黄懷信先生説:"民之有戚患，正與第八章論《小雅》'多言難而怨懟者也'説相合。'上下之不合'，也正是怨懟之所起。"〔2〕將這兩段話結合起來，就是西周晚期（含兩周之際）刺詩之概要：在"上下不合"的混亂狀態下，面對政治困境（難），用詩歌表達自己的憂患和對執政者的怨懟。"言難而怨懟"是爲了警醒在位者。

如《小雅·十月之交》，作者在幽王時昏亂的政治環境下憂心忡忡，既爲周王朝的命運憂慮，也爲自己的境遇憂傷，他"黽勉從事，不敢告勞"，"無罪無辜"却遭遇到"讒口囂囂"。詩的末章云：

---

〔1〕 李守奎:《清華簡〈周公之琴舞〉與周頌》,《文物》2012年第8期。

〔2〕 黄懷信:《上海博物館藏戰國楚竹書〈詩論〉解義》，第259—260頁。

悠悠我里，亦孔之痗。四方有羨，我獨居憂。民莫不逸，我獨不敢休。天命不徹，我不敢效我友自逸。

"里""痗"都訓爲病，[1]詩人憂思成疾，在當時統治上層逸樂縱恣的風習下保持頭腦清醒，雖遭受壓制和打擊，依然任勞任怨。

又如《小雅・雨無正》言"周宗既滅"，[2]表明這首詩作於鎬京殘破之後，詩的一開始就説："浩浩昊天，不駿其德。降喪饑饉，斬伐四國。"在這樣嚴峻的形勢下，統治上層依然不知悔改：

三事大夫，莫肯夙夜。邦君諸侯，莫肯朝夕。庶曰式臧，覆出爲惡。

朱熹《集傳》："三事，三公也。大夫，六卿及中下大夫也。臧，善。言將有易姓之禍，其兆已見，而天變人離又如此，庶幾曰王改而爲善，乃覆出爲惡而不悛也。"面對如此局面，詩人悲不自勝："哀哉不能言，匪舌是出，維躬是瘁。"但他仍正言呼籲，試圖警醒衆貴族："凡百君子，各敬爾身。胡不相畏？不畏於天。"

又如《小雅・巷伯》是西周晚期一個"寺人"（鄭箋："内小臣也。"）因被人中傷而作的激憤之詩，詩中呼"蒼天蒼天"，求上天"視彼驕人，矜此勞人"。對那個譖毀他的人切齒痛恨：

取彼譖人，投畀豺虎。豺虎不食，投畀有北。有北不受，投畀有昊。

毛傳："投，弃也。北方寒凉不毛。昊，昊天也。"最終還是希望上天懲罰"譖人"。在詩的末尾，詩人鄭重地寫出自己的名字并發出呼籲："寺人孟子，作爲此詩。凡百君子，敬而聽之。"顯然，寺人孟子作此詩，是爲了儆戒衆多"君子"的。

從這些詩中，我們能感受到詩人敬天畏法、忠君愛民的情感寄寓，由此出發而儆衆并自儆。《大雅》中亦有，如《民勞》，如朱熹《詩集傳》所言，是"同列相戒之詞"，詩中儆戒之語甚多。再如《板》首章即闡明創作意圖曰："上帝板板，下民卒癉。出話不然，爲猶不遠。靡聖管管，不實於亶。猶之未遠，是用大諫。"説當時人民憂勞困頓，而當政者却妄行政令，目光短淺，剛愎自用，混淆是非，所以詩人以詩的形式大力勸諫。又如《國語・楚語下》記載衛武公作詩之事曰："昔衛武公年數九十有五矣，猶箴儆於國曰：自卿以下至於師長士，苟在朝者，無謂我老耄而舍我，必恭恪於朝，朝夕以交戒我。聞一二之言，必誦志而納之，以訓道我。在輿有旅賁之規，位寧有官師之典，倚幾有誦訓之諫，居寢有暬御之箴，臨事有瞽史之道，

〔1〕 毛傳："里，病也。痗，病也。"鄭箋："里，居也。"馬瑞辰認爲此詩的"里"是"瘇"或"悝"的古字，兼憂、病兩義。參見馬氏著：《毛詩傳箋通釋》，中華書局 1989 年版，第 620 頁。

〔2〕［清］陳奂曰："周宗當作宗周，《左傳》引詩作宗周。"（《詩毛氏傳疏》卷四，第 93 頁。）

宴居有師工之誦。史不失書，矇不失誦，以訓禦之。於是乎作《懿戒》以自儆也。”韋昭注：“昭謂《懿》詩，《大雅·抑》之篇也，懿讀曰抑。”從詩的内容來看，不僅是自儆，也是儆戒王與衆臣。

儆毖詩的創作，春秋時期仍在延續，就以《左傳》等典籍中明確記載了“詩本事”的風詩來説，如《載馳》，在《詩經·鄘風》，《小序》：“許穆公夫人作也。閔其宗國顛覆，自傷不能救也。衛懿公爲狄人所滅，國人分散，露於漕邑。許穆夫人閔衛之亡，傷許之小，力不能救，思歸唁其兄，又義不得，故賦是詩也。”是依據《左傳》閔公二年的記載：“冬十二月，狄人伐衛。……及狄人戰於熒澤，衛師敗績，遂滅衛。……初，惠公之即位也少，齊人使昭伯烝於宣姜，不可，强之。生齊子、戴公、文公、宋桓夫人、許穆夫人。文公爲衛之多患也，先適齊。及敗，宋桓公逆諸河，宵濟。衛之遺民男女七百有三十人，益之以共，滕之民爲五千人，立戴公以廬於曹。許穆夫人賦《載馳》。”這首詩的主要内容是斥責阻攔其歸國的許人，許穆公夫人之所以淩駕許國衆臣而斥責之，聲稱自己思深謀遠，并非只是聞母邦覆滅而歸唁不得的激憤之言，因爲她所執守的是同盟國之間應守望相助、患難相恤的政治倫理。其末章曰：“大夫君子，無我有尤！百爾所思，不如我所之！”斥責之中有勸勉，希望得到支持和理解。此詩感慨深沉，有理有節，是一首極富感染力的儆毖詩。

其他《左傳》載有“詩本事”的，如《黄鳥》《清人》等，亦有儆毖之意，而《國風》中大多數詩篇，創作背景難以考知，而且因爲多用比興而比雅詩頌詩更含蓄，意旨難明。儘管如此，儆毖之語還是能找出不少的，如《邶風·柏舟》第三章曰：“我心匪石，不可轉也；我心匪席，不可卷也。威儀棣棣，不可選也。”是詩人在“愠於群小”的境況下自誓之辭，有自儆之意。再如《燕燕》末二句曰“先君之思，以勖寡人”，是“仲氏”對詩作者的勉勵之語，記入詩中成爲點睛之筆，實是詩人的自儆。又如《齊風·鶏鳴》是妻子催促丈夫早起上朝的詩，末句言“無庶予子憎”，儆戒之意甚明。又如《齊風·南山》是譏刺齊襄公與文姜淫亂的詩，其中亦有“取妻如之何？必告父母”“取妻如之何，匪媒不得”這樣的正言告誡。還有如《唐風·山有樞》是一首以物盡其用、及時享樂爲主旨的儆戒詩，《曹風·鳲鳩》則是一首提示君子用心應均平專一的儆戒詩，等等。但是我們亦應看到，春秋時期的“刺詩”有其時代特點，很多并不是嚴肅認真地傾情抒發，而是以嘲弄譏笑的口吻嬉笑怒駡，《邶風·新台》將衛宣公比作臃腫矮胖的癩蛤蟆，《魏風·碩鼠》稱統治者爲大老鼠。而且，所刺的多爲宫廷醜聞，多用比喻象徵，含沙射影，如《齊風·敝笱》《載驅》《陳風·株林》等，缺乏嚴肅的審視態度和厚重的情感投入，從創作意圖上來説很難看出儆毖警示之意。

從以上分析可知，以“儆毖”爲創作動機的詩篇，“頌”“雅”“風”三部分皆有，可以説具備一定的普遍性。但是儆毖詩畢竟只是“詩三百”的一部分，儘管對詩的整體判斷并不一定需要把每一首詩都概括在内，僅僅列舉《詩經》中的有明顯儆戒意圖的詩篇，尚不足以成立“詩由儆作”。下面，筆者擬着眼於典籍所載先秦時期對詩歌功能的概括性認知，作進一步論證。

三、獻詩爲諫

《國語・周語上》記載了邵公諫厲王弭謗一事，邵公認爲“防民之口，甚於防川”，應該允許民衆表達意見而不應堵塞之，他説：

> 故天子聽政，使公卿至於列士獻詩，瞽獻曲，史獻書，師箴，瞍賦，蒙誦，百工諫，庶人傳語，近臣盡規，親戚補察，瞽、史教誨，耆艾修之，而後王斟酌焉。

“使公卿至於列士獻詩”韋昭注：“獻詩以風也。”《集解》引汪遠孫曰：“《内傳》襄十四年疏引韋昭曰：‘公以下至上士各獻諷諫之詩。’”則詩之功能在於諷諫，諷諫是下對上的儆戒規勸。

我們可以細看這段話，詩在當時是儀式樂歌，所以“瞽獻曲”之曲與詩是一體的，“瞽”是盲樂師，下文“師”“瞍”“蒙”也都是盲樂師，韋昭注：“師，小師也。箴，刺王闕以正得失也。”“無眸子曰瞍。賦，（賦）公卿列士所獻詩也。”“蒙主弦歌諷誦。誦謂箴諫之語也。”“百工諫”的“諫”，韋昭注：“執藝事以諫，謂若匠師慶諫魯莊公丹楹刻桷也。”即以不同手工業勞動的經驗爲依據進諫。“庶人傳語”，韋昭注：“庶人卑賤，見時得失不得達，傳以語王也。”“近臣盡規”，韋昭注：“近臣謂驂僕之屬。盡規，盡其規計以告王也。”俞樾讀“盡”爲“進”，吴曾祺訓“規”爲規諫，[1]當從。“親戚補察”，韋昭注：“補，補過。察，察政也。”“瞽史教誨”當是合前文“瞽獻曲”“史獻書”等而言。“耆艾修之”，《集解》引吴曾祺曰：“修，儆也，謂儆戒先王也。”[2]從以上這些用詞來看，箴、諫、規、修、補察等，皆儆毖規勸之義，“公卿至於列士獻詩”的目的正在於此，詩的功能也就正在於此。

---

〔1〕 徐元誥：《國語集解》，中華書局2002年版，第11—12頁。

〔2〕 同上書，第12頁。

馬銀琴先生已經注意到以《周公之琴舞》爲代表的儆毖詩的使用，與“納諫制度”“納諫傳統”有密切的關係，認爲“與‘歌’的頌美不同，‘詩’的本義基於諷諫”。[1]在基本内涵的層面上把“詩”與“諷諫”聯繫在一起，頗具卓識，但將“詩”與“歌”作這樣的區分，似可商榷。在“獻詩”或“采詩”制度下，與諷諫相關聯的或者説具有儆毖功能的，不僅僅是那些明顯具有儆毖之意的、被稱爲“儆毖詩”的詩篇。只有認識到這一點，才能把握詩之總體與儆毖、諷諫之間的關係。

“獻詩”是把詩獻給朝廷，由樂師樂工加工後，用於禮儀活動，達於君聽，從“公卿至於列士獻詩”到“瞽獻曲”再到“師箴，瞍賦，蒙誦”即是這樣一個過程。所獻的詩，可以是自作的，也可以是搜集來的，後者類似於“傳語”，是基層聲音的轉達。自下而上曰“獻”，自上而下曰“采”，是詩歌之進諫功能的一體兩面，後者即所謂“采詩觀風”，漢代經學有不同説法且相互矛盾，但這種制度具體程序儘管未必與漢代人描述的完全一樣，在先秦時期確實存在，筆者曾有專文論述。[2]這些詩原本可能僅是抒發一己悲歡，并非爲了進諫而作，但被收集起來、進獻上去，當政者則可據以“觀風俗，知得失，自考正”（《漢書·藝文志》），也就有了儆戒的作用。詩被“采”被“獻”，曲、詞都要經過樂師的加工改造，才能與禮儀活動的需要和政治寓意的寄托相適應，這也可以視爲“再創作”的過程，《左傳》襄公十四年載晋國樂師師曠之言，與《周語下》邵公之言類似：

> 自王以下各有父兄子弟以補察其政。史爲書，瞽爲詩，工誦箴諫，大夫規誨，士傳言，庶人謗，商旅於市，百工獻藝。故夏書曰：“遒人以木鐸徇於路，官師相規，工執藝沈諫。”

實際上是將“詩”的進獻采集、樂師對所進獻所采集之詩的加工凝縮爲一句“瞽爲詩”，杜預注：“瞽，盲者。爲詩以諷刺也。”《會箋》：“瞽，大師也。……‘爲詩’，《周語》所謂‘瞽獻曲’也，《周禮》鄭注：‘凡樂之歌，必使瞽蒙爲焉，命其賢知者以爲大師、小師。’是瞽爲歌詩也。”[3]詩并不都是樂師製作的，一般來説只是加工者，却可以説“瞽爲詩”，這是因爲當時尚無如後世一樣明確的創作主體觀念，清人勞孝輿在所著《春秋詩話》的一開始就説：“風詩之變，多春秋間人所作，而列

---

〔1〕馬銀琴：《〈周公之琴舞〉與〈周頌·敬之〉的關係——兼論周代儀式樂歌的製作方式》，《清華大學學報（哲學社會科學版）》2019年第2期。

〔2〕參見拙作《從新出史料看先秦“采詩觀風”制度》（《上海大學學報（社會科學版）》2017年第6期）。

〔3〕［日］竹添進一郎：《左氏會箋》，卷十五第56頁。

國名卿皆作賦才也。然作者不名，述者不作，何歟？蓋當時秪有詩無詩人。古人所作，今人可援爲己詩；彼人之詩，此人可賡爲自作，期於言志而止。人無定詩，群無定指，以故可名不名不作而作也。"[1] 朱自清先生正是因爲考慮到這種"有詩無詩人"的情况，所以在《詩言志辨》一書中將"詩言志"分爲"獻詩陳志""賦詩言志""教詩明志""作詩言志"四個方面，"獻詩"、"作詩"都是指詩歌創作。他將《詩經》、《左傳》所載作詩都歸入"獻詩"，而用"作詩言志"指稱戰國以下的個人詩歌創作。[2]

西周、春秋時期并不是絶對没有個體作者可考，前文提到《周公之琴舞》中周公、成王作頌詩、《芮良夫毖》中芮良夫作雅詩、《耆夜》中周公作《蟋蟀》以及"寺人孟子"作《巷伯》、衛武公作《抑》、許穆夫人作《載馳》等等，作者都是明確的。但一方面更多的詩没有作者可考，而當時也没有將每首詩的作者明確下來的意識，另一方面誠如勞孝輿所言，"古人所作，今人可援爲己詩；彼人之詩，此人可賡爲自作。"重在用而不在誰最先創作，如《國語・周語下》記載衛彪傒見單穆公時云："周詩有之曰：'天之所支，不可壞也。其所壞，亦不可支也。'昔武王克殷而作此詩也，以爲飫歌，名之曰《支》。"而《芮良夫毖》中亦有"天之所壞，莫之能支。天之所支，亦不可壞"，顯然是把武王所作飫歌直接用到自己詩中了。又如《左傳》僖公二十四年載富辰之言曰："召穆公思周德之不類，故糾合宗族於成周而作詩，曰：'常棣之華，鄂不韋韋，凡今之人，莫如兄弟。'其四章曰：'兄弟鬩於墻，外禦其侮。'"所引詩句，在《小雅・常棣》，召穆公即西周厲王、宣王時的大臣召伯虎。《國語・周語中》載富辰之言却説："周文公之詩曰：'兄弟鬩於墻，外禦其侮。'"《集解》："文公之詩者，周公旦所作《棠棣》之詩是也，所以閔管、蔡而親兄弟。此二句，其四章也。……其後周衰，厲王無道，骨肉恩闕，親親禮廢，宴兄弟之樂絶，故邵穆公思周德之不類，而合其宗族於成周，故複修《棠棣》之歌以親之。"説是複修原詩，其實召穆公用周公詩成句入己詩的可能性更大。《左傳》和《國語》等典籍所載貴族用詩，宴饗活動中的賦詩也好，交談中的引詩爲證也好，都服務於表情達意的需要，隨手拈來，無需交代由誰所作。

因此，儆毖詩儘管只是周代儀式樂歌的一部分，周詩的"儆毖傳統"却并不僅僅在於作詩，更在於獻詩或采詩，而在當時的觀念背景下，作詩與獻詩并没有嚴格

---

〔1〕［清］勞孝輿：《春秋詩話》，廣東高等教育出版社 1996 年版，第 14 頁。

〔2〕 朱自清：《詩言志辨》，華東師範大學出版社 1996 年版，第 1—48 頁。

的區分。一首詩可能原本只是傾訴一己憂苦，獻諸廟堂，用於禮典後，因爲反映了民間疾苦或特定人群的牢騷，而具有了儆戒當政者的作用。比如《小雅·四牡》就其内容來説，是一首抱怨行役勞苦的詩，典籍明確記載其用於宴饗禮儀的升歌部分，這種詩之用於禮儀活動，顯然有提示身處高位者體察下情的儆戒作用。有的詩可能原本就是情詩而已，被采集後却能據以觀風俗，被賦予政治上的象徵意義後也就具有了儆毖功能。據《左傳》，襄公八年，晋范宣子聘魯，一方面是對魯襄公朝晋的回拜，另一方面是要約魯國共伐鄭國。在宴饗中，宣子賦《摽有梅》。杜預注："《摽有梅》，《詩·召南》……詩人以興女色盛則有衰，衆士求之宜及其時。宣子欲魯及時共討鄭，取其汲汲相赴。"杜預之言没錯，但《摽有梅》是從反面即"不及時"的後果來勸"吉士""及時"的，從果實尚餘七分（"其實七兮"）到只剩三分，再到果實落盡，象徵着年華漸漸流逝，尚無心儀的男子來求婚，這就是所謂"不及時"。所以范宣子賦此詩，是對魯國的敦促，有警示的成分在内。甚至那些看似與譏刺針砭正相反的"美詩"，以贊美爲内容，對先王先君的贊美不也是對今王時君的儆戒嗎？《大雅》中那些被稱爲"周民族史詩"的詩篇，《生民》《公劉》《綿》《文王》等，歌頌了自始祖後稷以下，重要先公先王的事迹功業，當這些詩在典禮中被以樂器歌舞演繹時，[1] 先公先王就作爲仿效的對象被呈現出來，提示了創業的艱辛和天命獲得的不易，儆戒後代君臣。王朝如此，諸侯國亦然，比如《鄘風·定之方中》，是歌頌衛文公領導建設新都并積極發展生産的詩。《左傳》閔公二年説他"大布之衣，大帛之冠，務材訓農，通商惠工，敬教勸學，授方任能。元年革車三十乘，季年乃三百乘。"《定之方中》全詩三章，首章言民衆爲文公營建宫室，不僅營建宫室，還種植各種樹木，以備他日製作琴瑟之用。次章追溯衛文公遷都楚丘之初省察地形，相地之宜并占卜吉凶。末章從遠景切入近景，描述了文公的一次出行，用一個細節表現了文公對農桑的重視。這樣的詩，被收録到衛國的儀式樂歌中，亦應有對後代國君的儆戒作用。

因此，《語叢一》中"詩由敬作"的"敬"應讀爲"儆"，表"儆戒""儆毖"之義。這句話説詩是因儆戒而作的，是對詩歌創作動機和進獻意圖的概括，也是對詩歌政教功能的概括。

---

〔1〕 這些詩都應屬《大夏》舞詩，《大夏》與《大武》一文舞一武舞，是周代最重要的儀式樂舞，詳情可參考拙作《大夏舞詩考》（《北大史學》第19輯，2015年）。

四、對漢代詩經學的影響

從“前經學”的視角來看，知道在戰國時期就已經有“詩由敬（儆）作”這樣的概括語，對於我們理解漢代詩經學基本特點的形成具有非常重要的意義。

清代學者程廷祚批評漢代詩經學説：“漢儒言《詩》，不過美、刺兩端。”[1]認爲漢代詩經學的核心在於政治針對性。這種政治針對性，除了對具體詩篇的詮釋外，特别集中地體現在《詩大序》中。《詩大序》作爲毛詩學派的綱領性文獻，系於《詩經》首篇《關雎》之下，其一開始就説：“《關雎》，後妃之德也，《風》之始也，所以風天下而正夫婦也。故用之鄉人焉，用之邦國焉。風，風也，教也，風以動之，教以化之。”從一詩推及一類，着眼於“用”界定風詩的政教屬性。更明確地説，“上以風化下，下以風刺上，主文而譎諫，言之者無罪，聞之者足以戒，故曰風。”風詩來自民間（或者説較低的社會層面），是在上者實施教化的依據，也是在下者提出批評的方式，後者實際上是前者的前提，其關鍵在於以“諫”的常規保證的“戒”的功能。關於“雅”，《詩大序》曰：“雅者，正也，言王政之所由廢興也。”“王政之所由廢興”即用詩的形式表述的政治歷史經驗，以爲時政之鑒戒，效法“所由興”而警惕杜絶“所由廢”。關於“頌”，《詩大序》曰：“頌者，美盛德之形容，以其成功告於神明者也。”這裏的“盛德”與“成功”，其實也就是“王政”之“所由興”。

《詩大序》中特别論述了所謂“變風變雅”：“至於王道衰，禮義廢，政教失，國異政，家殊俗，而變風變雅作矣。國史明乎得失之迹，傷人倫之廢，哀刑政之苛，吟咏性情，以風其上，達於事變而懷其舊俗也。”儘管説的是政治昏亂時期的刺詩，實際上也兼及了美詩，“得失之迹”的“得”的一方面、所“懷”的“舊俗”，也是用詩來表現的，不就是美詩嗎？鄭玄《詩譜序》説得更明白：“論功頌德，所以將順其美；譏其過失，所以匡救其惡。各於其黨，則爲法者彰顯，爲戒者著明。”“論功頌德”的贊美詩，在當時固然是“將順其美”，但之所以要用儀式樂歌的形式傳唱下去，是爲了“爲法者彰顯”，即供後世效法；“譏其過失”的諷刺詩，在當時固然就已有了“匡救其惡”的意圖和作用，其政治功能尚不止於此，流傳下去可以“爲戒者著明”，即作爲反面典型，讓世世代代的人引以爲戒。

---

〔1〕［清］程廷祚：《青溪集・詩論十三》，金陵叢書蔣氏校印本，卷二第七頁。

“詩六義”除了“風”“雅”“頌”，尚有“賦”“比”“興”，漢代經學的詮釋仍是着眼於“美刺”的，鄭玄曰：“賦之言鋪，直鋪陳今之政教善惡。比，見今之失，不敢斥言，取比類以言之。興，見今之美，嫌於媚諛，取善事以喻勸之。”在這樣的詮釋模式下，賦、比、興實際上就是以詩進諫的方式方法，“直鋪陳”是進諫，“取比類以言之”和“取善事以喻勸之”也是，刺與美都是進諫。

與“詩六義”并稱的漢代詩經學重要理論尚有“詩四始”，《詩大序》雖提及四始，具體僅言《關雎》爲風始，而關於“詩四始”的完整説法，見於《史記·孔子世家》，屬“魯詩”，筆者曾有專文討論，經過辨析，認爲這是“漢代今文經學、古文經學共有的理論”，源自周代禮儀用詩實踐，寄寓了特定的政治思想。[1]所謂“詩四始”，就是把“風”“小雅”“大雅”“頌”四個部分的第一首詩即《關雎》《鹿鳴》《文王》《清廟》單獨提出來，認爲其在編排上的特殊位置是基於特別的政治内涵。《孔子世家》曰：“古者詩三千餘篇，及至孔子，去其重，取可施於禮義，上采契、後稷，中述殷、周之盛，至幽、厲之缺，始於衽席，故曰‘《關雎》之亂以爲風始，《鹿鳴》爲小雅始，《文王》爲大雅始，《清廟》爲頌始’。”也就是説“詩四始”與“孔子删詩”緊密相關，是有意識這樣安排的。

《關雎》，《史記·十二諸侯年表》云：“周道缺，詩人本之衽席，《關雎》作。”《魯詩》學者王充在《論衡·謝短》中説：“周衰而詩作，蓋康王時也。康王德缺於房，大臣刺晏，故詩作。”這與《孔子世家》言詩“始於衽席”都是强調《關雎》作爲整個“詩三百”之“始”的政治寓意，按照王充的説法，此詩是周康王時大臣因康王過度沉溺於宮闈之樂而作。《鹿鳴》，《魯詩》學者蔡邕《琴操》（《太平御覽》卷五七八引）認爲此詩是大臣因周王不能“厚養賢者”而作，不優待賢者會造成“賢士幽隱，小人在位”，這是“周道凌遲”之始。

《文王》，《史記·周本紀》云：“詩人道西伯，蓋受命之年稱王而斷虞芮之訟。”《魯詩》學者趙岐在《孟子章句》中也説：“《詩》言周雖後稷以來舊爲諸侯，其受天命，維文王新複修治禮義以致之耳。”可知《魯詩》認爲《文王》的主旨是文王受天命，“斷虞芮之訟”是文王始受天命的標志，正是《文王》末章所記述的内容。《清廟》，《魯詩》學者王褒在《四子講德論》（載於《漢書·王褒傳》）中説：“周公咏文王之德而作《清廟》，建爲《頌》首。”蔡邕《獨斷》云：“《清廟》，一章八句，洛邑既成，諸侯朝見，宗祀文王之所歌也。”《漢書·韋元成傳》疏：“《清廟》之詩，

〔1〕 參見拙作《〈史記〉“四始”論溯源》（《渭南師範學院學報》2013年第11期）。

言交神之禮無不清静。"即認爲《清廟》作爲咏文王之德的頌歌，是爲在新都洛邑宗祀文王而作，此詩表現了周王帥諸侯祭祀神明（文王在天之靈）之禮的清静氛圍，是周人代商有天下、始爲天下共主的標志。追述、稱美文王之德，宗祀文王在天之靈，其政治用意當然是要後王效法文王，保持天命。

將魯詩學派"詩四始"論與其對這四首詩的具體詮釋結合起來看，可知"詩四始"的政治寓意仍然不離"美刺""正變"，具有强烈的進諫意味，儆戒性質非常明顯。這也可以説是以"四始六義"爲代表性理論的漢代詩經學的鮮明特點，這種理論特點源自先秦時期對詩歌創作動機與政治功能的已有認識，而其最具概括性的表述之一，就是郭店簡《語叢一》中的"詩由敬（儆）作"。

Analysis of "Poetry is Written Because of Caution" in *Yu Cong I* of Guodian Chu Bamboo Slips

Hu Ning

Abstract: The phrase "Poetry was written because of Caution" is found in "*Yu Cong I*" of Guodian Chu bamboo slips, and the word "Jing" (敬) should be read as "Jing" (儆) as it is used in "*Zhou Gong's Qin Dance*" of Tsinghua Bamboo Slips. The saying that poetry is made for warning others is a summary of the motive of poetry creation and the intention of dedication, and also a summary of the political and religious function of poetry. Poems with "watchfulness" as the motive of creation generally exist in "Ode" , "Elegance" and "Wind" , the three parts of *The Book of Songs*. Under the system of "offering poems" and "collecting poems" , the poems associated with satire or having the function of "watchfulness poems" are not only those poems with obvious watchfulness, which are called "watchfulness poems" , but also those poems which seem to have nothing to do with watchfulness. Even "beauty poetry" , which seems to be the opposite of satire and criticism, also has the function of warning the king. The "watchful tradition" in the creation, use and interpretation of Zhou's poems is closely related to the admonition system, which has a direct influence on the formation of the study of poetry in Han Dynasty with the representative theory of "four beginning and six meanings" .

Keywords: Guodian Chu bamboo slips; "*Yu Cong I*" ; "Poetry was written because of Caution"

（胡寧　上海大學歷史系）

2023年度簡牘語言文字研究論著目録*

蔡章麗　洪　帥

2023年是簡牘語言文字研究取得豐碩成果的一年，各類學術著作、期刊論文、學位論文數量相較於2022年均有很大提升。此外，隨着疫情放開，多場學術研討會議的召開，也爲學術交流提供了平臺，豐富了簡牘語言文字研究成果。

爲總結2023年度簡牘語言文字研究的成果，并給相關研究者提供資料檢索的便利，特編纂本目録。本目録主要包括專著專書、期刊論文、碩博士學位論文三個方面。其中專著專書包括簡牘刊布、研究專著、論文集三個部分；期刊論文中包括楚簡研究、秦簡研究、漢簡研究、吴簡研究、綜合研究五個部分。各部分分别按論著發表時間先後爲序排列。對於論文集，本文既在專著中列出，又在論文中分篇析出，以便於閲讀利用。因受出版周期限制，本文收録論著限於2024年2月初之前見刊的2023年論著，在這之後面世的論著不在收録之列。此外，部分版權頁是2022年末，但實際上2023年才面世的書籍也收録在内。

檢索各類文獻，共得專著專書61部、碩博學位論文120篇、學術論文532篇。因篇幅有限，本文不逐一介紹，僅列出書名（篇名）、作者及出版信息，以目録形式呈現。囿於學識、篇幅與時間，難免會有遺漏，敬請見諒。

一、專著專書

（一）簡牘刊布

書名	作者	出版單位	ISBN	出版時間
《天回醫簡》	天回醫簡整理組編	文物出版社	9787501078356	2022年11月
《郴州西晋簡牘選粹》	郴州市博物館編	上海辭書出版社	9787532659555	2022年12月

* 本文是國家社科基金一般項目“新刊布敦煌漢簡詞彙研究與語料庫建設”（20BYY139）的階段性研究成果。

續表 1

書名	作者	出版單位	ISBN	出版時間
《南越木簡》	廣州市文物考古研究院等編	文物出版社	9787501051526	2022 年 12 月
《北京大學藏秦簡牘（全五册）》	北京大學出土文獻與古代文明研究所	上海古籍出版社	9787573202581	2023 年 5 月
《懸泉漢簡（叁）》	甘肅簡牘博物館等編	中西書局	9787547520239	2023 年 5 月
《長沙五一廣場東漢簡牘（柒）（捌）》	長沙市文物考古研究所等編	中西書局	9787547519899	2023 年 6 月
《睡虎地西漢簡牘·質日》	湖北省文物考古研究院、武漢大學簡帛研究中心合作編著	中西書局	9787547520543	2023 年 10 月
《清華大學藏戰國竹簡（拾叁）》	清華大學出土文獻研究與保護中心編	中西書局	9787547521700	2023 年 10 月
《益陽兔子山七號井西漢簡牘》	湖南省文物考古研究院等編	上海古籍出版社	9787573205926	2023 年 12 月

（二）研究專著

書名	作者	出版單位	ISBN	出版時間
《出土文獻與漢語史研究論集》	葉玉英	中西書局	9787547519677	2022 年 10 月
《馬王堆漢墓遣策整理與研究》	湖南博物院編	光明日報出版社	9787101146332	2022 年 11 月
《清華簡〈繫年〉集釋（修訂本）》	李松儒	中西書局	9787547520130	2022 年 11 月
《望山楚簡普及本》	羅恰	上海古籍出版社	9787573204554	2022 年 11 月
《銀雀山漢簡數術類文獻整理與研究》	龐壯城	萬卷樓圖書有限公司	9789864788002	2022 年 12 月
《漢晋簡牘與制度史叢稿》	沈剛	鳳凰出版社	9787550638402	2022 年 12 月
《尺籍短書：秦漢魏晋史論集》	韓樹峰	上海古籍出版社	9787573204875	2022 年 12 月
《秦出土文獻編年續補》	王偉、孟憲斌	商務印書館	9787100218429	2022 年 12 月
《戰國秦楚簡帛與中醫藥》	張煒、王麗麗、陳麗雲	上海大學出版社	9787567145955	2023 年 1 月
《燕文字編》	張振謙	文物出版社	9787501079872	2023 年 1 月
《漢代簡帛文獻文字研究》	孟美菊、王建民	中國海洋大學出版社	9787567034662	2023 年 3 月
《里耶秦簡編年考證（第一卷）》	蔡萬進	廣西師範大學出版社	9787559858313	2023 年 3 月

續表 1

書名	作者	出版單位	ISBN	出版時間
《〈清華大學藏戰國竹簡〉研究與英譯 1——〈逸周書〉諸篇》	［美］夏含夷著譯	清華大學出版社	9787302601876	2023 年 3 月
《馬圈灣漢簡整理與研究》	張俊民	甘肅教育出版社	9787542355003	2023 年 4 月
《簡牘文書與漢代西北邊政》	李迎春主編	中國社會科學出版社	9787522717920	2023 年 5 月
《簡牘與秦漢郵驛制度研究》	高榮	中國社會科學出版社	9787522721521	2023 年 5 月
《出土文獻〈詩論〉〈五行〉與先秦學術思想史的重構》	常森	北京大學出版社	9787301311745	2023 年 5 月
《出土喪葬簡牘考論》	田河	中國社會科學出版社	9787522718996	2023 年 5 月
《居延漢簡通論》	薛英群	甘肅教育出版社	9787542353368	2023 年 5 月
《六合爲家：簡牘所見秦縣治理研究》	朱騰	中西書局	9787547520949	2023 年 5 月
《肩水金關漢簡整理與異體字研究》	黄艷萍	廣西師範大學出版社	9787549568413	2023 年 6 月
《清華柒〈越公其事〉研究》	高佑仁	萬卷樓圖書股份有限公司	9789864788613	2023 年 6 月
《張家山漢簡〈引書〉綜合研究》	趙丹	復旦大學出版社	9787309168327	2023 年 6 月
《里耶秦簡書法研究》	向彬	山東畫報出版社	9787547445112	2023 年 6 月
《兩漢簡牘墨迹研究》	王曉光	山東畫報出版社	9787547445129	2023 年 6 月
《長沙走馬樓西漢簡牘選粹》	陳松長、李鄂權	嶽麓書社	9787553819044	2023 年 7 月
《身份與秩序：走馬樓吴簡中的孫吴基層社會》	蘇俊林	廣西師範大學出版社	9787559861559	2023 年 7 月
《上博簡〈論語〉類文獻研究》	尉侯凱	社會科學文獻出版社	9787522821818	2023 年 7 月
《西北漢簡整理及考釋》	姚磊	中國社會科學出版社	9787522722542	2023 年 7 月
《〈孫子兵法〉新研究：以銀雀山竹簡本爲中心》	熊劍平	中華書局	9787101161861	2023 年 8 月
《從户版到紙籍：戰國至唐代户籍制度考論》	張榮强	中國社會科學出版社	9787030751751	2023 年 9 月
《出土文獻與早期儒學》	梁濤	中國人民大學出版社	9787300320557	2023 年 9 月

續表 2

書名	作者	出版單位	ISBN	出版時間
《出土文獻與早期政治哲學》	歐陽禎人	中國人民大學出版社	9787300318806	2023 年 9 月
《韓國的古代木簡 I 》	賈麗英、［韓］尹在碩主編	中國社會科學出版社	9787522723426	2023 年 10 月
《重寫秦漢史：出土文獻的視野》	陳侃理主編	上海古籍出版社	9787573208736	2023 年 10 月
《簡述中國：甘肅簡牘博物館精品文物圖録》	甘肅簡牘博物館	文物出版社	9787501081523	2023 年 10 月
《銀雀山漢簡文字編》	駢宇騫	文物出版社	9787501012657	2023 年 10 月
《馬王堆簡帛文字編》	陳松長	文物出版社	9787501011926	2023 年 10 月
《郭店楚墓竹簡十二種校釋》	北京大學《儒藏》編纂與研究中心	北京大學出版社	9787301345078	2023 年 10 月
《先秦諸子與簡帛研究》	張固也	廣西師範大學出版社	9787559863065	2023 年 10 月
《敦煌西域出土的法律文書與中國古代法制研究》	鄭顯文、王蕾主編	中國法制出版社	9787521633108	2023 年 11 月
《北京大學藏西漢竹書〈老子〉研究》	譚寶剛	上海古籍出版社	9787573206831	2023 年 11 月
《上博楚簡儒籍考論》	梁静	科學出版社	9787030739926	2022 年 12 月
《仰緝緯象：馬王堆帛書〈五星占〉研究》	任達	中西書局	9787547521519	2023 年 12 月
《敦煌懸泉置遺址：1990—1992 年田野發掘報告》	甘肅省文物考古研究所等編	文物出版社	9787501081035	2023 年 12 月
《竹簡〈五行〉章句講疏》	何益鑫	上海古籍出版社	9787573209665	2023 年 12 月

（三）論文集

論文集名	主編	出版單位	出版時間
《古文字與出土文獻青年學者西湖論壇（2021）論文集》	曹錦炎	上海古籍出版社	2022 年 12 月
《有鳳來儀：夏含夷教授七十華誕祝壽論文集》	朱淵清、蘇榮譽	中西書局	2022 年 12 月
《漢語字詞關係與漢字職用學》	李運富	商務印書館	2023 年 1 月
《“古文字與出土文獻”青年學者論壇（2019）論文集》	吉林大學中國古文字研究中心	上海古籍出版社	2023 年 4 月

續表 1

論文集名	主編	出版單位	出版時間
《金聲玉振：郭店楚墓竹簡出土三十周年研究文選》	武漢大學簡帛研究中心、荊門市博物館	武漢大學出版社	2023 年 10 月
《秦漢三國簡牘經濟史料彙編與研究論文集（一）》	晉文	江蘇人民出版社	2023 年 10 月

二、期刊論文

（一）楚簡研究

論文名	作者	刊名	出版單位	出版時間
1. 安徽大學藏戰國竹簡研究				
“荔有梅”與“摽有梅”——爲安徽大學藏戰國竹簡《詩經》研討會而作	李家浩	《戰國文字研究》（第六輯）	安徽大學出版社	2022 年 11 月
談安大簡“泛皮（彼）白（柏）舟”之“泛”	徐在國	《戰國文字研究》（第六輯）	安徽大學出版社	2022 年 11 月
關於“此中尼之專語也”中“專語”之我見	董志翹	《戰國文字研究》（第六輯）	安徽大學出版社	2022 年 11 月
安大簡《詩經》補釋一則	張富海	《出土文獻語言研究》第四輯	暨南大學出版社	2022 年 12 月
從非楚文字特徵看安大簡《詩經》的流傳	許俊煒	《出土文獻語言研究》第四輯	暨南大學出版社	2022 年 12 月
從安大簡《召南·小星》“保衾與裯”談《小星》的詩旨	季旭升	《出土文獻研究》（第二十一輯）	中西書局	2022 年 12 月
安大簡《卷耳》“維以永懷”“維以永傷”訓釋淺議	吴鵬	《出土文獻語言研究》第四輯	暨南大學出版社	2022 年 12 月
安大簡《詩·周南·芣苢》“寋”字解	顏世鉉	《有鳳來儀：夏含夷教授七十華誕祝壽論文集》	中西書局	2022 年 12 月
安大簡《周南·螽斯》異文探析	陶旭露	《漢字文化》2023 年第 1 期	《漢字文化》編輯部	2023 年 1 月
《安大簡二·仲尼曰》間詁	袁强	《歷史文獻研究》2023 年第 1 輯	廣陵書社	2023 年 4 月
安大簡《詩經》剩義掇拾	程浩	《簡帛》第二十六輯	上海古籍出版社	2023 年 5 月

續表 1

論文名	作者	刊名	出版單位	出版時間
也談安大簡《羔羊》中的“後人自公”	尉侯凱	《簡帛》第二十六輯	上海古籍出版社	2023 年 5 月
從安大簡本《甬（墉）風・白舟》證實《孔子詩論》“溺志。既曰天也，猶有怨言”爲《墉風・柏舟》篇的評述	施沃慈	《簡帛》第二十六輯	上海古籍出版社	2023 年 5 月
略説《仲尼曰》《曹沫之陳》的文獻價值	黄德寬	《戰國文字研究》（第七輯）	安徽大學出版社	2023 年 5 月
談安大簡《仲尼曰》的“造越”“蹪跋”	徐在國	《戰國文字研究》（第七輯）	安徽大學出版社	2023 年 5 月
安大簡《仲尼曰》札記三則	單育辰	《戰國文字研究》（第七輯）	安徽大學出版社	2023 年 5 月
讀安大簡第二册《仲尼曰》叢札	楊蒙生	《戰國文字研究》（第七輯）	安徽大學出版社	2023 年 5 月
據安大簡《仲尼曰》校《論語》一則	蔡偉	《戰國文字研究》（第七輯）	安徽大學出版社	2023 年 5 月
安大簡《仲尼曰》補説	陳民鎮	《戰國文字研究》（第七輯）	安徽大學出版社	2023 年 5 月
讀安大簡（二）札記三則	王永昌	《戰國文字研究》（第七輯）	安徽大學出版社	2023 年 5 月
安大簡《仲尼曰》札記三則	方翔	《戰國文字研究》（第七輯）	安徽大學出版社	2023 年 5 月
説安大簡《曹沫之陳》釋爲“早”的字	袁金平	《戰國文字研究》（第七輯）	安徽大學出版社	2023 年 5 月
安大簡《曹沫之陳》“盤”字補説	滕勝霖	《戰國文字研究》（第七輯）	安徽大學出版社	2023 年 5 月
安大簡《曹沫之陳》裏的“[illegible]”	程邦雄、錢晨	《古漢語研究》2023 年第 3 期	商務印書館	2023 年 7 月
利用《安大一・詩經》文字考釋楚文字舉例——兼釋《安大一》勻與教字	張峰	《古漢語研究》2023 年第 3 期	商務印書館	2023 年 7 月
安徽大學藏《詩經》簡復原蠡測與相關問題初探	李鵬輝	《中國文字學報》（第十三輯）	商務印書館	2023 年 8 月
安大簡《詩經》與毛詩詩律比較	梁慧婧	中國古典學（第三卷古代漢語音義關係研究專號）	中華書局	2023 年 8 月

續表 2

論文名	作者	刊名	出版單位	出版時間
説安大簡《詩經》中的“戚”字及其相關字	徐文龍	《中國文字學報》（第十三輯）	商務印書館	2023 年 8 月
安大簡《詩經》字詞關係研究	夏大兆	《上古漢語研究》2023 年第 1 輯	商務印書館	2023 年 9 月
安大簡《仲尼曰》簡背文字書寫者考辨	陳世慶	《安徽大學學報（哲學社會科學版）》2023 年第 5 期	《安徽大學學報（哲學社會科學版）》編輯部	2023 年 9 月
據安大簡《曹沬之陣》“昪”字異體談春秋金文“印燮”的讀法	袁金平	《安徽大學學報（哲學社會科學版）》2023 年第 5 期	《安徽大學學報（哲學社會科學版）》編輯部	2023 年 9 月
對安大簡《詩經》專字的認識與思考	周翔	《古籍整理研究學刊》2023 年第 6 期	《古籍整理研究學刊》編輯部	2023 年 11 月
安大簡《詩經》“侯六”説解及其後之題記釋讀	黄武智	《簡牘學與出土文獻研究》第三輯	商務印書館	2023 年 12 月
安大簡《仲尼曰》“老訖”淺析	勒静宜	《漢字文化》2023 年（教育科研版）	《漢字文化》編輯部	2023 年 12 月
2. 郭店楚簡研究				
郭店簡《唐虞之道》“湩”字考釋——兼論上博簡《凡物流形》和天星觀卜筮簡的“系”字	李芳梅、劉洪濤	《簡帛》二十五輯	上海古籍出版社	2022 年 11 月
郭店楚簡《老子》“融成”補義——兼説戰國楚系古文字中的“蟲”字	劉洪濤	《出土文獻研究》（第二十一輯）	中西書局	2022 年 12 月
郭店簡與上博簡《緇衣》篇用字比較	張素鳳	《漢語字詞關係與漢字職用學》	商務印書館	2023 年 1 月
郭店簡《六德》“多”字讀法辨議	蔡一峰	《出土文獻》2023 年第 1 期	中西書局	2023 年 3 月
郭店楚簡虚詞調查及相關詞類比較	張卉、鄧躍敏	《阿壩師範學院學報》2023 年第 1 期	《阿壩師範學院學報》編輯部	2023 年 3 月
郭店簡《唐虞之道》“身窮不均”考	黄杰、鄭怡寧	《簡帛》第二十六輯	上海古籍出版社	2023 年 5 月
郭店簡《五行》德行倫理思想論析	孟濤	《西部學刊》2023 年第 16 期	《西部學刊》編輯部	2023 年 8 月
初讀郭店楚簡	龐樸	《金聲玉振：郭店楚墓竹簡出土三十周年研究文選》	武漢大學出版社	2023 年 10 月

續表 3

論文名	作者	刊名	出版單位	出版時間
楚墓竹簡中的“昆”字及從“昆”之字	李家浩	《金聲玉振：郭店楚墓竹簡出土三十周年研究文選》	武漢大學出版社	2023 年 10 月
舊釋“折”及從“折”之字平議——兼論“慎德”和“悊終”問題	陳偉武	《金聲玉振：郭店楚墓竹簡出土三十周年研究文選》	武漢大學出版社	2023 年 10 月
讀郭店楚簡字詞札記	劉釗	《金聲玉振：郭店楚墓竹簡出土三十周年研究文選》	武漢大學出版社	2023 年 10 月
從楚簡“娩”的釋讀談到甲骨文的“娩妨”——附釋古文字中的“冥”	趙平安	《金聲玉振：郭店楚墓竹簡出土三十周年研究文選》	武漢大學出版社	2023 年 10 月
説郭店楚簡中的“肆”	沈培	《金聲玉振：郭店楚墓竹簡出土三十周年研究文選》	武漢大學出版社	2023 年 10 月
釋楚簡文字“叟”	李天虹	《金聲玉振：郭店楚墓竹簡出土三十周年研究文選》	武漢大學出版社	2023 年 10 月
利用郭店楚簡校讀古書二例	白於藍	《金聲玉振：郭店楚墓竹簡出土三十周年研究文選》	武漢大學出版社	2023 年 10 月
郭店簡補釋三篇	陳劍	《金聲玉振：郭店楚墓竹簡出土三十周年研究文選》	武漢大學出版社	2023 年 10 月
荆門郭店楚簡所見關尹遺説	李學勤	《金聲玉振：郭店楚墓竹簡出土三十周年研究文選》	武漢大學出版社	2023 年 10 月
郭店《老子》簡初探	裘錫圭	《金聲玉振：郭店楚墓竹簡出土三十周年研究文選》	武漢大學出版社	2023 年 10 月
尚處形成階段的最早文本：郭店楚墓竹簡《老子》	［日］池田知久	《金聲玉振：郭店楚墓竹簡出土三十周年研究文選》	武漢大學出版社	2023 年 10 月
讀郭店楚墓竹簡札記：卞、絶爲棄作、民復季子	季旭昇	《金聲玉振：郭店楚墓竹簡出土三十周年研究文選》	武漢大學出版社	2023 年 10 月

續表 4

論文名	作者	刊名	出版單位	出版時間
郭店《老子》札記	劉國勝	《金聲玉振：郭店楚墓竹簡出土三十周年研究文選》	武漢大學出版社	2023 年 10 月
郭店《老子》甲簡“㣇”字試論	劉傳賓	《金聲玉振：郭店楚墓竹簡出土三十周年研究文選》	武漢大學出版社	2023 年 10 月
郭店《老子》甲組 21 號簡有關異文的解釋	鄔可晶	《金聲玉振：郭店楚墓竹簡出土三十周年研究文選》	武漢大學出版社	2023 年 10 月
“太一生水”思想的數術基礎	馮時	《金聲玉振：郭店楚墓竹簡出土三十周年研究文選》	武漢大學出版社	2023 年 10 月
《唐虞之道》：崇尚禪讓	［美］艾蘭	《金聲玉振：郭店楚墓竹簡出土三十周年研究文選》	武漢大學出版社	2023 年 10 月
再論“五行”與“聖智”	郭齊勇	《金聲玉振：郭店楚墓竹簡出土三十周年研究文選》	武漢大學出版社	2023 年 10 月
試論《緇衣》錯簡證據及其在《禮記》本《緇衣》編纂過程中的原因和後果	［美］夏含夷	《金聲玉振：郭店楚墓竹簡出土三十周年研究文選》	武漢大學出版社	2023 年 10 月
郭店簡《魯穆公》篇“極稱”説及其思想史意義	廖名春	《金聲玉振：郭店楚墓竹簡出土三十周年研究文選》	武漢大學出版社	2023 年 10 月
楚簡與帛書《五行》篇章結構及其相關問題	徐少華	《金聲玉振：郭店楚墓竹簡出土三十周年研究文選》	武漢大學出版社	2023 年 10 月
郭店竹書《六德》“道茇止”新解	顏世鉉	《金聲玉振：郭店楚墓竹簡出土三十周年研究文選》	武漢大學出版社	2023 年 10 月
郭店楚簡《成之》篇雜志	［美］顧史考	《金聲玉振：郭店楚墓竹簡出土三十周年研究文選》	武漢大學出版社	2023 年 10 月
郭店楚簡中的“天”“命”“性”	曹峰	《金聲玉振：郭店楚墓竹簡出土三十周年研究文選》	武漢大學出版社	2023 年 10 月

續表 5

論文名	作者	刊名	出版單位	出版時間
《性自命出》與《淮南子·繆稱》論“情”	劉樂賢	《金聲玉振：郭店楚墓竹簡出土三十周年研究文選》	武漢大學出版社	2023 年 10 月
郭店儒家簡中的“聖”與“聖人”的觀念	晏昌貴	《金聲玉振：郭店楚墓竹簡出土三十周年研究文選》	武漢大學出版社	2023 年 10 月
釋“咎繇”	徐在國	《金聲玉振：郭店楚墓竹簡出土三十周年研究文選》	武漢大學出版社	2023 年 10 月
郭店楚簡《性自命出》的性情説和“禮樂”——禮樂之根源問題在思想史上的展開	［韓］李承律	《金聲玉振：郭店楚墓竹簡出土三十周年研究文選》	武漢大學出版社	2023 年 10 月
郭店儒家竹書文獻問題新論——以《尊德義》《六德》《成之聞之》《性自命出》爲中心	丁四新	《金聲玉振：郭店楚墓竹簡出土三十周年研究文選》	武漢大學出版社	2023 年 10 月
談談郭店簡《五行》篇中的非楚文字因素	馮勝君	《金聲玉振：郭店楚墓竹簡出土三十周年研究文選》	武漢大學出版社	2023 年 10 月
清華簡《五紀》的“壇”與郭店簡《唐虞之道》的“禪”	石小力	《金聲玉振：郭店楚墓竹簡出土三十周年研究文選》	武漢大學出版社	2023 年 10 月
小議清華簡《繫年》及郭店簡《語叢一》的“京”字	曹方向	《金聲玉振：郭店楚墓竹簡出土三十周年研究文選》	武漢大學出版社	2023 年 10 月
郭店楚簡文字續考	黄德寬、徐在國	《金聲玉振：郭店楚墓竹簡出土三十周年研究文選》	武漢大學出版社	2023 年 10 月
郭店楚簡别釋	陳偉	《金聲玉振：郭店楚墓竹簡出土三十周年研究文選》	武漢大學出版社	2023 年 10 月
從郭店楚簡看孔孟君子觀的演變	馬愛菊	《濟寧學院學報》2023 年第 5 期	《濟寧學院學報》編輯部	2023 年 10 月
“郭店簡”與“上博簡”中的儒家樂教思想研究	張小雨	《濟寧學院學報》2023 年第 5 期	《濟寧學院學報》編輯部	2023 年 10 月
郭店楚簡中的德育思想探析	章夢婷、李加武	《内江師範學院學報》2023 年第 11 期	《内江師範學院學報》編輯部	2023 年 11 月

續表 6

論文名	作者	刊名	出版單位	出版時間
郭店楚簡《尊德義》中德政的內在基礎	葉晴	《武陵學刊》2023 年第 6 期	《武陵學刊》編輯部	2023 年 12 月
3. 上海博物館藏戰國楚簡研究				
上博九字詞考釋（四則）	賈旭東	《戰國文字研究》（第六輯）	安徽大學出版社	2022 年 11 月
上博簡八殘漶字擬補二則	張榮輝	《出土文獻研究》（第二十一輯）	中西書局	2022 年 12 月
上博簡《內禮》篇“冠不力”重釋	段凱	《古文字與出土文獻青年學者西湖論壇（2021）論文集》	上海古籍出版社	2022 年 12 月
説上博九《舉治王天下》的“首丩旨身鯩鰭”	楊奉聯	《古文字與出土文獻青年學者西湖論壇（2021）論文集》	上海古籍出版社	2022 年 12 月
上博八《李頌》“丨”字釋讀補説	王涵	《出土文獻語言研究》第四輯	暨南大學出版社	2022 年 12 月
從上博簡《孔子見季桓子》看楚文字中的“草化”現象	田煒	《古文字與出土文獻青年學者西湖論壇（2021）論文集》	上海古籍出版社	2022 年 12 月
説上博簡《容成氏》的“冥”及其相關諸字	周波	《“古文字與出土文獻”青年學者論壇（2019）論文集》	上海古籍出版社	2023 年 4 月
上博楚簡字詞考釋四則	何義軍、張顯成	《簡帛》第二十六輯	上海古籍出版社	2023 年 5 月
上博楚簡《孔子見季桓子》韵律詞“品物”“行處”釋讀訓解	黄武智	《戰國文字研究》（第七輯）	安徽大學出版社	2023 年 5 月
上博五《鮑叔牙與隰朋之諫》之“箸集浮”新研	吴昊亨	《出土文獻》2023 年第 3 期	中西書局	2023 年 9 月
上博簡《鄭子家喪》“天厚楚邦”補證	張新俊	《漢字漢語研究》2023 年第 3 期	社會科學文獻出版社	2023 年 9 月
《上博九・成王爲城濮之行》中兩個疑難字平議	張峰	《勵耘語言學刊》2023 年第 1 輯（總第 38 輯）	中華書局	2023 年 3 月
《曹沬之陳》“魫”“詑”釋義	張秀華	《古籍整理研究學刊》2023 年第 2 期	《古籍整理研究學刊》編輯部	2023 年 3 月
《曹沬之陣》與傳世軍事文獻合證兩則	沈奇石	《中國文字研究》2023 年第 1 輯	華東師範大學出版社	2023 年 8 月

續表 7

論文名	作者	刊名	出版單位	出版時間
《曹沫之陣》之《論三教》滬皖本對讀	黄澤鈞	《中國文字》2023 年冬季號	萬卷樓圖書公司	2023 年 12 月
上博楚簡《民之父母》中的詩學思想	郭丹	《海峽人文學刊》2023 年第 3 期	《海峽人文學刊》編輯部	2023 年 9 月
上博簡《天子建州》甲、乙本傳抄關係平議	陳丹奇	《簡牘學與出土文獻研究》第三輯	商務印書館	2023 年 12 月
上博簡《曹沫之陣》簡 45“丌賞譈且不中”考釋	蘇建洲	《中國文字》2023 年冬季號	萬卷樓圖書公司	2023 年 12 月
4. 清華大學藏戰國竹簡研究				
從清華簡《趙簡子》篇談趙簡子的職與責	袁證	《簡帛》二十五輯	上海古籍出版社	2022 年 11 月
試論清華簡書手的職與能	肖芸曉	《簡帛》二十五輯	上海古籍出版社	2022 年 11 月
談《清華玖·治政之道》的“㒒(瘗)”及相關諸字	駱珍伊	《戰國文字研究》(第六輯)	安徽大學出版社	2022 年 11 月
清華簡《四告》補釋三則	石從斌	《戰國文字研究》(第六輯)	安徽大學出版社	2022 年 11 月
清華簡《四告》篇從“自”之字試釋	侯乃峰	《戰國文字研究》(第六輯)	安徽大學出版社	2022 年 11 月
試説清華簡《五紀》“大川”所出珍寶中的“象”	楊蒙生	《戰國文字研究》(第六輯)	安徽大學出版社	2022 年 11 月
也談清華簡《五紀》中的“磬龠”——宵元通轉例補説	喻威	《戰國文字研究》(第六輯)	安徽大學出版社	2022 年 11 月
談談清華簡《四時》中的非楚文字因素	王永昌	《楚學論叢》(第十一輯)	湖北人民出版社	2022 年 12 月
清華簡《四時》篇題商榷	吕傳益、田夢夢	《楚學論叢》(第十一輯)	湖北人民出版社	2022 年 12 月
清華簡《筮法》卦位圖與人身圖探析	熊益亮	《出土醫學文獻與文物》第二輯	《出土醫學文獻與文物》編輯部	2022 年 12 月
清華簡《趙簡子》“受命”考	任乃宏	《簡牘學研究》第十二輯	甘肅人民出版社	2022 年 12 月
談談《楚居》文字的書寫特徵	黄一村	《出土文獻研究》(第二十一輯)	中西書局	2022 年 12 月
釋清華簡五《湯處于湯丘》的“啰”字	胡旋	《出土文獻研究》(第二十一輯)	中西書局	2022 年 12 月
談清華簡《治政之道》中的“聖人”	王永昌	《出土文獻研究》(第二十一輯)	中西書局	2022 年 12 月

續表 8

論文名	作者	刊名	出版單位	出版時間
《保訓》的形成	朱淵清	《有鳳來儀：夏含夷教授七十華誕祝壽論文集》	中西書局	2022 年 12 月
商命周承：王位繼承語境下《保訓》"中"字新解	張瀚墨	《有鳳來儀：夏含夷教授七十華誕祝壽論文集》	中西書局	2022 年 12 月
格式化的意義：對清華簡《湯在啻門》的深描及其對中國早期思想生產的啓示	麥笛（陳子如譯）	《漢學英華》第二輯（饒宗頤國學院院刊增刊）	中華書局（香港）有限公司	2023 年
從文字角度看清華簡《四告》文本的複雜性	王永昌	《民俗典籍文字研究》2023 年第 1 輯	商務印書館	2023 年 1 月
説清華簡《成人》中的"先"字	張飛	《民俗典籍文字研究》2023 年第 1 輯	商務印書館	2023 年 1 月
清華簡《耆夜》疑難字詞考釋與全篇内容解讀	范麗梅	《中國文化研究所學報》第 76 期	《中國文化研究所學報》編輯部	2023 年 1 月
清華簡《五紀》中的速度量詞	曲安京、楊茗鑠	《文物》2023 年第 3 期	文物出版社	2023 年 3 月
清華簡《五紀》"唯昔方有洪"章釋義——兼及《五紀》的作者、性質問題	馬文增	《地域文化研究》2023 年第 2 期	《地域文化研究》編輯部	2023 年 3 月
清華九《治政之道》札記三則	蔡振華	《"古文字與出土文獻"青年學者論壇（2019）論文集》	上海古籍出版社	2023 年 4 月
利用人工智能技術進行竹簡編聯的初步測試——以《清華簡》爲例	莫伯峰、胡韌奮	《"古文字與出土文獻"青年學者論壇（2019）論文集》	上海古籍出版社	2023 年 4 月
《清華大學藏戰國竹簡（拾）·四告（一）》"□"字解	楊傳晧	《輔大中研所學刊》第 45 期	《輔大中研所學刊》編輯部	2023 年 4 月
由"子"入經：從清華簡《系年》重探《左傳》的源流與定位	張錦少	《嶺南學報》第 17 輯	《嶺南學報》編輯部	2023 年 4 月
清華簡《厚父》篇所謂"乎"字考——兼論平、乎、兮一系字的釋讀	成富磊	《簡帛》第二十六輯	上海古籍出版社	2023 年 5 月
清華簡《病方》"萫（煮）之以酉（酒）"條簡文試解	李麗	《簡帛》第二十六輯	上海古籍出版社	2023 年 5 月

續表 9

論文名	作者	刊名	出版單位	出版時間
清華簡《五紀》“眉”旁	張振謙	《戰國文字研究》(第七輯)	安徽大學出版社	2023 年 5 月
清華簡《封許之命》篇“命汝侯于許”疏解	張珈銘	《古籍整理研究學刊》2023 年第 3 期	《古籍整理研究學刊》編輯部	2023 年 5 月
《清華叁·傅説之命(上)》柬釋	林宏佳	《中國文字》2023 年夏季號	萬卷樓圖書股份有限公司	2023 年 6 月
《清華伍·厚父》考釋二則	賴怡璇	《中國文字》2023 年夏季號	萬卷樓圖書股份有限公司	2023 年 6 月
清華簡《耆夜》所見《蟋蟀》考論	孔華	《古籍研究》2023 年第 1 輯	鳳凰出版社	2023 年 6 月
清華簡《子犯子餘》中的“棬”——兼論秦簡中的幾種刑具	羅小華	《出土文獻與法律史研究》(第十三輯)	上海古籍出版社	2023 年 6 月
清華簡《筮法》“震祟”新詮	蔡飛舟	《簡帛研究二〇二三(春夏卷)》	廣西師範大學出版社	2023 年 6 月
清華簡《尹至》“惟胾虐德暴憧亡典夏”句新詮	薛培武	《簡帛研究二〇二三(春夏卷)》	廣西師範大學出版社	2023 年 6 月
清華簡《參不韋》訓釋雜説	劉釗、李聰	《簡牘學與出土文獻研究》第二輯	商務印書館	2023 年 6 月
清華簡《五紀》字詞考釋五題	蘇建洲	《簡牘學與出土文獻研究》第二輯	商務印書館	2023 年 6 月
古禮新知：由清華簡《鄭武夫人規孺子》再談“三年不言”問題	劉偉、劉杰	《簡帛研究二〇二三(春夏卷)》	廣西師範大學出版社	2023 年 6 月
談《曹沫之陳》“民有寶”一段釋讀	高佑仁	《中國文字》2023 年夏季號	萬卷樓圖書股份有限公司	2023 年 6 月
《芮良夫毖》“畏燮方仇”“燮仇啓國”解	尉侯凱	《簡帛研究二〇二三(春夏卷)》	廣西師範大學出版社	2023 年 6 月
由早期易學“公共話語”重釋清華簡《筮法》相關概念	謝乃和、田雪	《周易研究》2023 年第 3 期	《周易研究》編輯部	2023 年 6 月
清華陸《鄭文公問太伯》與《左傳》人名蠡測	簡欣儀	《淡江中文學報》第 48 期	《淡江中文學報》編輯部	2023 年 6 月
清華簡《繫年》與《左傳》普通詞語合證	李煜	《陰山學刊》2023 年第 3 期	《陰山學刊》	2023 年 6 月
清華簡《封許之命》“纆”字補説	温小寧	《漢字文化》2023 年第 13 期	《漢字文化》編輯部	2023 年 7 月

續表 10

論文名	作者	刊名	出版單位	出版時間
“我亦隹以[illegible]我世”與“我亦以免没我世”——兼議文獻裏的異文問題	程邦雄、錢晨	《語言研究》2023 年第 3 期	《語言研究》編輯部	2023 年 7 月
從“天降下民”句看周人政治觀念及晚書性質——清華簡《厚父》《成人》的新綫索	陳民鎮、劉子珍	《西北大學學報（哲學社會科學版）》2023 年第 4 期	《西北大學學報（哲學社會科學版）》編輯部	2023 年 7 月
談《清華簡文字聲繫》的編纂	徐在國	《中國文字學報》（第十三輯）	商務印書館	2023 年 8 月
讀清華簡《四時》《司歲》脞録	侯乃峰	《中國文字學報》（第十三輯）	商務印書館	2023 年 8 月
談清華簡中“倒山”形字	李松儒	《文獻語言學》（第十六輯）	中華書局	2023 年 8 月
文王的憂患與敬慎——從清華簡《保訓》説起	曾宇平	《走進孔子》2023 年第 4 期	齊魯書社	2023 年 8 月
談“用”的一種用法	謝明文	《文史》2023 年第 3 期	《文史》編輯部	2023 年 8 月
清華簡《皇門》與傳世本《逸周書》異文辨析一則	蔡偉	《出土文獻》2023 年第 3 期	中西書局	2023 年 9 月
清華簡《子犯子餘》主旨試探	申超	《上古漢語研究》2023 年第 1 輯	商務印書館	2023 年 9 月
清華簡《五紀》簡 1-3 所見舜形象探微	趙燕姣	《山東青年政治學院學報》2023 年第 5 期	《山東青年政治學院學報》編輯部	2023 年 9 月
“民心是陣”：戰國儒家兵學思想演變考論——兼論清華簡《天下之道》學派屬性與學術價值	白立超	《重慶大學學報（社會科學版）》2023 年第 5 期	《重慶大學學報（社會科學版）》編輯部	2023 年 9 月
清華簡《五紀》中的宇宙論與楚帛書等圖式的方向問題	賈連翔	《清華大學學報（哲學社會科學版）》2023 年第 5 期	《清華大學學報（哲學社會科學版）》編輯部	2023 年 9 月
關於清華簡《厚父》文獻性質與撰作時代的辨析	靳寶	《國學論衡》2023 年第 2 輯	社會科學文獻出版社	2023 年 9 月
清華簡新發現的先秦禮、樂等文獻述略	黄德寬	《文物》2023 年第 9 期	文物出版社	2023 年 9 月
從用字及用詞習慣看清華簡《五紀》的訓釋——以“四冘”等字詞爲例	陳民鎮	《管子學刊》2023 年第 4 期	《管子學刊》編輯部	2023 年 10 月
清華簡《厚父》六題	馬文增	《衡水學院學報》2023 年第 5 期	《衡水學院學報》編輯部	2023 年 10 月

續表 11

論文名	作者	刊名	出版單位	出版時間
從清華簡《越公其事》看先秦的“游民”治理	張煒	《史學月刊》2023 年第 11 期	《史學月刊》編輯部	2023 年 11 月
清華簡《五音圖》《樂風》兩種古樂書初探	賈連翔	《中國史研究動態》2023 年第 5 期	《中國史研究動態》編輯部	2023 年 10 月
清華簡《大夫食禮》略説	馬楠	《中國史研究動態》2023 年第 5 期	《中國史研究動態》編輯部	2023 年 10 月
清華簡《畏天用身》中的天人思想	石小力	《中國史研究動態》2023 年第 5 期	《中國史研究動態》編輯部	2023 年 10 月
清華簡《参不韋》新見“符”字考釋	蔡一峰	《中山大學學報（社會科學版）》2023 年第 6 期	《中山大學學報（社會科學版）》編輯部	2023 年 11 月
由清華簡《畏天用身》的“徑圓”“軫方”説《老子》的“和光同塵”	程浩	《中國文化研究》2023 年第 4 期	《中國文化研究》編輯部	2023 年 11 月
清華簡《五音圖》論略	陳民鎮	《中國文化研究》2023 年第 4 期	《中國文化研究》編輯部	2023 年 11 月
清華簡《五音圖》樂音體系探析	譚惟	《中國文化研究》2023 年第 4 期	《中國文化研究》編輯部	2023 年 11 月
從清華簡《越公其事》看先秦的“游民”治理	張煒	《史學月刊》2023 年第 11 期	《史學月刊》編輯部	2023 年 11 月
清華簡《五紀》“人體推擬圖”與“維特魯威人”	賈連翔	《有鳳來儀：夏含夷教授七十華誕祝壽論文集》	中西書局	2023 年 12 月
清華簡《心是謂中》與孟子思想初探	沈建華	《有鳳來儀：夏含夷教授七十華誕祝壽論文集》	中西書局	2023 年 12 月
清華簡《攝命》釋讀掇瑣（二則）	馮勝君	《有鳳來儀：夏含夷教授七十華誕祝壽論文集》	中西書局	2023 年 12 月
清華簡《五紀》中的二十八宿初探	石小力	《古文字與出土文獻青年學者西湖論壇（2021）論文集》	上海古籍出版社	2023 年 12 月
談清華十《四時》《四歲》《病方》的製作與書寫	李松儒	《古文字與出土文獻青年學者西湖論壇（2021）論文集》	上海古籍出版社	2023 年 12 月
清華簡《攝命》字詞補論	吴毅强	《古文字與出土文獻青年學者西湖論壇（2021）論文集》	上海古籍出版社	2023 年 12 月

續表 12

論文名	作者	刊名	出版單位	出版時間
從新出清華簡資料看《説文》古文的來源	郭永秉	《古文字與出土文獻青年學者西湖論壇（2021）論文集》	上海古籍出版社	2023 年 12 月
清華簡第十三輯中的新用字現象	石小力	《出土文獻》2023 年第 4 期	中西書局	2023 年 12 月
清華簡《越公其事》“𡍿”字補説	譚生力	《出土文獻》2023 年第 4 期	中西書局	2023 年 12 月
清華簡《成人》篇“助”字發微	楊蒙生	《中國文字研究》2023 年第 2 輯	華東師範大學出版社	2023 年 12 月
清華簡《四時》“俊風”考	柯晨	《中國文字研究》2023 年第 2 輯	華東師範大學出版社	2023 年 12 月
清華簡伍《殷高宗問于三壽》札記二則	羅濤	《中國文字》2023 年冬季號	萬卷樓圖書公司	2023 年 12 月
從清華簡《大夫食禮》再論禮經禮記關係及成篇先後問題	馬楠	《出土文獻》2023 年第 4 期	中西書局	2023 年 12 月
清華簡中兩種樂書的文本復原與功能蠡測	程浩	《出土文獻》2023 年第 4 期	中西書局	2023 年 12 月
清華簡《五音圖》的初步研究	胡其偉	《出土文獻》2023 年第 4 期	中西書局	2023 年 12 月
清華簡《樂風》相關問題研究	李卿蔚	《出土文獻》2023 年第 4 期	中西書局	2023 年 12 月
洪水與戡亂：清華簡《五紀》中的兩個重要元素	曹峰	《江淮論壇》2023 年第 6 期	《江淮論壇》編輯部	2023 年 12 月
教訓類敘事與自强之道——讀清華簡《越公其事》	尤锐、陳鵬宇	《出土文獻》2023 年第 4 期	中西書局	2023 年 12 月
“抑德”與“懿德”——從清華拾《四告》談起	季旭升	《漢學研究》2023 年第 4 期	《漢學研究》編輯部	2023 年 12 月
論清華簡《攝命》“伯攝”的身份及相關問題	蘇建洲	《漢學研究》2023 年第 4 期	《漢學研究》編輯部	2023 年 12 月
由清華簡《赤鵠之集湯之屋》、《尹至》談《女鳩》、《女房》的亡佚	沈寶春	《漢學研究》2023 年第 4 期	《漢學研究》編輯部	2023 年 12 月
伊尹良臣形象的建構及其意義——以清華簡的討論爲核心	林啓屏	《漢學研究》2023 年第 4 期	《漢學研究》編輯部	2023 年 12 月
5. 其他楚簡研究				
楚簡“戔”字補釋	唐佳、肖毅	《簡帛》二十五輯	上海古籍出版社	2022 年 11 月

續表 13

論文名	作者	刊名	出版單位	出版時間
談楚簡中兩個“卯”聲字的讀法	王凱博	《簡帛》二十五輯	上海古籍出版社	2022 年 11 月
據戰國竹簡校釋《荀子·勸學》之“流魚”及相關問題	吴昊亨	《簡帛》二十五輯	上海古籍出版社	2022 年 11 月
《詩》簡讀札三則	陳晨	《簡帛》二十五輯	上海古籍出版社	2022 年 11 月
新蔡葛陵楚墓卜筮祭禱簡研究兩則	馬瑶	《戰國文字研究》(第六輯)	安徽大學出版社	2022 年 11 月
江陵磚瓦廠 M370 出土楚簡司法文書補釋——紀念此簡出土三十周年	蔣魯敬	《出土文獻研究》(第二十一輯)	中西書局	2022 年 12 月
包山楚簡 102 號簡疏義	朱曉雪	《出土文獻研究》(第二十一輯)	中西書局	2022 年 12 月
從戰國楚簡看文字的隸變	盛郁龍	《古文字與出土文獻青年學者西湖論壇(2021)論文集》	上海古籍出版社	2022 年 12 月
試説楚璽、楚簡中的“苑”	陳偉	《有鳳來儀:夏含夷教授七十華誕祝壽論文集》	中西書局	2022 年 12 月
戰國楚地墓葬出土簡册的考古學考察	李天虹	《有鳳來儀:夏含夷教授七十華誕祝壽論文集》	中西書局	2022 年 12 月
荆州棗紙簡《齊桓公自莒返于齊》與《國語·齊語》《管子·小匡》	趙曉斌	《出土文獻研究》(第二十一輯)	中西書局	2022 年 12 月
楚紀南故城近郊近年出土戰國楚簡及價值略述	蔣魯敬	《楚學論叢》(第十一輯)	湖北人民出版社	2022 年 12 月
論戰國晚期背景下北大竹書《周訓》與《吕氏春秋》之關係	費安德(郭倩夢譯)	《漢學英華》第二輯(饒宗頤國學院院刊增刊)	中華書局(香港)有限公司	2023 年
從楚系簡帛看字詞關係變化中的代償現象	陳斯鵬	《漢語字詞關係與漢字職用學》	商務印書館	2023 年 1 月
楚簡“用字避複”芻議	劉志基	《漢語字詞關係與漢字職用學》	商務印書館	2023 年 1 月
楚簡用字習慣與文獻校讀舉例	禤健聰	《漢語字詞關係與漢字職用學》	商務印書館	2023 年 1 月
基於數據庫的楚簡異體字構成分析	蔣德平	《龍岩學院學報》2023 年第 1 期	《龍岩學院學報》編輯部	2023 年 1 月

續表 14

論文名	作者	刊名	出版單位	出版時間
釋“戕”	蔡升奕	《韶關學院學報》2023 年第 1 期	《韶關學院學報》編輯部	2023 年 1 月
據出土戰國楚簡文獻校讀《鶡冠子》	許可	《文獻》2023 年第 2 期	《文獻》編輯部	2023 年 3 月
説楚簡裏的“龍”與“竜”	滕勝霖	《漢字漢語研究》2023 年第 1 期	社會科學文獻出版社	2023 年 3 月
楚簡文字的分化特點及其複雜性	張峰	《吉林大學社會科學學報》2023 年第 2 期	《吉林大學社會科學學報》編輯部	2023 年 3 月
楚簡新材料與楚幣老問題——以桼字銅貝及布幣爲例	黄錫全	《簡帛》第二十六輯	上海古籍出版社	2023 年 5 月
古文字“昇”補釋——兼釋楚墓卜筮禱祠簡中“罷禱”“厭禱”“就禱”	李家浩	《戰國文字研究》（第七輯）	安徽大學出版社	2023 年 5 月
老河口安崗楚墓遣册札記三則	范常喜	《簡帛》第二十六輯	上海古籍出版社	2023 年 5 月
安崗一號楚墓遣册所記弋射工具考	范常喜	《文史》2023 年第 2 期	中華書局	2023 年 5 月
據王家嘴楚簡《詩經》解讀《左傳》引“詩”一例——兼談《詩經》在楚地的流傳	蔣魯敬	《中國文化研究》2023 年第 2 期	《中國文化研究》編輯部	2023 年 5 月
曾侯乙墓簡中的車軎	羅小華、劉洪濤	《出土文獻》2023 年第 2 期	中西書局	2023 年 6 月
楚簡“丨”字補證	俞紹宏、張青松	《簡帛研究二〇二三（春夏卷）》	廣西師範大學出版社	2023 年 6 月
詞義辨析視角下楚簡“凥”字釋讀數則——以讀爲｛居｝爲例	黄武智	《中國文字》2023 年夏季號	萬卷樓圖書股份有限公司	2023 年 6 月
楚官文書簡中的“受”與西漢官文書簡中的“授”——秦、漢初律令“受”字用法特殊性補論	石洋	《簡帛研究二〇二三（春夏卷）》	廣西師範大學出版社	2023 年 6 月
信陽簡遣策分組編聯與補釋	李守奎、趙相榮	《簡牘學與出土文獻研究》第二輯	商務印書館	2023 年 6 月
包山楚簡遣册“僕”考	范常喜	《簡牘學與出土文獻研究》第二輯	商務印書館	2023 年 6 月
《湖北荆州王家咀楚簡》“孔子才（在）陳（蔡）”考釋一則	杜安然	《漢字文化》2023 年第 13 期	《漢字文化》編輯部	2022 年 7 月

續表 15

論文名	作者	刊名	出版單位	出版時間
包山楚簡遣册“鋘櫃”考	范常喜	《考古》2023 年第 8 期	社會科學文獻出版社	2023 年 8 月
王家嘴楚簡《孔子曰》初探	顧史考	《中國文化研究》2023 年第 3 期	《中國文化研究》編輯部	2023 年 8 月
淺談老河口安崗楚簡文字的書寫特點	程燕	《中國文字學報》（第十三輯）	商務印書館	2023 年 8 月
饒宗頤楚帛書研究的文獻學考察——以《楚帛書新證》爲例	李三梅	《中國文字研究》2023 年第 1 輯	華東師範大學出版社	2023 年 8 月
楚系簡帛與楚地宗教信仰研究	郭成磊	《信陽師範學院學報（哲學社會科學版）》2023 年第 5 期	《信陽師範學院學報（哲學社會科學版）》編輯部	2023 年 9 月
試説楚簡文字字形與時代劃分問題——以新蔡葛陵簡爲例	于夢欣	《文史》2023 年第 4 期	《文史》編輯部	2023 年 11 月
釋古文字“覓”及相關問題考辨	蔡一峰	《文史》2023 年第 4 期	《文史》編輯部	2023 年 11 月
楚簡《詩・召南・騶虞》與上古虞衡制度——兼論當代中國古典學的構建	黄德寬	《中國社會科學》2023 年第 12 期	《中國社會科學》雜志社	2023 年 12 月
釋楚簡中用爲“契”“竊”“察”之字——兼談“禼”“𥎦”的來源	劉雲	《中國文字研究》2023 年第 2 輯	華東師範大學出版社	2023 年 12 月
戰國楚簡詞義訓詁六則	吴祺	《江漢考古》2023 年第 6 期	《江漢考古》編輯部	2023 年 12 月
戰國楚簡“述（遂）”舊讀“墜”之文例再探	張宇衛	《漢學研究》2023 年第 4 期	《漢學研究》編輯部	2023 年 12 月
戰國竹書句讀方法探析	吴祺	《現代語文》2023 年第 12 期	《現代語文》編輯部	2023 年 12 月

（三）秦簡研究

論文名	作者	刊名	出版單位	出版時間
1. 里耶秦簡研究				
里耶“墾草”簡與秦“墾草令”相關問題研究	董飛	《簡帛》二十五輯	上海古籍出版社	2022 年 11 月
《里耶秦簡（貳）》新釋（十一則）	何有祖、張志鵬	《出土文獻研究》（第二十一輯）	中西書局	2022 年 12 月

續表 1

論文名	作者	刊名	出版單位	出版時間
《里耶秦簡（貳）》編聯與綴合七則	謝坤	《出土文獻綜合研究集刊》（第十六輯）	巴蜀書社	2022 年 12 月
里耶秦簡綴合札記（九則）	何有祖	《出土文獻綜合研究集刊》（第十六輯）	巴蜀書社	2022 年 12 月
里耶秦簡所見秦代“課”類公文書探析	張崗	《簡牘學研究》第十二輯	甘肅人民出版社	2022 年 12 月
讀里耶秦簡札記（八則）	何有祖、趙翠翠	《荆楚文物》（第 6 輯）	科學出版社	2023 年 3 月
《里耶秦簡（二）》疑難簡文校補	蔣偉男	《古籍研究》2023 年第 1 輯	鳳凰出版社	2023 年 6 月
里耶秦簡所見秦徭使吏員的文書運作	劉自穩	《出土文獻》2023 年第 2 期	中西書局	2023 年 6 月
重審所謂里耶秦簡中“燕齊道路”之説	李昊林	《中國歷史地理論叢》2023 年第 4 期	《中國歷史地理論叢》編輯部	2023 年 10 月
也談里耶秦簡 5-1 號簡的一處斷句——兼談歸納簡牘文例要注意的兩個問題	趙岩	《簡牘學與出土文獻研究》第三輯	商務印書館	2023 年 12 月
2. 嶽麓書院藏秦簡研究				
史遷不采《秦記》始皇詔書説——也説嶽麓秦簡《秦始皇禁伐湘山樹木詔》	胡平生	《簡帛》二十五輯	上海古籍出版社	2022 年 11 月
《嶽麓書院藏秦簡（柒）》中所見秦代官府建築材料研究	謝偉斌	《簡帛》二十五輯	上海古籍出版社	2022 年 11 月
嶽麓秦簡標識符號補釋	董宇航	《出土文獻與法律史研究》（第十二輯）	法律出版社	2022 年 12 月
嶽麓秦簡《卒令》及相關秦令令名考	尹嘉越	《出土文獻與法律史研究》（第十二輯）	法律出版社	2022 年 12 月
嶽麓秦簡律令校釋（五）	華東政法大學出土法律文獻研讀班	《出土文獻與法律史研究》（第十二輯）	法律出版社	2022 年 12 月
讀《嶽麓書院藏秦簡》（三）札記	吴秋玨	《出土文獻語言研究》第四輯	暨南大學出版社	2022 年 12 月
嶽麓秦簡釋讀札記五則	李蓉	《出土文獻綜合研究集刊》（第十六輯）	巴蜀書社	2022 年 12 月

續表 2

論文名	作者	刊名	出版單位	出版時間
嶽麓秦簡《廷卒令》初探	周海鋒、雷毅露	《簡牘學研究》第十二輯	甘肅人民出版社	2022 年 12 月
《嶽麓秦簡（肆）》詞語解詁（四則）	孔德超	《古文字與出土文獻青年學者西湖論壇（2021）論文集》	上海古籍出版社	2022 年 12 月
嶽麓書院藏秦簡所見複雜字詞關係初探	楊蕾、魏德勝	《山西大同大學學報（社會科學版）》2023 年第 2 期	《山西大同大學學報（社會科學版）》編輯部	2023 年 4 月
嶽麓秦簡“蜀巴”相關諸問題考辨	楊長玉	《簡帛》第二十六輯	上海古籍出版社	2023 年 5 月
《嶽麓書院藏秦簡（柒）》研讀	周波	《簡帛》第二十六輯	上海古籍出版社	2023 年 5 月
説《嶽麓書院藏秦簡（柒）》中的“闌散”	劉釗	《出土文獻綜合研究集刊》（第十七輯）	巴蜀書社	2023 年 5 月
《嶽麓書院藏秦簡（肆）》釋文校補（八則）	張以静	《出土文獻綜合研究集刊》（第十七輯）	巴蜀書社	2023 年 5 月
嶽麓秦簡肆 212-214 條辨析	喬志鑫	《簡帛研究二〇二三（春夏卷）》	廣西師範大學出版社	2023 年 6 月
《嶽麓書院藏秦簡（柒）》校讀	陳偉	《出土文獻與法律史研究》（第十三輯）	上海古籍出版社	2023 年 6 月
《嶽麓書院藏秦簡（陸）》簡 1938 小考	王挺斌	《上古漢語研究》2023 年第 1 輯	商務印書館	2023 年 9 月
典、老選任與秦代國家統治的賦役邏輯——嶽麓秦簡《尉卒律》“置典老”條試釋	冉艶紅	《中國社會經濟史研究》2023 年第 5 期	《中國社會經濟史研究》編輯部	2023 年 9 月
《嶽麓書院藏秦簡》所見秦代女性的犯罪與優恤	楊蕾	《南都學壇》2023 年第 5 輯	《南都學壇》編輯部	2023 年 9 月
讀嶽麓書院藏秦簡札記三則	方勇	《中國文字博物館集刊》（第四輯）	中州古籍出版社	2023 年 10 月
嶽麓秦簡《金布律》中“質”的幾個問題	朱德貴	《秦漢三國簡牘經濟史料彙編與研究論文集（一）》	江蘇人民出版社	2023 年 10 月
《嶽麓書院藏秦簡（柒）》竹簡殘字補缺研究	曹智	《今古文創》2023 年第 43 期	《今古文創》編輯部	2023 年 11 月
3. 雲夢睡虎地秦簡研究				
《雲夢睡虎地秦簡》《上海博物館藏戰國楚竹書》“與”“及”之別	徐婷、蕭聖中	《漢字文化》2023 年第 5 期	《漢字文化》編輯部	2023 年 3 月

續表 3

論文名	作者	刊名	出版單位	出版時間
睡虎地秦簡文字札記三則	湯志彪、李惠平	《“古文字與出土文獻”青年學者論壇（2019）論文集》	上海古籍出版社	2023 年 4 月
睡虎地秦簡日書《馬》所祠神祇考——兼論《馬》祝辭的性質及篇題問題	李立、謝偉	《古籍整理研究學刊》2023 年第 5 期	《古籍整理研究學刊》編輯部	2023 年 9 月
《睡虎地秦簡》一詞多字現象考察	李娟	《簡帛研究二〇二三（春夏卷）》	廣西師範大學出版社	2023 年 6 月
睡虎地秦簡《馬禖》新探	王强	《古代文明》2023 年第 4 期	《古代文明》編輯部	2023 年 10 月
4. 其他秦簡研究				
秦簡田嗇夫新解	趙斌	《簡帛》二十五輯	上海古籍出版社	2022 年 11 月
釋秦漢簡牘中的“幔”字	朱國雷	《簡帛》二十五輯	上海古籍出版社	2022 年 11 月
王命與法令：秦簡所見君主命令立法化現象研究	于洪濤	《出土文獻與法律史研究》（第十二輯））	法律出版社	2022 年 12 月
秦簡金布律“義”字疏解	李青青	《楚學論叢》（第十一輯）	湖北人民出版社	2022 年 12 月
秦簡所見女性的婚嫁問題初探	于歌	《楚學論叢》（第十一輯）	湖北人民出版社	2022 年 12 月
秦質日簡“逝”字新解	郭濤、韋榮越	《簡帛》第二十六輯	上海古籍出版社	2023 年 5 月
秦簡“執法”補論	魯超杰	《簡帛》第二十六輯	上海古籍出版社	2023 年 5 月
秦簡牘中“夬”“史”互訛的現象和原因再探	翁明鵬	《漢語史學報》2023 年第 1 輯	上海教育出版社	2023 年 5 月
周家台秦簡《日書》“求鬥術”及相關問題研究	冉景中	《周易研究》2023 年第 3 期	《周易研究》編輯部	2023 年 6 月
淺談秦簡中的“垍”字	［日］野原將揮	《出土文獻》2023 年第 2 期	中西書局	2023 年 6 月
讀秦簡《語書》札記兩則	董敏鋭	《四川職業技術學院學報》2023 年第 3 期	《四川職業技術學院學報》編輯部	2023 年 6 月
從秦簡牘材料看“也”“矣”之辨	向賢文	《中國文字研究》2023 年第 1 輯	華東師範大學出版社	2023 年 8 月
簡牘所見秦人爵位的變動	劉鵬	《北京社會科學》2023 年第 9 期	《北京社會科學》編輯部	2023 年 9 月

續表 4

論文名	作者	刊名	出版單位	出版時間
北大秦簡《算書》甲種“三方三圓”宇宙模型新探	周序林、馬永萍、朱金平、李文娟	《西南民族大學學報（自然科學版）》2023 年第 5 期	《西南民族大學學報（自然科學版）》編輯部	2023 年 9 月
秦簡牘“執法”新詮——兼論秦郡的評價	陳偉	《武漢大學學報（哲學社會科學版）》2023 年第 6 期	《武漢大學學報（哲學社會科學版）》編輯部	2023 年 11 月
秦簡所見“執法”新考與秦郡行政	高佳莉、王彦輝	《社會科學》2023 年第 11 期	《社會科學》編輯部	2023 年 11 月
秦簡牘“責”“積”多字表一詞現象考察	曾雅玲	《漢字文化》2023 年第 21 期	《漢字文化》編輯部	2023 年 11 月
從新出秦簡看秦王朝皇帝“制書”傳達制度——以“禦史問直絡裙程書”爲中心	楊振紅	《社會科學戰綫》2023 年第 12 期	《社會科學戰綫》編輯部	2023 年 12 月
秦簡所見“資罰”再議	吴雨芳	《文博》2023 年第 6 期	《文博》編輯部	2023 年 12 月

（三）吴簡研究

論文名	作者	刊名	出版單位	出版時間
走馬樓吴簡州中倉嘉禾二年月旦簿入米簡整理與研究	成鵬	《出土文獻研究》（第二十一輯）	中西書局	2022 年 12 月
長沙吴簡臨湘侯國廣成鄉民所在丘名考	楊振紅	《簡牘學研究》第十二輯	甘肅人民出版社	2022 年 12 月
長沙吴簡臨湘侯國中鄉民所在丘名考	單印飛	《簡牘學研究》第十二輯	甘肅人民出版社	2022 年 12 月
長沙吴簡臨湘侯國南鄉民所在丘名考	王萍	《簡牘學研究》第十二輯	甘肅人民出版社	2022 年 12 月
長沙吴簡臨湘侯國桑鄉民所在丘名考	羅凡	《簡牘學研究》第十二輯	甘肅人民出版社	2022 年 12 月
讀《長沙走馬樓三國孫吴簡牘官文書整理與研究》	連先用	《簡牘學研究》第十二輯	甘肅人民出版社	2022 年 12 月
吴簡所見“嘉禾五年都鄉春平里桒簿”集成——再論吴初臨湘侯國的里制與户籍整頓	連先用	《文史》2023 年第 1 期	中華書局	2023 年 2 月
吴簡田家莂新解	淩文超	《文史》2023 年第 1 期	中華書局	2023 年 2 月
試論走馬樓吴簡“守録”簡及相關問題	盧玲、陳榮杰	《出土文獻綜合研究集刊》（第十七輯）	巴蜀書社	2023 年 5 月

續表 1

論文名	作者	刊名	出版單位	出版時間
《長沙走馬樓三國吴簡·竹簡［玖］》釋文校勘札記	劉馨	《湖北文理學院學報》2023 年第 6 期	《湖北文理學院學報》編輯部	2023 年 6 月
嘉禾吏民田家莂的生成、性質及其功能	凌文超	《歷史語言研究所集刊》第九十四本第四分	歷史語言研究所	2023 年 12 月

（四）漢簡研究

論文名	作者	刊名	出版單位	出版時間
1. 胡家草場漢簡研究				
胡家草場簡《歲紀》中的朔日改置與朔日日食禁忌	范鵬偉	《簡帛》二十五輯	上海古籍出版社	2022 年 11 月
胡家草場漢簡《詰咎》“冶人”條補議	范常喜	《古文字與出土文獻青年學者西湖論壇（2021）論文集》	上海古籍出版社	2022 年 12 月
胡家草場漢簡《詰咎》“校人室”條補疏	范常喜	《文獻語言學》（第十五輯）	中華書局	2023 年 1 月
荆州胡家草場涉歷西漢簡校議——兼論顓頊曆的連大月、連小月和置閏法	李鶩	《考古》2023 年第 3 期	社會科學文獻出版社	2023 年 3 月
胡家草場漢簡《少府令》小識	魯超杰	《簡帛研究二〇二三（春夏卷）》	廣西師範大學出版社	2023 年 6 月
2. 張家山漢簡研究				
張家山漢簡《算數書》“盧唐”“行”算題再探討	蕭燦	《有鳳來儀：夏含夷教授七十華誕祝壽論文集》	中西書局	2022 年 12 月
張家山漢墓竹簡用字習慣考察	周朋昇	《漢語字詞關係與漢字職用學》	商務印書館	2023 年 1 月
張家山漢簡《秩律》“沂陽”考	但昌武	《“古文字與出土文獻”青年學者論壇（2019）論文集》	上海古籍出版社	2023 年 4 月
張家山漢簡醫學文獻瑣記	方勇、張文君	《簡帛》第二十六輯	上海古籍出版社	2023 年 5 月
釋張家山漢簡《二年律令》的書手名“奴”	鄭邦宏	《簡帛研究二〇二三（春夏卷）》	廣西師範大學出版社	2023 年 6 月
張家山漢簡《蓋廬》“出入甚客者”解	何義軍	《語言研究》2023 年第 3 期	《語言研究》編輯部	2023 年 7 月

續表 1

論文名	作者	刊名	出版單位	出版時間
張家山漢簡《盗跖》篇“六驥”考	張新俊	《絲綢之路》2023 年第 4 期	甘肅絲綢之路雜志社出版傳媒有限公司	2023 年 12 月
讀張家山漢簡《引書》札記十九則	趙丹、許峰	《中醫藥文化》2023 年第 6 期	《中醫藥文化》編輯部	2023 年 12 月
3. 北大藏漢簡研究				
北大漢簡《蒼頡篇》研究札記	李春桃	《古漢語研究》2023 年第 2 期	商務印書館	2023 年 4 月
北大漢簡《蒼頡篇》文字辨析兩則	陳松長、謝偉斌	《出土文獻綜合研究集刊》(第十七輯)	巴蜀書社	2023 年 5 月
北大漢簡《反淫》與《楚辭》關係初探	肖丹	《世界文學研究》2023 年第 4 期	《世界文學研究》編輯部	2023 年 8 月
釋北大漢簡《周馴》中的“旌”	鄭邦宏	《上古漢語研究》2023 年第 1 輯	商務印書館	2023 年 9 月
北大藏漢簡《蒼頡篇》札記五則	單育辰	《華學》第十三輯	中西書局	2023 年 12 月
北大漢簡《蒼頡篇》解詁	蕭旭	《簡牘學與出土文獻研究》第三輯	商務印書館	2023 年 12 月
北大漢簡《節》的兵陰陽思想探析	高君和	《漢學研究》2023 年第 4 期	《漢學研究》編輯部	2023 年 12 月
4. 居延漢簡研究				
從居延漢簡看西大灣城的形成與功能	馬楚婕	《簡帛》二十五輯	上海古籍出版社	2022 年 11 月
居延漢簡《周仁與范掾書》新考	劉樂賢	《有鳳來儀：夏含夷教授七十華誕祝壽論文集》	中西書局	2022 年 12 月
居延漢簡“校士”考辨	郭小青	《簡牘學研究》第十二輯	甘肅人民出版社	2022 年 12 月
從居延草書簡看章草名實問題	頡江泊	《西部文藝研究》2023 年第 1 期	《西部文藝研究》編輯部	2023 年 2 月
居延漢簡之 15.19 簡再研讀	李力	《長沙五一廣場簡與東漢歷史文化學術研討會論文集》	清華大學出版社	2023 年 4 月
居延新簡《建武三年四月居延都尉吏奉例》與《建武三年十二月候粟君所責寇恩事》對讀解要：兼論漢代的“從史”	李迎春	《簡帛研究二〇二三(春夏卷)》	廣西師範大學出版社	2023 年 6 月

續表 2

論文名	作者	刊名	出版單位	出版時間
從“居延漢簡”看漢代戍卒的生活	徐璦琳	《赤峰學院學報（漢文哲學社會科學版）》2023 年第 10 期	《赤峰學院學報》編輯部	2023 年 10 月
《居延新簡》簽牌“鼓柎各一”補議	范常喜	《華學》第十三輯	中西書局	2023 年 12 月
居延漢簡釋讀札記之一——從文字釋讀所涉漢代文化生活説起	張俊民	《簡牘學與出土文獻研究》第三輯	商務印書館	2023 年 12 月
5. 肩水金關漢簡研究				
談談肩水金關漢簡過所文書中的釋字問題	李洪財	《漢字漢語研究》2023 年第 1 期	社會科學文獻出版社	2023 年 3 月
《肩水金關漢簡》采集簡綴合舉隅	謝明宏	《簡帛》第二十六輯	上海古籍出版社	2023 年 5 月
肩水金關漢簡《甘露二年禦史書》補論	馬力	《出土文獻與法律史研究》（第十三輯）	上海古籍出版社	2023 年 6 月
肩水金關 T23 所出漢簡釋文補正	李洪財	《簡帛研究二〇二三（春夏卷）》	廣西師範大學出版社	2023 年 6 月
肩水金關漢簡綴合十二組	顏世鉉	《古今論衡》第四十期	《古今論衡》編輯部	2023 年 6 月
肩水金關漢簡中的書信簡校釋	李洪財	《敦煌學輯刊》2023 年第 2 期	《敦煌學輯刊》編輯部	2023 年 6 月
《肩水金關漢簡（壹）》校釋	李洪財	《出土文獻》2023 年第 3 期	中西書局	2023 年 9 月
肩水金關漢簡所載的漢代河西地區糧價分析	丁邦友	《華商論叢》2023 年第 2 期	廣東人民出版社	2023 年 12 月
6. 敦煌漢簡研究				
對敦煌舊簡幾枚詔書文字的再釋讀	張俊民	《長沙五一廣場簡與東漢歷史文化學術研討會論文集》	清華大學出版社	2023 年 4 月
敦煌小方盤城遺址出土殘册散簡芻議	張俊民	《簡牘學研究》第十二輯	甘肅人民出版社	2022 年 12 月
《敦煌馬圈灣漢簡集釋》訂誤九則	閆穎	《簡牘學與出土文獻研究》第三輯	商務印書館	2023 年 12 月
7. 懸泉漢簡研究				
試談懸泉漢簡中的一條《效律》簡	郭小青	《出土文獻與法律史研究》（第十二輯）	法律出版社	2022 年 12 月
懸泉漢簡與楷書形成問題探究	祖全盛、趙學清	《勵耘語言學刊》2023 年第 1 輯	中華書局	2023 年 3 月

續表 3

論文名	作者	刊名	出版單位	出版時間
《懸泉漢簡（叁）》帛書私記校釋譯論	韓高年	《出土文獻》2023 年第 2 期	中西書局	2023 年 6 月
懸泉漢簡所見漢代雇傭奴婢勞作研究	姚磊	《出土文獻與法律史研究》（第十三輯）	上海古籍出版社	2023 年 6 月
懸泉漢簡簡體字研究	洪帥	《簡牘學與出土文獻研究》第二輯	商務印書館	2023 年 6 月
懸泉漢簡與漢代文書行政研究的新進步——以公務用券和簡牘官文書體系爲中心	李迎春	《出土文獻》2023 年第 2 期	中西書局	2023 年 6 月
文化語言學視域下《懸泉漢簡（壹、貳）》中的里名研究	徐靖、黄艷萍	《漢字文化》2023 年第 12 期	《漢字文化》編輯部	2023 年 6 月
懸泉漢簡書體及其書法析論——兼談早期行書、楷書特徵	王喬輝、張會鋒	《西部文藝研究》2023 年第 4 期	《西部文藝研究》編輯部	2023 年 8 月
《懸泉漢簡》所記傳舍厠具“清倨”考	范常喜	《中山大學學報（社會科學版）》2023 年第 6 期	《中山大學學報（社會科學版）》編輯部	2023 年 11 月
懸泉漢簡人名校訂十五則	黄艷萍、黄晨洲	《中國文字研究》2023 年第 2 輯	華東師範大學出版社	2023 年 12 月
懸泉置漢簡“小浮屠里簡”探微	張俊民	《華學》第十三輯	中西書局	2023 年 12 月
漢簡所見邊地社會治安問題研究——從懸泉漢簡“武威候令史攻牢”案件談起	姚磊 張航	《簡牘學與出土文獻研究》第三輯	商務印書館	2023 年 12 月
8. 定縣八角廊漢墓竹簡研究				
定縣簡出土五十年整理新進展	賈連翔	《出土文獻研究》（第二十一輯）	中西書局	2022 年 12 月
定縣八角廊漢墓竹簡整理研究綜述	徐文英、毛保中	《出土文獻》2023 年第 2 期	中西書局	2023 年 6 月
定縣八角廊漢墓竹簡四種未刊文獻介紹	田碩、張馳、賈連翔	《出土文獻》2023 年第 2 期	中西書局	2023 年 6 月
定縣漢簡《論語》校讀三則	鄭子良	《出土文獻》2023 年第 2 期	中西書局	2023 年 6 月
9. 長沙五一廣場東漢簡研究				
五一廣場東漢簡“吴請等盜發冢案”文書考釋	劉同川	《簡帛》二十五輯	上海古籍出版社	2022 年 11 月
長沙五一廣場東漢簡牘整理研究論著目録續編	西北大學簡牘研讀班	《簡牘學研究》第十二輯	甘肅人民出版社	2022 年 12 月

續表 4

論文名	作者	刊名	出版單位	出版時間
《長沙五一廣場東漢簡牘（壹）（八六——一五五）》注釋譯（三）	姚遠	《出土文獻與法律史研究》（第十二輯）	法律出版社	2022 年 12 月
五一廣場簡牘中的幾種絲織品	羅小華	《長沙五一廣場簡與東漢歷史文化學術研討會論文集》	清華大學出版社	2023 年 4 月
長沙五一廣場簡“小溲田”試解	王子今	《長沙五一廣場簡與東漢歷史文化學術研討會論文集》	清華大學出版社	2023 年 4 月
漢簡中的今草與章草——從五一廣場簡和肩水金關簡的草書説起	劉紹剛	《長沙五一廣場簡與東漢歷史文化學術研討會論文集》	清華大學出版社	2023 年 4 月
長沙五一廣場東漢簡中的隸書異寫現象分析	陳松長	《長沙五一廣場簡與東漢歷史文化學術研討會論文集》	清華大學出版社	2023 年 4 月
踵事增華 導夫先路——讀楊小亮《五一廣場東漢簡牘册書復原研究》	凌文超	《出土文獻》2023 年第 3 期	中西書局	2023 年 9 月
説五一簡“芛”爲“筆”的異體	劉大雄	《出土文獻》2023 年第 3 期	中西書局	2023 年 9 月
《長沙五一廣場東漢簡牘》量詞研究	牛天志 王虎	《現代語文》2023 年第 11 期	《現代語文》編輯部	2023 年 11 月
長沙五一廣場出土東漢“爰書”木牘解析——兼論“爰書”的演變	李均明	《出土文獻研究》（第二十一輯）	中西書局	2022 年 12 月
五一廣場簡牘所見名物考釋（六）	羅小華	《出土文獻研究》（第二十一輯）	中西書局	2022 年 12 月
五一簡所見與“君教”相關的三種文書形式	李均明	《出土文獻與法律史研究》（第十三輯）	上海古籍出版社	2023 年 6 月
東漢官文書文字所見古文字形體研究——以《長沙五一廣場東漢簡牘》（壹）（貳）（叁）爲調查對象	陳榮杰、王夢婧	《綿陽師範學院學報》2023 年第 7 期	《綿陽師範學院學報》編輯部	2023 年 7 月
試論五一廣場東漢簡中的“待事掾”——兼論東漢“掾”的發展	高震寰	《歷史語言研究所集刊》第九十四本第四分	歷史語言研究所	2023 年 12 月

續表 5

論文名	作者	刊名	出版單位	出版時間
10. 馬王堆漢墓竹簡研究				
馬王堆帛書《五星占》“太白出入四維十二辰占”解析	程少軒	《有鳳來儀：夏含夷教授七十華誕祝壽論文集》	中西書局	2022 年 12 月
談馬王堆漢墓竹簡遣册中代詞“其”的一種特殊用法	吴辛醜	《出土文獻語言研究》第四輯	暨南大學出版社	2022 年 12 月
馬王堆帛書《刑德》“奇正”探析	賀璐璐	《出土文獻綜合研究集刊》（第十七輯）	巴蜀書社	2023 年 5 月
談帛書《五星占》“金星占”中的“出恒以醜未，入恒以辰戌”句及相關問題	任達	《簡帛》第二十六輯	上海古籍出版社	2023 年 5 月
帛書《二三子問》“牛參弗服”句釋讀	萬頂	《現代語文》2023 年第 6 期	《現代語文》編輯部	2023 年 6 月
談馬王堆漢墓帛書中的“再食洿（漿）”	方勇	《絲綢之路》2023 年第 3 期	甘肅絲綢之路雜志社出版傳媒有限公司	2023 年 9 月
馬王堆漢墓帛書《十六經·觀》語詞零札	孟蓬生	《簡牘學與出土文獻研究》第二輯	商務印書館	2023 年 6 月
“細綫”還是“細錦”——馬王堆帛書《相馬經》校釋一則	劉釗	《中國訓詁學報》（第七輯）	商務印書館	2023 年 9 月
馬王堆帛書《刑德》、《陰陽五行》諸篇曆法與神煞再考	高潔、程少軒	《歷史語言研究所集刊》第九十四本第四分	歷史語言研究所	2023 年 12 月
11. 其他漢簡研究				
虎溪山漢簡《食方》字詞零札	陳寧	《簡帛》二十五輯	上海古籍出版社	2022 年 11 月
老官山漢墓醫簡《醫馬書》簡 27 字詞考釋	袁開惠、趙懷舟	《簡帛》二十五輯	上海古籍出版社	2022 年 11 月
海昏侯墓漢簡《詩經》目録異文札記	孫興金	《簡帛》二十五輯	上海古籍出版社	2022 年 11 月
西北漢簡人名考釋（十五則）	白軍鵬	《出土文獻綜合研究集刊》（第十六輯）	巴蜀書社	2022 年 12 月
長沙走馬樓西漢簡《卯劾僮詐爲書案》所見“將田”“部”“將大農田”諸問題小議	楊芬、宋少華	《簡帛》二十五輯	上海古籍出版社	2022 年 11 月
漢代詔書用簡長度及形制補議	孫梓辛	《簡帛》二十五輯	上海古籍出版社	2022 年 11 月
試説虎溪山漢簡《食方》中“富”及相關内容	高一致	《楚學論叢》（第十一輯）	湖北人民出版社	2022 年 12 月

續表 6

論文名	作者	刊名	出版單位	出版時間
讀睡虎地漢簡《十年質日》札記四則	祝昊天	《楚學論叢》（第十一輯）	湖北人民出版社	2022 年 12 月
漢代烏程木牘醫方初識	周琦	《出土文獻研究》（第二十一輯）	中西書局	2022 年 12 月
秦漢簡牘所見官吏“誤”罪再識	舒哲嵐	《出土文獻與法律史研究》（第十二輯）	法律出版社	2022 年 12 月
出土秦漢醫簡所見毒性中藥考察	石可金、張琦	《出土醫學文獻與文物》第二輯	《出土醫學文獻與文物》編輯部	2022 年 12 月
秦漢簡牘文書識小（六則）	温俊萍	《楚學論叢》（第十一輯）	湖北人民出版社	2022 年 12 月
秦漢簡牘中的八時制試探	孫夢婷	《楚學論叢》（第十一輯）	湖北人民出版社	2022 年 12 月
出土日書所見秦漢時期的生子占卜	程博麗、崔永强	《楚學論叢》（第十一輯）	湖北人民出版社	2022 年 12 月
《尹灣漢簡》“蜚（飛）樓行臨車”名物詞考	李傑唯	《今古文創》2023 年第 3 期	《今古文創》編輯部	2023 年 1 月
西漢簡帛中未被注意到的“束”“夾”訛混現象	劉建民	《語言科學》2023 年第 2 期	科學出版社	2023 年 3 月
漢簡中與重文號相關的幾個問題	李洪財	《文獻》2023 年第 2 期	《文獻》編輯部	2023 年 3 月
西北漢簡與兩漢檔案——從兩份簡册實例看漢代的檔案管理	張德芳	《絲綢之路》2023 年第 1 期	甘肅絲綢之路雜志社出版傳媒有限公司	2023 年 3 月
海昏侯墓出土木楬中的“象”——兼論傳世文獻中的“象骨”	羅小華	《荆楚文物》（第 6 輯）	科學出版社	2023 年 3 月
虎溪山漢簡《閻昭》兩支擇日簡的綴合	謝明宏	《荆楚文物》（第 6 輯）	科學出版社	2023 年 3 月
西北漢簡所見漢代邊塞漕運	高佳莉	《絲綢之路》2023 年第 1 期	甘肅絲綢之路雜志社出版傳媒有限公司	2023 年 3 月
漢印、漢簡人名“賽”字獻疑	吴聰	《古籍整理研究學刊》2023 年第 2 期	《古籍整理研究學刊》編輯部	2023 年 3 月
出土秦漢簡帛書信稱謂詞之曲指敬稱研究	汪梅枝	《集寧師範學院學報》2023 年第 2 期	集寧師範學院學報編輯部	2023 年 3 月
出土秦至漢初《質日》類文書檢討	唐强	《出土文獻》2023 年第 1 期	中西書局	2023 年 3 月
西漢諸侯王墓園邑制度的幾個問題——以長沙走馬樓西漢簡牘爲中心	李銀德	《考古》2023 年第 4 期	社會科學文獻出版社	2023 年 4 月

續表 7

論文名	作者	刊名	出版單位	出版時間
漢簡所見歷任肩水候輯考（一）	肖從禮	《長沙五一廣場簡與東漢歷史文化學術研討會論文集》	清華大學出版社	2023 年 4 月
西北漢簡所見甲卒探論	趙爾陽	《長沙五一廣場簡與東漢歷史文化學術研討會論文集》	清華大學出版社	2023 年 4 月
秦漢簡牘所見粟稻制度語詞叢考	張鑫、李建平	《長沙五一廣場簡與東漢歷史文化學術研討會論文集》	清華大學出版社	2023 年 4 月
“序寧”簡與出土儀式文本	田天	《有鳳來儀：夏含夷教授七十華誕祝壽論文集》	中西書局	2023 年 4 月
漢牘本《蒼頡篇》讀後	白軍鵬	《“古文字與出土文獻”青年學者論壇（2019）論文集》	上海古籍出版社	2023 年 4 月
海昏侯墓所見《公羊傳》文句補論	曹亞北	《出土文獻綜合研究集刊》（第十七輯）	巴蜀書社	2023 年 5 月
睡虎地漢簡《質日》中的“算”與“定算”	陳偉、蔡丹	《簡帛》第二十六輯	上海古籍出版社	2023 年 5 月
西北漢簡校讀續札	魯普平	《簡帛》第二十六輯	上海古籍出版社	2023 年 5 月
秦漢簡《日書》“離”“言亂”新釋	翁明鵬	《出土文獻綜合研究集刊》（第十七輯）	巴蜀書社	2023 年 5 月
漢簡所見“客田”考辨	田佳鷺、張顯成	《出土文獻綜合研究集刊》（第十七輯）	巴蜀書社	2023 年 5 月
孔家坡《日書》“蚩尤”信仰溯源——兼論日書與地方治理	熊佳輝	《簡帛》第二十六輯	上海古籍出版社	2023 年 5 月
晉寧河泊所漢簡《富與青等人書》初識	李天虹、雷海龍	《簡帛》第二十六輯	上海古籍出版社	2023 年 5 月
秦及漢初“叚母”身份考辨	孫玉榮	《簡帛》第二十六輯	上海古籍出版社	2023 年 5 月
秦漢文獻所見癃病含義再探	陳寧	《中華文史論叢》2023 年第 2 期	《中華文史論叢》編輯部	2023 年 6 月
天回醫簡釋讀四則	陳劍	《中國文字》2023 年夏季號	萬卷樓圖書股份有限公司	2023 年 6 月
秦及漢初簡牘中的“婦”與“威公”	孫玉榮	《簡帛研究二〇二三（春夏卷）》	廣西師範大學出版社	2023 年 6 月
東漢“光和四年石表”新校釋——以簡牘官文書爲基礎	張涉麗、劉釗	《簡帛研究二〇二三（春夏卷）》	廣西師範大學出版社	2023 年 6 月

續表 8

論文名	作者	刊名	出版單位	出版時間
《長沙尚德街東漢簡牘》校讀	秦鳳鶴	《古漢語研究》2023年第3期	商務印書館	2023年7月
讀虎溪山漢簡字詞札記	魏宜輝	《中國文字學報》(第十三輯)	商務印書館	2023年8月
銀雀山漢簡《尉繚子·守權》的異文與思想	吴昌昊	《新鄉學院學報》2023年第8期	《新鄉學院學報》編輯部	2023年8月
銀雀山漢簡再整理新釋、新編舉要	陳劍	《文物》2023年第9期	文物出版社	2023年9月
銀雀山漢簡《六韜·佚文三》復原新探	劉釗	《文物》2023年第9期	文物出版社	2023年9月
銀雀山漢簡《守法》《守令》與《墨子》城守諸篇關係再議——兼論戰國東方墨學的學術地位	張偉	《文史哲》2023年第5期	《文史哲》編輯部	2023年9月
論銀雀山漢簡系列隸變字體形成及作用	陳國興	《孫子研究》2023年第5期	山東畫報有限公司	2023年9月
尹灣漢簡“乘輿”再釋——兼論“乘輿”的語義演變	王恩建、魯繼如	《江蘇海洋大學學報(人文社會科學版)》2023年第5期	《江蘇海洋大學學報(人文社會科學版)》編輯部	2023年9月
出土漢簡所見馮嫽事迹探究	裴永亮	《絲綢之路》2023年第3期	甘肅絲綢之路雜志社出版傳媒有限公司	2023年9月
國立西北圖書館原藏漢簡考略	杜鵬姣、王江東、喬文	《絲綢之路》2023年第3期	甘肅絲綢之路雜志社出版傳媒有限公司	2023年9月
雙古堆漢簡《算術書》校釋及相關問題	周序林	《自然科學史研究》2023年第3期	科學出版社	2023年9月
説秦漢簡牘中的“牝馬”	楊彦鵬	《印刷文化(中英文)》2023年第3期	《印刷文化(中英文)》編輯部	2023年9月
張家山336號漢墓竹簡《功令》所見雁門郡、代郡、定襄郡建置沿革	馬孟龍	《中國文字博物館集刊》(第四輯)	中州古籍出版社	2023年10月
再讀敦煌研究院所藏漢簡	張德芳	《敦煌研究》2023年第5期	《敦煌研究》編輯部	2023年10月
秦及漢初簡牘中的“外妻”	孫玉榮	《秦漢三國簡牘經濟史料彙編與研究論文集(一)》	江蘇人民出版社	2023年10月

續表 9

論文名	作者	刊名	出版單位	出版時間
秦及漢初簡牘中的“寡”——以爵位、户籍、經濟生活爲中心	孫玉榮	《秦漢三國簡牘經濟史料彙編與研究論文集（一）》	江蘇人民出版社	2023 年 10 月
西北屯戍漢簡數詞研究	楊雪梅	《漢字文化》2023 年第 21 期	《漢字文化》編輯部	2023 年 11 月
論武威漢簡《儀禮》分節符號背後的經學内涵	杜以恒	《文史哲》2023 年第 6 期	《文史哲》編輯部	2023 年 11 月
武威醫簡中的“大鹹”與“天一”“大歲”“大將軍”三兄弟	董珊	《簡牘學與出土文獻研究》第三輯	商務印書館	2023 年 12 月
西北漢簡剛卯考	姚磊、張航	《簡牘學研究》第十二輯	甘肅人民出版社	2022 年 12 月
西北漢簡所見邊地縣令長制度的變遷	楊憲杰	《簡牘學研究》第十二輯	甘肅人民出版社	2022 年 12 月
《烏程漢簡》簡 333、334 遣册初探	陳美蘭	《中國文字》2023 年冬季號	萬卷樓圖書公司	2023 年 12 月
烏程漢簡所見 185 號簡或非漢代考——兼論東漢三國“新隸體”的“章程書”特徵問題	楊二斌、宋今	《西部文藝研究》2023 年第 6 期	《西部文藝研究》編輯部	2023 年 12 月
“箄卒”辨析：東牌樓東漢户籍簡新探	徐媛、晉文	《中國農史》2023 年第 6 期	《中國農史》編輯部	2023 年 12 月
“睡虎地漢簡《算術》“率”類算題	譚競男、蔡丹	《文物》2023 年第 12 期	文物出版社	2023 年 12 月
阜陽漢簡《楚辭》異文考釋	李雪	《漢字文化》2023 年第 24 期	《漢字文化》編輯部	2023 年 12 月
漢簡中“插”“銛”釋讀補説	任攀	《華夏考古》2023 年第 6 期	《華夏考古》編輯部	2023 年 12 月
出土文獻視域下的二十四節氣形成史——以清華簡、北大漢簡、銀雀山漢簡、胡家草場漢簡中的節氣類文獻爲中心	夏虞南	《農業考古》2023 年第 6 期	江西省社會科學院《農業考古》編輯部	2023 年 12 月
從隸草到草書——秦漢簡牘“斜體字”中草書成分考察（之一）	劉紹剛	《華學》第十三輯	中西書局	2023 年 12 月
秦漢簡牘研究的“工作取向”	籾山明	《古今論衡》第四十一期	《古今論衡》編輯部	2023 年 12 月
秦漢“疫”“癘”用例及語義内涵考	羅寶珍、劉慶宇	《中醫藥文化》2023 年第 6 期	《中醫藥文化》編輯部	2023 年 12 月

續表 10

論文名	作者	刊名	出版單位	出版時間
海昏簡《易占》六十四卦配干支考論	楊勝男	《周易研究》2023 年第 6 期	《周易研究》編輯部	2023 年 12 月
西漢汝陰侯墓太乙九宮式盤用法復原的幾個關鍵問題	孫功進	《周易研究》2023 年第 6 期	《周易研究》編輯部	2023 年 12 月
新莽簡牘所見數字特殊寫法起始時間補議	趙寵亮	《簡牘學研究》第十二輯	甘肅人民出版社	2022 年 12 月
有州、皋胥及其他——讀貴縣羅泊灣漢墓木牘札記	李家浩	《出土文獻研究》（第二十一輯）	中西書局	2022 年 12 月
出土漢代醫簡所載"藜蘆"的考證	石開玉	《山西中醫藥大學學報》2023 年第 6 期	《山西中醫藥大學學報》編輯部	2023 年 12 月

（四）簡牘綜合研究

論文名	作者	刊名	出版單位	出版時間
簡牘所見秦漢死事律令研究	李婧嶸	《簡帛》二十五輯	上海古籍出版社	2022 年 11 月
簡牘所見秦及漢初犯罪後逃亡刑罰適用規則解析	丁義娟	《簡帛》二十五輯	上海古籍出版社	2022 年 11 月
2021 年中國大陸戰國出土文獻研究概述	何有祖、張雅昕、邱洋	《簡帛》二十五輯	上海古籍出版社	2022 年 11 月
《復》卦卦義再論	馬明宗	《古文字與出土文獻青年學者西湖論壇（2021）論文集》	上海古籍出版社	2022 年 12 月
中醫術語"方"的形成與演化——基於漢代簡帛與隋唐醫書的考察	沈澍農、温雯婷	《出土文獻綜合研究集刊》（第十六輯）	巴蜀書社	2022 年 12 月
出土文獻所見觜宿名稱考	李春桃	《出土文獻綜合研究集刊》（第十六輯）	巴蜀書社	2022 年 12 月
秦、漢初律令"受"字用法的特殊性——兼論"受"的制度功能	石洋	《出土文獻研究》（第二十一輯）	中西書局	2022 年 12 月
《荀子·勸學》"錯簡"問題申論	劉剛	《古文字與出土文獻青年學者西湖論壇（2021）論文集》	上海古籍出版社	2022 年 12 月
據新出簡帛考證典籍詞語六例	黃艷玲	《民俗典籍文字研究》2023 年第 1 輯（總第 30 輯）	商務印書館	2023 年 1 月

續表 1

論文名	作者	刊名	出版單位	出版時間
從出土文獻資料看漢語字詞關係的複雜性	黄德寬	《漢語字詞關係與漢字職用學》	商務印書館	2023 年 1 月
論出土文本字詞關係的考證與表述	李運富	《漢語字詞關係與漢字職用學》	商務印書館	2023 年 1 月
簡帛文獻用字研究	王貴元	《漢語字詞關係與漢字職用學》	商務印書館	2023 年 1 月
説“爺”道“娘”	張涌泉	《漢語字詞關係與漢字職用學》	商務印書館	2023 年 1 月
説“買”“賣”	陳斯鵬	《漢語字詞關係與漢字職用學》	商務印書館	2023 年 1 月
“抓”的字詞關係補説	汪維輝	《漢語字詞關係與漢字職用學》	商務印書館	2023 年 1 月
“賠”用字的歷史變遷	劉君敬	《漢語字詞關係與漢字職用學》	商務印書館	2023 年 1 月
出土文獻 {樹} 的用字差异與斷代價值論考	何余華	《漢語字詞關係與漢字職用學》	商務印書館	2023 年 1 月
出土文獻所見“疾愈”類字詞之研究	張昂	《文史》2023 年第 1 期	中華書局	2023 年 2 月
出土文獻與典籍詮釋一則	李俊濤	《漢字漢語研究》2023 年第 1 期	社會科學文獻出版社	2023 年 3 月
説“辟强”	張傳官	《中國語文》2023 年第 2 期	商務印書館	2023 年 3 月
“佝”還是“封”	尉侯凱	《中國語文》2023 年第 2 期	商務印書館	2023 年 3 月
“䀹”字兩系説	程浩	《“古文字與出土文獻”青年學者論壇（2019）論文集》	上海古籍出版社	2023 年 4 月
秦代縣行政文書運作研究——以“徒作簿”爲例	齊繼偉	《“古文字與出土文獻”青年學者論壇（2019）論文集》	上海古籍出版社	2023 年 4 月
從出土文獻看南“洛水”相關地名的用字變化	李運富、陳俊安	《中國訓詁學報》（第六輯）	商務印書館	2023 年 4 月
出土文獻中所見東漢“例”職	戴衛紅	《長沙五一廣場簡與東漢歷史文化學術研討會論文集》	清華大學出版社	2023 年 4 月
論戰國文獻“數＋金”中金的意義及相關問題	孫志豪	《古漢語研究》2023 年第 2 期	商務印書館	2023 年 4 月

續表 2

論文名	作者	刊名	出版單位	出版時間
出土醫簡“韋束一”新解	李幾昊	《漢語史學報》2023年第1輯	上海教育出版社	2023年5月
簡帛醫書對醫古文詞彙教學的作用探析	周祖亮	《廣西中醫藥大學學報》2023年第3期	《廣西中醫藥大學學報》編輯部	2023年5月
“司慎”續考	劉曉晗	《簡帛》第二十六輯	上海古籍出版社	2023年5月
戰國簡牘中的“矚”與“檮”	孫夢茹	《簡帛》第二十六輯	上海古籍出版社	2023年5月
説“袀玄”	彭浩、張玲	《簡帛》第二十六輯	上海古籍出版社	2023年5月
試論“育”字的形體來源	劉釗	《中國文字》2023年夏季號	萬卷樓圖書股份有限公司	2023年6月
先秦出土文獻所見樂舞單位名輯考	陳亨敦	《中國文字》2023年夏季號	萬卷樓圖書股份有限公司	2023年6月
據出土文獻校讀《國語》三則	李聰	《古籍研究》2023年第1輯	鳳凰出版社	2023年6月
《二年律令·秩律》所載“醴陵”地名及相關問題新探	趙海龍	《簡帛研究二〇二三（春夏卷）》	廣西師範大學出版社	2023年6月
漢代“使主某”及相關問題新探	李柏楊	《簡帛研究二〇二三（春夏卷）》	廣西師範大學出版社	2023年6月
簡帛研究要善於多學科知識綜合運用	張顯成	《簡牘學與出土文獻研究》第二輯	商務印書館	2023年6月
説“匜”	程浩	《漢字漢語研究》2023年第2期	社會科學文獻出版社	2023年6月
説“殂”	禤健聰	《古漢語研究》2023年第3期	商務印書館	2023年7月
論字形訛混引起的詞義過繼——以“散”“麻”爲例	李聰	《古漢語研究》2023年第3期	商務印書館	2023年7月
利用出土文獻校釋《荀子》四題	王磊	《中國文字學報》（第十三輯）	商務印書館	2023年8月
出土文獻中所見“毋”“無”的詞義演變及相關問題探研	李雨萌	《上古漢語研究》2023年第1輯	商務印書館	2023年9月
據戰國文字校讀傳世古書三則	劉曉晗	《上古漢語研究》2023年第1輯	商務印書館	2023年9月
論以“卿”爲核心的字際關係形成的過程	李守奎	《上古漢語研究》2023年第1輯	商務印書館	2023年9月
從“卝”諸字研究述議	賀張凡	《出土文獻》2023年第3期	中西書局	2023年9月

續表 3

論文名	作者	刊名	出版單位	出版時間
“忻”爲四分之一考	熊長雲	《出土文獻》2023 年第 3 期	中西書局	2023 年 9 月
基於早期簡帛隸書對隸變的動態分析	劉征、鄭振峰	《北斗語言學刊》第十輯	社會科學文獻出版社	2023 年 9 月
簡牘所見漢代河西漢塞的商業貿易	韓蓓蓓	《天水師範學院學報》2023 年第 5 期	《天水師範學院學報》編輯部	2023 年 11 月
出土文獻與《續漢書・郡國志》郡縣名稱校勘札記	趙海龍	《地域文化研究》2023 年第 6 期	《地域文化研究》編輯部	2023 年 11 月
簡帛醫藥文獻名家經驗方探略	周祖亮、方懿林	《南京中醫藥大學學報（社會科學版）》2023 年第 6 期	《南京中醫藥大學學報（社會科學版）》編輯部	2023 年 11 月
“逹”字新證	趙平安	《中國史研究》2023 年第 4 期	《中國史研究》編輯部	2023 年 11 月
“昜”形來源補説	陳劍	《中國文字》2023 年冬季號	萬卷樓圖書公司	2023 年 12 月
釋“奥”	鄔可晶	《中國文字》2023 年冬季號	萬卷樓圖書公司	2023 年 12 月
據出土文獻試校傳世文獻一例	白軍鵬、汪雲龍	《古籍研究》2023 年第 2 輯	鳳凰出版社	2023 年 12 月
結合出土文獻校補《管子・五行》一例	暨慧琳	《古籍研究》2023 年第 2 輯	鳳凰出版社	2023 年 12 月
出土文獻聯綿詞選釋二則——兼談聯綿詞的性質	程燕、張一方	《古籍研究》2023 年第 2 輯	鳳凰出版社	2023 年 12 月
一粟居讀簡記（十一）	王輝	《華學》第十三輯	中西書局	2023 年 12 月
簡帛《五行》的文本結構及層次讀論	高薇	《華學》第十三輯	中西書局	2023 年 12 月
出土文物所見先秦至漢代的卜筮操作——參照《周禮・春官・大卜》的記述	黄儒宣	《歷史語言研究所集刊》第九十四本第四分	歷史語言研究所	2023 年 12 月
復原與發現：論史語所簡牘整理小組的綴合	姚磊	《古今論衡》第四十一期	《古今論衡》編輯部	2023 年 12 月
一粟居讀簡記（十五）	王輝	《簡牘學與出土文獻研究》第三輯	商務印書館	2023 年 12 月
簡帛《詩經》異文類型與早期《詩經》流傳問題探論	陳晨	《簡牘學與出土文獻研究》第三輯	商務印書館	2023 年 12 月

續表 4

論文名	作者	刊名	出版單位	出版時間
冷門不冷，絶學不絶，後繼有人——第二届簡牘學與出土文獻語言文字研究學術研討會紀要	洪帥	《簡牘學與出土文獻研究》第三輯	商務印書館	2023 年 12 月
論“秫”與“黍”——兼談秦漢簡牘中的“秫米”	陳清樂、蔣洪恩	《中國科技史雜志》2023 年第 4 期	《中國科技史雜志》編輯部	2023 年 12 月
漢代養老政策對當今老齡化社會的啓迪——王杖簡辨析	李佳寧、李迎春	《絲綢之路》2023 年第 4 期	甘肅絲綢之路雜志社出版傳媒有限公司	2023 年 12 月
《近年出土文獻研究》專輯導言	陳麗桂	《漢學研究》2023 年第 4 期	《漢學研究》編輯部	2023 年 12 月
《六韜》學派傾向與思想體系新詮——基於出土本與傳世本的綜合研究	張帆	《漢學研究》2023 年第 4 期	《漢學研究》編輯部	2023 年 12 月
堪輿“八會”異説考辨——利用出土數術文獻及實物驗證傳世典籍之一例	張婷、程少軒	《漢學研究》2023 年第 4 期	《漢學研究》編輯部	2023 年 12 月

三、學位論文

（一）博士論文

論文名	作者	作者單位	指導教師
秦及漢初簡牘所見郡縣屬吏研究	陳湘圓	湖南大學	陳松長
秦漢早期隸書文字研究——以形近、同形現象爲中心	侯健明	武漢大學	肖毅
楚系簡帛文字構形系統研究	馬繼	華東師範大學	白於藍
秦漢簡文書文獻名物字詞研究	孫濤	華東師範大學	張再興
楚系簡帛文字考釋方法研究	于夢欣	吉林大學	馮勝君
戰國楚地竹簡多字記録一詞現象研究	吴昊亨	吉林大學	單育辰
清華簡（一—九）動詞詞彙研究	王叢慧	吉林大學	武振玉
語文特徵與清華簡“書”類文獻年代研究	李紀言	清華大學	黄德寬
楚簡常用詞研究	石從斌	清華大學	黄德寬
先秦歷史著述編纂研究——以《上博簡》和《清華簡》中的世系、語類、大事紀爲中心	李慎謙	北京大學	李零

續表 1

論文名	作者	作者單位	指導教師
走馬樓吴簡所見涉米簿的復原、整理與研究——以發掘簡爲中心	任二兵	吉林大學	沈剛
兩漢簡帛醫書單音詞研究	張松	西南大學	張顯成
馬王堆帛書綴合研究	鄭健飛	復旦大學	劉釗
秦及漢初的買賣、借貸與繼承問題——以簡牘材料爲中心	楊怡	南京師範大學	晉文
秦及漢初家庭成員身份問題研究——以簡牘材料爲中心	孫玉榮	南京師範大學	晉文
《逸周書》西周諸篇研究	王文意	南京師範大學	王青
甲渠候官部隧規模、吏卒人名與郵書路綫研究	沈思聰	復旦大學	施謝捷
簡帛術數文獻述考	謝廣普	中山大學	陳斯鵬
出土戰國秦漢文獻所見時空觀念考證	林焕澤	中山大學	陳偉武
出土兩周農業文獻述論	劉凱先	中山大學	陳偉武

（二）碩士論文

論文名	作者	作者單位	指導教師
清華簡《五紀》新見字形的整理與研究	許飛	安徽大學	徐在國
清華簡《五紀》名詞整理與研究	周雪潔	安徽大學	徐在國
清華簡《攝命》研究	王向前	吉林大學	馮勝君
清華簡《四告》集釋與研究	黄圓	吉林大學	單育辰
清華簡《皇門》書手所抄諸篇用字現象研究	李雲杰	吉林大學	李松儒
清華簡《治政之道》《治邦之道》研究	李清銀	南京師範大學	吴新江
《清華大學藏戰國竹簡》（玖）文字形義析解	徐仁偉	西北師範大學	雷黎明
《清華大學藏戰國竹簡》（拾—拾壹）字用研究	李汶珈	西北師範大學	司曉蓮
《清華大學藏戰國竹簡》（拾—拾壹）數術時令類文獻集釋與研究	劉雨欣	西北師範大學	司曉蓮
清華簡《四告》疏證及相關問題研究	吴奇敏	山東理工大學	郭麗
清華簡《五紀》字形與音義關係整理與研究	魏妍楠	河北大學	張振謙
《清華簡（玖）〈乃命〉》集釋	宗思琪	北華大學	尚偉
清華簡《四告》文獻整理與研究	任誼	西南大學	王化平
《清華簡（陸）》鄭國文獻研究	趙芹	閩南師範大學	蔡樹才
清華簡《五紀》簡文校釋與特色字形研究	馬瑶	河北大學	張振謙
清華簡《五紀》天文星象研究	衛燦	長江大學	吴勇
清華簡書類文獻字詞關係研究	趙惠欣	中山大學	田煒
清華簡通假字定量研究	孫欣	華東師範大學	劉志基

續表 1

論文名	作者	作者單位	指導教師
清華簡與早期黄老思想研究	劉峻杉	西南大學	王化平
簡帛《五行》校注及相關問題研究	吴秋玨	復旦大學	周波
《五紀》集釋及其研究	劉展博	華東師範大學	黄愛梅
《安徽大學藏戰國竹簡（二）》集釋及相關問題研究	王悦琮	武漢大學	宋華强
郭店楚墓竹簡字詞新釋	李芳梅	江蘇師範大學	劉洪濤
上博簡事語類文獻叙事研究	鄧艷玲	西南大學	王化平
出土楚簡所見舜事迹研究	王增瑞	山東師範大學	代生
楚系車馬隨葬研究	史凱麗	鄭州大學	田成方
《汗簡》與楚簡文字比較研究	蒲茜	西北師範大學	雷黎明
戰國楚簡“戈”符字研究	王琳樺	西北師範大學	雷黎明
豫出楚系簡册字形合編	宋麗璇	鄭州大學	俞紹宏
戰國簡中所見神靈稱謂的文字整理與研究	彭雪鋒	河南大學	張新俊
《嶽麓書院藏秦簡（陸）》集釋	何建芬	中山大學	田煒
《嶽麓書院藏秦簡（柒）》第一組集釋及相關問題研究	吴桑	武漢大學	何有祖
嶽麓秦簡“令”集釋	陳安然	吉林大學	單育辰
睡虎地秦墓竹簡《日書》寫本特徵與使用方法研究	王玉鑫	武漢大學	宋華强
《里耶秦簡》（壹）（貳）詞彙專題研究	李彤	華東師範大學	吕志峰
里耶秦簡出糧券書迹分析及所見作業流程研究	王林森	武漢大學	魯家亮
里耶秦簡所見戍卒研究	許開明	杭州師範大學	陸德富
里耶秦簡“計”“課”“志”類文書所見秦代上計運行研究	張崗	河北師範大學	賈麗英
簡牘所見秦代告劾問題研究	霍文博	吉林大學	沈剛
秦簡牘所見代理職官資料輯考	王濼雪	吉林大學	單育辰、李玥凝
秦法律文獻一詞多形現象研究	史夢雲	西南大學	王化平
西漢前期簡帛天文占驗文獻字詞關係研究	邱霖莉	福建師範大學	陳鴻、李春曉
《北京大學藏西漢竹書（肆）、（伍）》文字編	任夢玲	安徽大學	程燕
北大漢簡所見楚系文字用字習慣考察	楊瑩	福建師範大學	林志强、龐壯城
北大漢簡《周馴》集釋及相關問題研究	王媛媛	山東大學	黄杰
北京大學藏西漢竹書《老子》研究綜論	陳晨	閩南師範大學	黄金明
虎溪山漢簡《閻昭》研究	姜泓宇	山東大學	代國璽
沅陵虎溪山漢簡《閻昭》集釋及相關問題研究	安文鳳	安徽大學	李鵬輝
沅陵虎溪山漢簡文字整理與釋文校正	王俊鵬	河南大學	張新俊
《銀雀山漢墓簡牘集成（貳）》文字編	李國香	煙臺大學	孫合肥

續表 2

論文名	作者	作者單位	指導教師
《韓非子》與《銀雀山漢墓竹簡（貳）》理想國家對比研究	付晴晴	鄭州大學	侯磊
銀雀山漢簡災異文獻思想研究	徐芳	山東師範大學	劉愛敏
《懸泉漢簡（壹）》文字編	雷蕾	湖南大學	李洪財
《懸泉漢簡（壹）》文字編	周旭蓓	吉林大學	劉釗、魏東
《懸泉漢簡（貳）》文字編	韓亦傑	安徽大學	徐在國
《懸泉漢簡（貳）》釋文校補及文書分類研究	趙含潤	吉林大學	劉釗
《懸泉漢簡（貳）》文字編	梁玄清	西北師範大學	洪帥
《懸泉漢簡（壹）（貳）》名物詞研究	程瑞杰	西北師範大學	洪帥
《懸泉漢簡（貳）》官文書分類疏證	邱春博	武漢大學	李天虹
已刊懸泉漢簡所見綴合與編連簡輯録及相關問題研究	畢燕嬌	武漢大學	宋華强
懸泉漢簡所見物價研究	唐銘遠	魯東大學	田茂泉
居延新簡形近字及相關問題研究	黄秋實	東北師範大學	白軍鵬
居延漢簡貰買（賣）契約研究	劉志明	蘭州大學	康建勝
簡帛《老子》異文音變研究	楊宇瀚	西北師範大學	周玉秀
帛書《易傳》校釋	周文鬱	西北師範大學	周玉秀
馬王堆帛書《陰陽五行》甲篇校釋及相關問題研究	張婷	復旦大學	陳劍、程少軒
馬王堆簡帛“一詞多形”現象研究	劉超	四川外國語大學	申紅義
五一廣場東漢簡牘分類與研究	林喆	復旦大學	廣瀨薰雄
《長沙五一廣場東漢簡牘》詞彙研究	張凱潞	華東師範大學	吕志峰
《長沙五一廣場東漢簡牘（壹）—（肆）》語詞彙釋	徐碩	吉林大學	劉釗
五一廣場東漢簡所見臨湘地區的市場和商品交易研究	金錦濤	鄭州大學	袁延勝
《長沙走馬樓三國吴簡・竹簡［玖］》用字研究》	李嵐玲	西南大學	陳榮傑
《長沙走馬樓三國吴簡・竹簡［玖］》文書習用語研究	劉馨	西南大學	陳榮傑
長沙走馬樓吴簡數量詞研究	盧玲	西南大學	陳榮傑
長沙走馬樓吴簡法律文獻整理與研究	夏恩	西南大學	陳榮傑
長沙走馬樓西漢簡所見地名輯證	陳守琪	湖南大學	陳松長
長沙走馬樓三國吴簡文字書寫問題研究	孫雅茹	華東師範大學	郭瑞
《長沙走馬樓三國吴簡・竹簡［玖］》文字構形系統研究	鄭亞萍	山東師範大學	李建平
張家山漢簡訛字研究	蔡惠濱	福建師範大學	龐壯城、林志强
《張家山漢簡》省略句研究	陳玨秀	華東師範大學	白於藍
《地灣漢簡》文字特殊形際關係研究	畢燕林	西北師範大學	雷黎明
《荆州胡家草場西漢簡牘選粹》律令簡集釋及相關問題研究	李林澤	武漢大學	何有祖

續表 3

論文名	作者	作者單位	指導教師
《古辭辨》訂補——以漢代簡帛材料爲中心	馮淑雅	東北師範大學	趙岩
出土先秦秦漢文獻與古書形近訛誤字校訂專題研究	喻威	西南大學	李發
秦漢簡牘帛書同形字研究	廖茂婷	鄭州大學	何余華
西北屯戍漢簡人名研究	黃鴻	江南大學	黃艷萍
出土文獻與《説文解字》直訓式互訓詞研究	林穎	厦門大學	葉玉英
簡帛醫書皮膚病文獻整理與研究	龍榮芬	廣西中醫藥大學	周祖亮
先秦文獻所見祭祀品資料整理與研究	高明凱	吉林大學	朱紅林
先秦文獻中所見醫學史料的搜集、整理與研究	蕭櫻霞	吉林大學	朱紅林
秦漢簡帛文獻手部動詞詞義類聚專題研究	時曉蕾	華東師範大學	張再興
戰國秦漢時期辟穀及導引行氣相關出土文獻整理與研究	盧林鑫	復旦大學	周波
出土先秦秦漢文獻疑難譬語彙釋	許佳瑩	復旦大學	鄔可晶
先秦秦漢星宿異文研究——以出土二十八宿類材料爲中心	白宇新	南京大學	程少軒
先秦秦漢“司歲”類文獻的初步研究	范榕	南京大學	程少軒
先秦秦漢出土文獻所見聖王傳説研究	宋濤	山東大學	胡新生
出土簡帛所見飲食資料輯考	田艷芳	吉林大學	馮勝君、王强
出土簡帛祝辭類文獻輯注	李婉虹	吉林大學	劉釗、王强
出土文獻所見神話傳説研究	洪穎	安徽大學	劉剛
出土文獻所見《戰國策》人物史料輯證	田新洲	吉林大學	吴良寶

（蔡章麗　洪帥　西北師範大學文學院）